키케로 의무론

마르쿠스 툴리우스 키케로(Marcus Tullius Cicero, 기원전 106-43)
(페테르 파울 루벤스 드로잉, 한스 위트도크 조각, 1638년)

현대지성 클래식 61

키케로 의무론

DE OFFICIIS

마르쿠스 툴리우스 키케로 | 박문재 옮김

현대
지성

한눈에 보는 『키케로 의무론』

제1권 도덕적 올바름

제2권 유익함

제3권 도덕적 올바름과 유익함의 상충

101b. 유익은 도덕적 올바름과 분리될 수 없다
102a. 레굴루스의 주장이 잘못된 이유: (1) 신의 진노를 두려워할 필요가 없었다
102b. (2) 해악 중에서 가장 작은 것을 택하라고 말했다
103a. (3) 강요된 맹세는 구속력이 없다
103b. (4) 특정 상황에서 유익한 경우 도덕적으로 올바를 수 있다
104. 반론: (1) 맹세는 정의와 성실에 기반한 계약
105a. 악이란 무엇인가?
105b. (2) 어떤 악도 도덕적 잘못보다 클 수 없다
107-108a. 위증이란 무엇인가?
108b. 적에게 한 맹세의 구속력
109. 로마의 엄격한 사례
110a. (3) 국가의 이익이 개인의 이익보다 중요하다
110b. (4) 도덕적으로 옳지 않으면 유익이 없다
111. 레굴루스 이야기의 놀라운 교훈
112. 신성한 옛 맹세
113a. 레굴루스와 한니발의 사절 10명의 비교
113b-115a. 고대 로마의 학문
115b. 유익과 용기의 동일성
116. 유익 대 절제
117. 에피쿠로스주의의 오류
118. 에피쿠로스주의의 주요 덕목
119-120. 감각적 쾌락과 도덕적 정직은 양립 불가
121. 결론

* 이 소제목들은 월터 밀러의 다음 출처 영역본 난외주를 참고하였다. 각 단락(본문에서는 난외주에 숫자로 표시)은 원문의 번호를 따르되, 세부 내용은 a, b, c로 구분했다.

M. Tullius Cicero. *De Officiis*. With An English Translation. Walter Miller. Cambridge. Harvard University Press; Cambridge, Mass., London, England. 1913.

차례

일러두기

1. 이 책은 라틴어 원전 번역 대본으로 Samuel Walter Miller, *ON DUTIES*, Cicero XXI, Loeb Classical Library 30 (Harvard University Press, 1913)를 사용했다. 번역과 주석을 위해서는 다음의 자료를 참조했다. Samuel Walter Miller, *ON DUTIES*, Cicero XXI, Loeb Classical Library 30 (Harvard University Press, 1913), P. G. Walsh, *On Obligations*, Oxford World's Classics (Oxford University Press, 2000), Benjamin Patrick Newton, *On Duties* (Cornell University Press, 2016).
2. 이 책에서는 본문에 1, 2, 3… 등의 번호를 붙여 각 장을 표시했다. 예를 들어, 제1권에서 2로 표기된 것은 제1권 제2장을 뜻한다. 난외주의 번호는 각 권의 단락을 나타낸다.
3. 기본적으로 고유명사는 라틴어 원문의 표기를 그대로 따랐으나, 그리스어 고유명사를 음역한 것으로 판단되는 경우에는 원래의 그리스어 발음에 근접하게 표기했다.
4. 본문의 각주와 해설은 옮긴이의 것이다.

Liber Primus

제1권

도덕적 올바름

〈카틸리나를 비난하는 키케로〉(체사레 마카리, 1889년)
키케로가 로마 상원에서 카틸리나의 공화국 전복 음모를 고발하는 장면을 묘사한 프레스코화다.

1 내 아들 마르쿠스야,[1] 네가 아테네에 머물며 크라티포스[2]에게 배 I
운 지 어느덧 일 년이 되었으니, 이제는 스승과 도시가 지닌 최고의 권위를 통해 철학의 규칙과 원리를 충분히 익혔으리라 믿는다. 스승은 지식으로, 도시는 모범으로[3] 너를 성장시켰을 테니 말이다. 나는 철학을 공부할 때뿐만 아니라 말하는 법을 연습할 때에도 항상 라틴어와 그리스어를 함께 사용하며 실력을 키우고자 했는데, 너도 나와 같은 방식으로 두 언어를 구사할 수 있도록 공부하기를 권한다. 이런

---

1 "마르쿠스 툴리우스 키케로 미노르"(기원전 65-1세기 말)는 이 글의 수신자로, 아버지 키케로와 이름이 같다. 그는 카이사르의 내전 당시, 아버지와 함께 폼페이우스의 진영에 가담했으나, 기원전 48년 파르살루스 전투에서 폼페이우스가 패한 후 카이사르에게 사면을 받았다. 이후 아테네로 건너가 소요학파 철학자 크라티포스 문하에서 철학을 수학했다. 서신 형식의 이 글은 기원전 44년에 집필되었다. 기원전 43년, 아버지 키케로가 제2차 삼두정치 세력에 의해 살해되자 마르쿠스는 브루투스와 카시우스 연합군에 합류했으나, 기원전 42년 필리피 전투에서 안토니우스와 옥타비아누스 연합군에 패했다. 이후 그는 옥타비아누스에게 사면을 받아 기원전 31년 악티움 해전에서 그의 편에 서서 안토니우스 군대와 싸웠고, 기원전 30년에 집정관이 되었다.

2 "크라티포스"는 기원전 1세기경 소요학파의 주요 철학자다. 초기에는 아카데미아학파의 철학자 아스칼론의 안티오코스에게 배웠지만, 이후 소요학파에 합류했다. 키케로는 안티오코스와 크라티포스 모두에게 가르침을 받았다.

3 키케로는 크라티포스를 소요학파의 최고 철학자로 평가했다. 기원전 1세기의 아테네는 플라톤의 아카데미아학파, 아리스토텔레스의 소요학파, 제논의 스토아학파, 안티스테네스의 견유학파, 에피쿠로스학파 등 고대 그리스 철학의 주요 학파들이 모인 철학의 중심지로서 그야말로 철학의 "모범"(exemplum, '엑셈플룸')이 되는 도시였다.

방식으로 나는 우리 로마인들에게 적잖은 도움을 주었다고 자부한다. 덕분에 그리스어를 잘 모르는 이들은 물론 꽤 아는 이들까지도 말하기와 사고력에서 큰 진전을 이룰 수 있었다.

2 너는 이 시대의 철학자들 중 최고의 인물에게 수학하고 있으며, 원한다면 만족할 만한 성과를 거둘 때까지 배울 수 있을 것이다. 하지만 우리[4]와 소요학파는 둘 다 소크라테스와 플라톤을 따르므로 우리의 저술과 그들의 저술이 크게 다르지 않을 것이다. 그러니 내가 쓴 책들을 읽을 때, 나를 개의치 말고 그 책들이 너에게 도움이 되는지 스스로 판단해보아라. 어쨌든 내 책들을 읽는다면 라틴어 실력이 확실히 향상될 것이다. 내 말이 오만하게 들리지 않기를 바란다. 철학적 지식에서는 나보다 뛰어난 사람이 많다는 것을 인정한다. 하지만 연설가로서 적절한 말을 제때에 쓸 줄 아는 능력만큼은 내게도 있단다. 이 기술을 갈고닦는 데 평생을 바쳤으니, 이 정도는 말해도 되리라 생각한다.

3 그러니 내 아들 키케로야, 네가 나의 연설문뿐만 아니라 내가 연설문만큼이나 많이 쓴 철학책들도 열심히 읽기를 간곡히 권한다. 연설문에서 더 큰 힘이 드러나기는 하지만, 냉철하고 절제된 형태의 연설인 철학책의 문체도 익혀둘 필요가 있기 때문이다. 지금까지 그리스인 중에서 대중연설과 냉철한 토론 두 분야를 모두 공들여 연구하고

---

4 여기서 "우리"는 아카데미아학파를 가리키지만, 키케로는 스토아학파의 가르침도 많이 받아들였다. 실제로 스토아학파는 여러 학파의 철학을 종합했고, 키케로의 철학도 그러했다. 스토아학파의 창시자 제논은 기원전 300년경 아테네에서 가르치기 시작했다. 스토아학파는 견유학파의 도덕적 이상을 토대로 자연과 본성을 따라 미덕의 삶을 추구할 때 얻는 도덕적 선과 평정심을 강조했다. 소요학파와 스토아학파는 미덕 윤리학을 추구한 철학의 양대 산맥이었다.

행하여 성공한 사람은 한 명을 제외하고는 없었던 것으로 알고 있다. 그 사람은 바로 팔레론 출신의 데메트리오스[5]다. 그는 날카로운 논쟁가이자 테오프라스토스[6]의 제자답게 격정적이지 않으면서도 매력적인 연설가였다. 내가 두 분야에서 얼마나 성공을 거두었는지는 다른 사람들이 판단할 일지만, 나는 분명 두 분야를 모두 추구해왔단다.

물론 플라톤[7]이 대중연설을 하고자 했다면 매우 장중하면서도 유 4
창하게 연설을 했을 것이고, 데모스테네스[8]도 플라톤에게 배운 것을 계속 연구하여 발표했다면 수사학적으로 훌륭하고 뛰어난 글을 써냈을 것이다. 아리스토텔레스[9]와 이소크라테스[10]도 마찬가지겠지. 그러

---

5 "데메트리오스"(기원전 약 350-280년)는 팔레론 출신의 대중연설가이자 정치가다. 테오프라스토스의 제자로, 소요학파의 초기 구성원이었다. 그는 마케도니아의 왕 카산드로스에 의해 아테네의 통치자로 임명되어 10년간 아테네를 다스렸다. 기원전 307년, 정적에 의해 추방된 후 알렉산드리아 궁정으로 거처를 옮겨 역사, 수사학, 문학비평 등 다양한 분야에서 저술 활동을 했다. 그의 연설은 부드럽고 우아하며 품격이 있다고 알려졌다.

6 "테오프라스토스"(기원전 약 371-287년)는 아리스토텔레스의 후계자로 소요학파를 이끌었다. 레스보스섬 출신으로, 젊은 시절 아테네에 와서 플라톤의 학파에서 수학했으나, 플라톤이 사망한 후 아리스토텔레스의 소요학파로 옮겨 이후 36년간 이 학파를 이끌었다. 본래 이름은 튀르타모스였지만, 그의 장엄하고 우아한 말솜씨 때문에 아리스토텔레스가 그에게 '신의 목소리'라는 뜻의 테오프라스토스라는 별명을 지어주었다.

7 "플라톤"(기원전 약 429-347년)은 소크라테스의 제자로, 아카데미아학파를 창설했으며, 스승 소크라테스를 주인공으로 한 많은 대화편을 저술했다. 고대 철학에서 플라톤이 차지하는 비중과 키케로에게 미친 영향은 아무리 강조해도 지나치지 않다. 그러나 그는 철학 연구에 매진했을 뿐 대중연설은 하지 않았다.

8 "데모스테네스"(기원전 384-322년)는 아테네의 정치가이자 연설가다. 플라톤과 아리스토텔레스에게 수학한 것으로 보이지만, 주로 이전의 위대한 대중연설가들의 연설과 수사학을 연구하여 그리스 최고의 연설가가 되었다. 당시 강대국으로 부상한 마케도니아의 위협에 맞서 반(反) 마케도니아 운동의 선봉에 섰다. 현존하는 그의 연설 61편 중 「필리피카」(필리포스에 관한 연설)라는 제목의 연설 세 편이 특히 유명하다.

9 "아리스토텔레스"(기원전 384-322년)는 플라톤의 제자이며 소요학파를 창설한 철학자다. 다방면에 많은 저작을 남겼지만, 현재는 강의록만 전해지고 있다. 철학뿐만 아니라

나 이 두 사람은 각자의 분야에 몰두하느라 서로를 경시했다.

2 나는 지금 네게 무언가를 쓰기로 결심했으니 다른 많은 것은 나중에 다루기로 하고, 이번에는 네 나이와 내 권위에 비추어 가장 적합한 글을 쓰고자 한다. 철학자들이 철학에서 중요하고 유용한 주제들을 치밀하고 풍부하게 논의해왔지만, 그중에서도 의무[11]에 관해 전하고 가르친 내용이 가장 널리 사람들의 관심을 끄는 듯하구나. 공적인 일이든 사적인 일이든, 대중적인 일이든 집안 일이든, 네 자신에 관한 일이든 다른 사람과 관련된 일이든, 삶의 어느 부분도 의무에서 벗어날 수 없기 때문이다. 도덕적으로 올바른 삶은 모두 의무를 행하는 데 달려 있는 반면, 도덕적으로 부끄러운 삶은 의무를 소홀히 하는 데 있다.[12]

5 그리고 이 주제는 모든 철학자들이 공통적으로 다루는 문제다. 의무에 관해 가르치지 않으면서 어떻게 자신을 철학자라고 말할 수 있

자연학에도 깊은 관심을 가졌고, 이것은 소요학파의 특징이 되었다. 그는 연구와 강의에 몰두했으며 대중연설은 하지 않았다.

10 "이소크라테스"(기원전 436-338년)는 아테네의 대중연설가이자 소피스트로, 데모스테네스 다음으로 유명한 연설가로 꼽히며, 그의 연설문 21편이 전해진다. 그는 아테네에 최초로 수사학 학교를 세워 뛰어난 정치가와 연설가를 많이 배출했다. 아리스토텔레스도 아카데미아학파에 들어가기 전에 이곳에서 잠시 수학했다.

11 "의무"로 번역된 오피키움(officium)은 일반적으로 또는 특정 상황에서 '마땅히 해야 하는 것'을 의미한다. 키케로는 도덕적인 선과 악의 모든 것이 '의무'의 수행 여부에 달려 있다고 말한다.

12 "도덕적으로 올바른"으로 번역된 명사 호네스타스(honestas)는 원래 '명예'를 뜻하며, 여기서 '올바르며 덕스럽고 정직함'이라는 의미가 파생되었다. "도덕적으로 부끄러운"으로 번역된 명사 투르피투도(turpitudo)는 원래 '추함'을 뜻하며, 여기서 '부끄럽고 불명예스러움'이라는 의미가 파생되었다. 이 책에서 이 두 단어는 계속해서 서로 반대되는 의미로 사용된다.

겠느냐? 하지만 선악[13]을 규정할 때 모든 의무를 왜곡하는 일부 철학 학파들[14]이 있다. 그들은 최고선이 미덕과 무관하다고 보며, 최고선을 판단하는 기준도 미덕이나 도덕적 올바름이 아니라 자신의 이해관계로 삼는다. 그런 사람들이 자기 입장을 고수하여 마음속에 종종 생겨나는 본성적인 선조차 물리친다면, 그들에게서 우정이나 정의감 혹은 후히 나누어 주는 심성은 자라날 수 없을 것이다. 또한 고통을 최고악으로 여기는 이들에게서 용기를, 쾌락을 최고선으로 여기는 이들에게서 절제[15]를 기대할 수 없다.

너무나 명백해 논의할 필요조차 없지만, 나는 다른 자리에서 이 문 6
제를 논의한 적이 있다.[16] 이 철학 학파들이 자기 입장을 고집한다면, 의무에 관해 아무 말도 할 수 없을 것이다. 오직 또는 주로[17] 도덕적으로 올바른 것이 그 자체로 추구할 가치가 있다고 말하는 철학 학파들만이 의무에 관한 확고하고 안정적이며 본성에 부합한 가르침을 제시

---

13 라틴어와 그리스어에서 “선악”은 도덕적 의미뿐만 아니라 좋고 나쁨을 포함하는 개념이다. 이러한 개념은 그리스 철학에서 비롯되었으며, 자연과 본성에 부합하는 것이 곧 좋은 것이고, 이는 도덕적으로도 선한 것이라는 사고를 반영한다. 의무론 논의에서는 도덕적으로 올바른 것이 곧 유용한 것이라는 등식으로 표현된다. 그러나 로마인은 그리스인과 달리 도덕적 선악 개념을 더욱 강조한다. 따라서 “최고선”은 그리스인에게는 ‘가장 좋은 것’, 로마인에게는 ‘가장 선한 것’이라는 뉘앙스가 강하다.

14 키케로는 여기서 쾌락주의를 주창한 에피쿠로스학파를 특히 염두에 두고 있다. 에피쿠로스학파는 모든 고통에서 벗어난 ‘평정심’이 최고의 쾌락이며, 자연학 지식뿐만 아니라 미덕조차 이 쾌락을 추구하는 수단으로 보았다.

15 “절제”로 번역된 모두스(modus)는 적정한 수준을 넘지 않고 유지하는 것을 의미한다.

16 키케로는 기원전 45년에 집필한 『최고선악론』에서 인간 본성에 대해 논의한다. 이 책은 세 차례의 대화로 구성되어 있으며, 에피쿠로스학파, 스토아학파, 소요학파가 각각 인간 본성을 어떻게 이해하는지 다룬다.

17 여기서 “오직”은 스토아학파를, “주로”는 아카데미아학파와 소요학파를 가리킨다.

할 수 있다. 따라서 의무를 제대로 가르칠 수 있는 곳은 스토아학파, 아카데미아학파, 소요학파뿐이다. 아리스톤, 피론, 에릴로스[18]의 견해는 이미 오래전에 배척되었기 때문이다. 만약 그들이 다른 선택의 여지를 남겼더라면 의무에 관해 논의할 권리를 여전히 가졌을 것이고, 의무가 무엇인지 더 깊이 탐구할 수 있었을 것이다. 나는 이 문제를 논의할 때 가능하면 스토아학파의 가르침을 따르려 한다. 하지만 그들의 가르침을 그대로 옮기지는 않겠다. 언제나 그랬듯이 스토아학파의 가르침이라는 샘에서 나의 생각과 판단에 따라 필요한 만큼을 필요한 방식으로 길어 올릴 생각이다.

7 이제 의무에 관한 모든 논의를 펼치려 하니 먼저 의무가 무엇인지 정의하는 것이 좋겠구나. 파나이티오스[19]가 이 과정을 생략한 것이 의아하다. 어떤 주제를 체계적으로 다루려면 항상 무엇을 논의하려는지 알 수 있도록, 그 대상을 정의하는 일부터 시작하는 것이 마땅한데 말이다.

3 의무에 관한 모든 논의는 두 가지로 나뉜다. 하나는 선이 무엇인

---

18 키오스의 "아리스톤"(기원전 3세기)은 키티온의 제논과 동시대에 활동한 스토아학파 철학자로, 육체적 즐거움이나 외적 필요는 선이 아니며, 미덕만이 유일한 선이라고 주장했다. 엘리스의 "피론"(기원전 약 360-270년)은 기원전 1세기 아이네시데모스가 창설한 피론학파의 시조로, 불가지론을 주장했다. 카르타고의 "에릴로스"(기원전 3세기)는 제논의 제자이자 스토아학파 철학자로, 아리스톤과 마찬가지로 육체적 즐거움이나 외적 필요가 선임을 부정하고 지식만이 유일한 선이자 삶의 목표라고 주장했다.

19 로도스의 "파나이티오스"(기원전 약 185-109년)는 스토아학파의 학장이었던 바빌로니아의 디오게네스와 타르소스의 안티파트로스에게 배웠으며, 공식적으로 스토아학파의 마지막 학장이었다. 키케로는 이 책에서 파나이티오스의 같은 제목의 저작 『의무론』을 많이 참고했다.

가를 탐구하는 것이고, 다른 하나는 삶의 모든 영역에 적용할 수 있는 실천적 원칙을 정하는 것이다. 전자의 예로 "모든 의무는 절대적인가" 또는 "어떤 의무가 다른 의무보다 더 중요한가" 같은 질문을 할 수 있다. 반면, 실천적 원칙은 근본적으로 선을 추구하지만, 일상의 구체적 행동 지침을 다루다 보니 그 철학적 바탕이 표면에 잘 드러나지 않는다.[20] 이는 실천적 원칙이 일상생활을 규율하는 데 더 중점을 두는 것처럼 보이기 때문이다. 나는 이 책에서 바로 그 원칙을 설명하고자 한다.

또한 의무를 구분하는 또 다른 방식이 있단다. 우리는 이른바 평균 8
적 의무와 완전한 의무에 대해 말하기 때문이다.[21] 내 생각에 완전한 의무는 곧 올바름이라 부를 수 있다. 그리스인들은 완전한 의무를 카토르토마(katorthōma)라고 부르고, 일반적 의무를 카테콘(kathēkon)이라고 부르는데, 그들은 이 둘을 이렇게 정의한다. 즉 반드시 해야 하는 모든 올바른 행위가 완전한 의무이며, 어떤 행위의 적절한 이유를 제시할 수 있는 것이 평균적 의무다.

파나이티오스에 따르면, 사람들은 어떤 일을 실행하기에 앞서 세 9
가지를 고려한다. 첫째, 그 일이 도덕적으로 올바른지 아니면 부끄러

---

20 절대적 의무는 절대적 선에서 나오지만, 일상의 의무는 절대적 선이 아니라 선의 개연성을 지닌 도덕적 올바름에서 비롯된다. 그래서 키케로는 의무를 논할 때 도덕적 선(bonum, '보눔')보다는 도덕적 올바름(honestas, '호네스타스') 또는 도덕적 부끄러움(turpitudo, '투르피투도')이라는 한 단계 낮은 개념에 초점을 맞춘다.

21 "평균적 의무"(medium officium, '메디움 오피키움')는 모든 사람에게 보편적으로 적용되는 일반적이고 대중적인 의무를 말한다. 이는 소수 철학자들에게만 해당되는 "완전한 의무"(perfectum officium, '페르펙툼 오피키움')와 대비된다. 평균적 의무는 "일반적 의무"(communis officium, '코무니스 오피키움')라고도 불린다. 키케로는 형이상학에서 다루는 완전한 의무가 아니라 일상에서 누구나 지킬 수 있는 의무와 그 원칙에 관심을 가졌다.

운지를 묻는다. 이 질문에 대한 답을 놓고 사람들은 종종 상반된 견해
로 나뉜다. 둘째, 그 일이 삶의 편의와 안락함, 수단과 재산, 영향력과
힘을 증진시켜 자기 자신과 자신의 사람들에게 도움이 되는지를 숙고
한다. 이는 곧 유용성을 따지는 일이다. 세 번째 질문은 어떤 일이 유
용해 보이지만 도덕적으로 올바른 것 같지 않을 때 제기된다. 유용성
이 마음을 한쪽으로 이끌고 도덕적 올바름이 다른 쪽으로 이끌어, 깊
10 이 고민해도 판단이 서지 않을 때 이 질문이 필요하다. 무언가를 구분
할 때 가장 경계해야 할 것은 핵심을 놓치는 일이다.

위의 구분에서는 두 가지 중요한 요소가 빠져 있다. 사람들은 일반적으로 어떤 것이 도덕적으로 올바른지 혹은 부끄러운지 고려할 뿐만 아니라, 두 가지가 모두 도덕적으로 올바를 때 어느 쪽이 더 올바른지, 그리고 두 가지가 모두 유용할 때 어느 쪽이 더 유용한지를 고려한다는 사실이다. 따라서 파나이티오스는 고려할 점을 세 가지로 구분했지만, 실은 다섯 가지로 구분해야 한다. 먼저 도덕적 올바름과 관련된 두 가지를 살펴보고, 다음으로 유용성과 관련된 두 가지를 살펴보며, 마지막으로 도덕적 올바름을 유용성과 비교하며 검토해야 한다.

11 **4** 먼저 말해둘 것이 있다. 모든 생물은 자신의 생명과 몸을 보호하고, 해로워 보이는 것은 피하며, 양식과 은신처를 포함해 생존에 필요한 모든 것을 구하려는 본능을 타고난다는 것이다. 생식 본능과 새끼들을 돌보려는 본능도 공통으로 가지고 있다. 하지만 인간과 짐승 사이에는 매우 큰 차이가 있다. 짐승은 감각에만 의존하여 눈앞의 것에만 반응할 뿐, 과거나 미래를 거의 알지 못한다. 반면 인간은 이성을

통해 인과관계를 이해하고, 사건의 원인을 파악하며, 과거의 경험을 선례로 삼아 비교할 수 있다. 나아가 현재와 미래를 연결 지어 생각하고, 삶의 여정을 헤아려 필요한 준비를 한다.

또한 인간은 타고난 본성 덕분에 이성의 힘을 바탕으로 언어를 사 12 용하여 사회를 형성하고 함께 살아간단다. 무엇보다 제 자식을 특별히 사랑하는 본능이 내면에 자리 잡고 있으며, 집회와 축제를 열고 참여하지. 이러한 이유로 사람들은 자기 자신뿐만 아니라 처자식과 자신이 보살펴야 할 소중한 이들의 생활에 필요한 것을 마련하고자 열심히 노력하게 된다. 이러한 책임감은 사람들의 마음을 일깨워 자신이 해야 할 일을 더욱 열심히 하게 만든다.

특히 진리를 추구하고 탐구하는 것은 인간 고유의 활동이다. 우리 13 는 먹고사는 일과 걱정에서 벗어나면 더 많은 것을 보고 듣고 배우려 하며, 감추어진 진리나 놀라운 사실의 발견을 행복한 삶의 필수 요소로 여긴다. 여기서 우리는 참되고 단순하며 순수한 것이 인간 본성에 가장 부합한다는 사실을 깨닫게 된다. 진리 추구의 열망과 독립적 존재로 살고자 하는 욕망이 하나 될 때, 인간 본성에 충실한 정신을 지닌 사람은 정의와 법에 따라 타인의 이익을 위해 가르치고 이끄는 이 외에는 누구에게도 복종하지 않게 된다. 이로써 인간 정신의 위대함을 보고 세상일을 초연히 바라보는 태도가 생긴다.

본성과 이성의 힘은 결코 작지 않다. 이 두 가지 덕분에 인간은 행 14 동과 말에서 질서가 무엇인지, 무엇이 적절한지 그리고 어떻게 절제해야 하는지를 아는 유일한 존재가 된다. 다른 동물들은 눈에 보이는 사물들 속에서 아름다움, 우아함, 부분 간의 조화를 파악하지 못한다.

반면, 인간은 본성과 이성을 통해 눈에 보이는 것들로부터 유추한 바를 정신으로 옮겨, 모든 생각과 행동에서 더 큰 아름다움과 일관성, 질서를 유지하려고 노력한다. 또한 부적절하거나 나약하게 행동하지 않으려 하며, 충동적인 욕망에 사로잡혀 행동하거나 생각하지 않도록 조심한다.

이러한 인간의 태도는 우리가 추구하는 도덕적으로 올바른 것을 만들어낸다. 그렇게 만들어진 것은 도덕적으로 올바르기 때문에 설령 고귀한 것이 아니라 해도 우리는 그것을 추구한다. 아무도 칭송하지 않더라도 본성적으로 칭찬받아 마땅한 것들을 도덕적으로 올바르다고 보는 것이 타당하기 때문이다.

15 **5** 내 아들 마르쿠스야, 지금 너는 플라톤이 "눈으로 보고 알 수 있다면 지혜에 대한 놀라운 사랑을 불러일으킬"[22] 도덕적 올바름의 형상, 즉 그 진면목을 보고 있다.[23] 도덕적으로 올바른 모든 것은 다음 네 가지 부분[24] 중 하나에서 생긴단다. 첫 번째는 진리에 대한 명확한 통찰이나 훌륭한 추론이다. 두 번째는 인간 사회의 보존, 각자의 몫에

---

22 플라톤의 대화편 『파이드로스』 250d에 나오는 내용이다. 기원전 370년경에 집필된 것으로 추정되는 이 작품에서, 소크라테스와 귀족 청년 파이드로스는 연정(에로스), 환생, 인간 영혼의 본성 등을 주제로 대화를 나눈다.

23 "형상"(forma, '포르마')은 플라톤 철학의 핵심 개념인 '이데아'를 의미한다. 이데아는 모든 존재와 인식의 근거가 되는 항구적이며 눈에 보이지 않는 초월적 실재를 가리킨다. 플라톤은 이데아만이 참된 실재이며, 현실 세계에 존재하는 모든 것은 이데아의 모상에 불과하다고 주장했다. 키케로는 이 형상을 '파키에스'(facies)라는 단어로 설명하는데, '파키에스'는 본래 "생김새, 얼굴" 등을 뜻하며, 여기서는 '본래 모습'이라는 의미에서 "진면목"으로 번역했다.

24 여기서 사용된 "부분"(pars, '파르스')이라는 단어는 뒤에 가서 "미덕"(virtus, '비르투스')으로 표현된다. 네 종류의 미덕에서 네 부류의 의무가 파생되는 셈이다.

따른 분배, 계약에 대한 신의 준수다. 세 번째는 굴하지 않는 훌륭한 정신의 위대함과 강직함이다. 네 번째는 중용과 절제[25]가 포함된 질서와 절도를 갖춘 언행이다.

이 네 가지 부분은 서로 긴밀히 연결되어 있으면서도, 각각의 부분으로부터 특정한 부류의 의무들이 생겨난다. 예를 들어, 철학적 지혜와 실천적 지혜[26]에 속한다고 여겨지는 첫 번째 미덕에서는 진리의 탐구 및 발견과 관련된 의무가 생겨난다. 따라서 이 의무는 이 미덕의 고유한 열매라고 할 수 있다. 일반적으로 어떤 일을 있는 그대로 가장 16
참되게 꿰뚫어 보고 가장 날카롭고 신속하게 그 이유를 알아내 설명할 수 있는 사람을 실천적 지혜와 철학적 지혜에서 가장 탁월한 사람이라고 말한다. 따라서 진리는 이 미덕이 다루는 재료이고, 이 미덕은 진리를 알아내기 위해 사용된다.

반면, 나머지 세 가지 미덕은 인간이 사회 속에서 살아가는 데 필수 17
적인 것을 마련하고 유지하는 데 필요하다. 이러한 미덕들 덕분에 인간 사회는 형성되고 유지되며, 사람들이 자기 자신과 자신의 사람들

---

25 "중용"으로 번역한 모데스티아(modestia)는 지나치거나 부족하지 않은 상태를 의미한다. "절제"로 번역한 템페란티아(temperantia)는 욕망을 억제하여 행동을 자제하는 것을 가리킨다. "질서"(ordo, '오르도')는 각각의 부분이 제자리에 있는 상태를, "절도"(modus, '모두스')는 적정한 수준을 유지하는 것을 의미한다.

26 사피엔티아(sapientia)는 "철학적 지혜"를, 프루덴티아(prudentia)는 "실천적 지혜"를 가리킨다. 그리스어 '소피아'(σοφια)에 해당하는 '사피엔티아'는 직관과 이성적 추론을 통해 사물의 본질을 꿰뚫어 보고 절대적 진리를 아는 능력을 말한다. 반면, 그리스어 '프로네시스'(φρόνησις)에 해당하는 '프루덴티아'는 현실 세계에서 사안을 신중하게 판단하여 가장 바르고 유익한 결정을 내리는 현명함을 가리킨다. 철학적 지혜를 가진 사람은 철학자, 실천적 지혜를 가진 사람은 현자라고 불렀다. 두 개념이 엄격히 구분되지는 않지만, 키케로는 주로 실천적 지혜에 관심을 가졌다.

을 위해 부와 유용한 것을 확보할 때 정신의 위대함과 탁월성이 드러난다. 하지만 이러한 것들을 하찮은 것으로 여길 때, 정신의 위대함과 탁월성은 더욱 빛을 발한단다.[27] 그런데 질서와 일관성, 자제[28] 등은 정신 활동뿐만 아니라 신체 활동에서도 생겨난다. 일상생활에서 절도와 질서를 지키면 도덕적 올바름과 품격[29]이 보존되기 되기 때문이다.

18 **6** 앞서 우리는 본성상 도덕적 올바름에 속하는 의무의 근원이 되는 미덕을 네 가지로 구분했는데, 그중에서도 진리를 아는 첫 번째 미덕이 인간 본성과 가장 밀접한 관련이 있다. 우리는 모두 알고자 하는 욕망에 이끌려 지식의 세계로 들어가며, 이 세계에서는 탁월한 것을 아름답다고 여기고, 진리에서 벗어나거나 오류를 범하거나 무지하거나 속는 것을 악하고 추하다고 여기기 때문이다.

이러한 본성적인 도덕적 올바름과 관련해서는 두 가지 오류를 피해야 한다. 첫 번째 오류는 실제로는 알지 못하면서 안다고 생각하여
경솔하게 동의하는 것이다. 누구나 이러한 오류를 피해야 하며, 이를
19 위해서는 숙고하는 데 시간과 공을 들여야 한다. 또 다른 오류는 모호
하고 난해하며 불필요한 일에 지나치게 열성과 노력을 쏟는 것이다.

---

27 이 미덕들을 "자기 자신과 자신의 사람들을 위해" 사용하는 것도 좋지만, 다른 이들과 국가를 위해 사용하면 더욱 좋은 일이 된다. 키케로는 다른 이들, 특히 국가를 위한 미덕의 실천을 강조한다.

28 "질서"(ordo, '오르도')와 "일관성"(constantia, '콘스탄티아'), "자제"(moderatio, '모데라티오')는 미덕의 중요한 속성들이다. '오르도'는 각각의 부분이 제자리에 있는 상태를, '콘스탄티아'는 언행에 변함이 없고 일관된 태도를 의미한다. 앞서 "절제"로 번역된 '템페란티아'는 지나친 욕망의 억제를 의미하는 반면, "자제"로 번역된 '모데라티오'는 욕망을 적절한 수준에서 억제하는 것을 뜻한다.

29 "품격"으로 번역된 데쿠스(decus)는 '명예롭고 영광스럽게 만드는 것'을 의미한다.

이러한 오류를 피하고 도덕적으로 올바르며 알 가치가 있는 것에 노력과 관심을 기울이는 사람은 칭찬받아 마땅하다. 천문학에서는 가이우스 술피키우스[30]가 그런 인물이라고 들었다. 기하학에서는 내가 개인적으로 알고 있는 섹스투스 폼페이우스[31]가 그런 사람이다. 변증학 분야에 그런 사람들이 많으며, 시민법에서는 더 많다고 하더구나.

이 모든 학문은 진리를 탐구하지만, 만약 탐구에 몰두하느라 공적인 일들을 도외시한다면 이는 의무를 저버리는 것이다. 모든 미덕은 실천을 통해 그 가치가 입증되는데, 이러한 실천적 행위가 지속적일 필요는 없으므로 학문 탐구를 위한 시간도 충분히 확보할 수 있다. 게다가 정신 활동은 쉬지 않기 때문에 우리는 의식적으로 노력하지 않아도 지식 추구에 계속 몰두할 수 있다. 이 모든 생각과 정신 활동은 도덕적으로 올바른 것과 선하고 행복한 삶을 가져다주는 일을 계획하거나 학문과 지식을 탐구하는 데 집중된다.

이로써 의무의 첫 번째 원천에 관한 논의를 마치고자 한다.

7 나머지 세 가지 원천은 인간 사회와 이른바 사람들의 생활 공동 20
체를 유지시켜주는 광범위한 의무들과 관련되어 있다. 이 의무들은 크게 정의와 박애,[32] 두 부분으로 나눌 수 있다. 정의 속에서 미덕이 가

---

30 "가이우스 술피키우스"(기원전 2세기)는 로마의 대중연설가이자 장군, 정치가다. 그는 기원전 168년, 마케도니아 왕 페르세우스와의 원정 전쟁 중 피드나 전투 직전에 월식을 예측하여 큰 명성을 얻었다. 기원전 166년에는 원정에서 돌아와 집정관으로 선출되었으며, 말년에는 천문학 연구에 몰두했다.

31 "섹스투스 폼페이우스"(기원전 2세기 말에서 1세기 초)는 정치적으로 유명한 그나이우스 폼페이우스의 삼촌이지만, 정치에는 참여하지 않았다. 그는 기하학, 스토아 철학, 법학에 대해 깊은 지식을 가지고 있었다.

32 여기서 "박애"로 번역된 베네피켄티아(beneficentia)는 선의나 호의를 가지고 널리 베푸

장 밝게 빛나기 때문에 정의를 실천하는 사람은 선량한 자라 불린다. 정의와 밀접하게 결합된 박애는 자비를 베푸는 것, 또는 후히 나누어 주는 것이라 말할 수 있다.

정의의 가장 중요한 기능은 불의의 도발이 있지 않는 한 누구에게도 해를 끼치지 않는 것이며, 그다음으로 중요한 기능은 공유 재산은 공동의 이익을 위해, 사유 재산은 개인의 이익을 위해 사용하는 것이다.

21 자연 상태에서는 사유 재산이 존재하지 않았다. 그러나 누군가 주인이 없는 땅에 먼저 와서 오랫동안 점유했거나, 전쟁에서 승리하여 차지했거나, 법이나 계약, 협약, 추첨을 통해 사유 재산이 생겨났다. 이러한 방식으로 아르피눔 땅은 아르피눔인의 소유가 되었고, 투스쿨룸 땅은 투스쿨룸인의 소유가 되었으며,[33] 다른 사유지도 그렇게 분할되었다. 자연 상태에서 공유물이었던 것이 개인의 소유물이 되었으니 각자에게 할당된 것을 각자가 소유하는 것이 마땅하다. 그런데도 자

는 것을 뜻한다. 다른 문맥에서는 '호의를 베푸는 것'으로 번역된다. 아리스토텔레스는 『니코마코스 윤리학』에서 모든 미덕의 두 축을 정의('디카이오쉬네')와 우애('필리아')로 보았다. 키케로는 우애 대신 좀 더 구체적인 박애를 미덕으로 제시하는데, 여기서 박애는 베니그니타스(benignitas) 또는 리베랄리타스(liberalitas)를 의미한다고 설명한다. "자비를 베푸는 것"으로 번역된 '베니그니타스'는 선의와 호의로 공손히 베푸는 것을 뜻한다. "후히 나누어 주는 것"으로 번역된 '리베랄리타스'는 원래 '자유민다움'을 뜻하며, 타인을 친절하고 정직하게 대하는 태도와 관대하며 후한 성품을 의미한다.

33 "아르피눔"은 로마에서 남동쪽으로 약 100킬로미터 떨어진 도시로, 키케로의 고향이다. 기원전 305년에 로마인들에게 점령되었다. "투스쿨룸"은 로마에서 북서쪽으로 약 25킬로미터 떨어진 라티움 지역의 도시로, 트로이아 전쟁이 벌어지기 약 300년 전 라틴인들이 건설했다고 하며, 기원전 381년에 로마에 복속되었다. 고대에는 로마 귀족들의 크고 화려한 별장이 즐비한 곳으로 유명했으며, 키케로의 별장도 이곳에 있었다.

신에게 할당된 것 이상을 탐내다면, 이는 인간 사회의 법을 어기는 것이다.

그러나 플라톤이 매우 훌륭하게 설명했듯이,[34] 우리는 자신만을 위 22
해 태어난 것이 아니다. 국가와 친구들이 우리 삶에 기여한 부분이 있음을 인정해야 한다. 스토아학파의 가르침에 따르면, 땅에서 나는 모든 것은 인간의 사용을 위해 만들어졌고, 인간은 다른 인간을 위해, 즉 서로 돕기 위해 태어났다. 따라서 우리는 자연과 인간의 본성을 이정표로 삼아, 공동의 이익을 중심에 두고 의무를 주고받으며, 기술과 노고와 재능을 나누어 사람들 사이의 유대를 다져야 한다.

정의의 토대는 신의(信義)에 있다. 즉 말한 바와 합의한 바를 언제 23
나 한결같이 진실하게 지키는 것이다. 어떤 사람들은 '신의'라는 단어의 기원을 알기 어렵다고 말한다. 그러나 단어의 유래를 깊이 연구한 스토아학파 철학자들은, 자신이 말한 것을 그대로 실행해야 한다(fiat)는 의미에서 '신의(fides)'라 불렀다고 설명한다.[35] 그들의 해석을 신뢰해도 좋을 것 같구나.

불의에는 두 종류가 있다. 하나는 불의를 저지르는 자의 불의이고, 다른 하나는 자신에게 가해진 불의를 물리칠 수 있는데도 그렇게 하

---

34 플라톤의 『아홉 번째 서신』 358a에 나온다. 이 서신은 기원후 1세기 로마에서 트라실로스가 편집한 플라톤 전집에 포함된 13편의 서신 중 하나로, 플라톤이 친구 아르키타스에게 보낸 것이다. 아르키타스는 피타고라스학파의 철학자이자 수학자, 음악 이론가, 천문학자, 정치가로, 플라톤의 정치 철학에 영향을 미친 인물로 평가된다. 일부 학자들은 그가 플라톤이 주창한 철학자 왕의 모델이었을 것이라고 추정한다.

35 피아트(fiat)는 "구체적으로 실행하다"를 뜻하는 라틴어 동사 파키오(facio)의 가정법 3인칭 단수 현재형으로, "그는 … 구체적으로 실행해야 한다"는 의미를 갖는다.

지 않는 자의 불의다. 분노나 그 외의 격정[36]에 사로잡혀 타인을 불의하게 공격하는 사람은 한솥밥을 먹는 동료에게 폭력을 가하는 것과 같다. 또한 불의를 막을 수 있는데도 방관하는 사람은 부모나 친구,
24 조국을 저버리는 잘못을 저지르는 것이다. 타인을 해치기 위해 의도적으로 저지르는 불의는 종종, "내가 그 사람을 해치지 않으면 그 사람이 내게 불이익을 가할 것"이라는 두려움에서 비롯된다. 그러나 대부분의 경우, 불의는 자신이 원하는 바를 얻으려는 욕망에서 비롯된다. 이는 탐욕이 악덕을 불러일으킨다는 뜻이다.

25 **8** 사람들이 부를 추구하는 첫 번째 이유는 생계를 유지하기 위해서고, 두 번째 이유는 쾌락을 즐기기 위해서다. 하지만 야심이 큰 사람들은 권력을 유지하고 사람들을 자기편으로 만들기 위해 재물에 욕심을 낸다. 예를 들어, 최근에 마르쿠스 크라수스[37]는 국가의 최고 지도자가 되려는 사람이 자신의 수입으로 군대 하나를 부양할 수 없다면 재산을 충분히 가지고 있는 게 아니라고 말했다는구나. 화려한 가구와 우아하고 풍요로운 문화생활도 사람들의 마음을 사로잡기에 이런 것을 확보하려다 보면 끝없는 재물욕이 생기게 마련이다. 물론 아무에게도 해를 끼치지 않고 가산을 늘려가는 것을 비난할 생각은 없다. 그러나 불의한 방법으로 재산을 늘리는 일은 항상 피해야 한다.

---

36 "격정"으로 번역한 페르투르바티오(perturbatio)는 정신의 질서가 깨져 혼란스러운 상태, 특히 격렬한 감정을 나타낸다. 문맥에 따라 '격정' 또는 '혼란'으로 옮겼다.

37 "마르쿠스 크라수스"(기원전 약 115-53년)는 로마 공화정 말기의 장군이자 정치가로, 제1차 삼두정치 때 폼페이우스, 카이사르와 함께 참여했으며, 막대한 재산을 가진 인물로도 유명하다. 기원전 72년에는 스파르타쿠스 반란을 진압했고, 기원전 70년에는 폼페이우스와 함께 집정관직에 올랐다.

사람들이 군대 지휘관이나 관직을 얻어 영예를 얻으려는 욕망을 26
가지면, 대체로 그 욕망에 완전히 사로잡혀 정의를 망각하게 된다. 엔
니우스[38]의 다음 구절은 이런 일이 만연했음을 잘 보여준다. "왕권에
는 신성불가침의 동료애도 신의도 없다." 많은 사람이 높은 자리에 오
르기 위해 치열하게 경쟁하는 곳에서는 "신성불가침의 동료애"를 유
지하기가 매우 어렵기 때문이다. 우리는 가이우스 카이사르[39]에게서
이러한 모습을 똑똑히 보았다. 그는 국가의 최고 지도자가 되겠다는
잘못된 욕망에 사로잡혀 신과 인간의 모든 법을 짓밟는 무모한 행동
을 저질렀다. 그런데 여기에는 난처한 문제가 있다. 관직과 군대 지휘
관, 권력, 명예에 대한 욕망은 일반적으로 가장 뛰어난 정신과 탁월한
재능을 지닌 사람들에게 생긴다는 점이다. 따라서 그러한 이들은 이
와 같은 잘못을 저지르지 않도록 더욱 주의해야 한다.

불의라 해도 일시적이고 순간적인 정신적 혼란[40]으로 인해 저지른 27

---

38 "엔니우스"(기원전 약 239-169년)는 로마의 시인이자 극작가로, 일찍부터 그리스 교양을 섭렵했고, 그리스 문학을 기반으로 로마 문학을 발전시키고자 했다. 특히 호메로스에 심취하여 제2의 호메로스로 자처하며, 로마의 위대함을 찬미하고 그 사명을 대서사시로 담아낸 로마사 『연대기』를 써서 '로마 문학의 아버지'로 불린다. 여기에 인용된 구절이 나오는 작품은 오늘날 전해지지 않는다.

39 "가이우스 율리우스 카이사르"(기원전 100-44년)는 로마 공화정 말기의 장군이자 정치가로, 폼페이우스, 크라수스와 함께 제1차 삼두정치의 일원이었다. 기원전 59년, 집정관이 된 후 국유지 분배와 같은 민중 친화적인 법안들을 발의하여 인기를 얻었다. 기원전 58년부터 50년까지 갈리아 전쟁을 수행했으나, 원로원이 그에게 군대 해산과 로마 귀환 명령을 내리자, 그는 "주사위는 던져졌다"라는 유명한 말을 남기며 루비콘강을 건너 로마로 진격하여 폼페이우스를 비롯한 정적들을 제거하고 종신 독재관이 되었다. 그러나 기원전 44년, 브루투스와 카시우스 롱기누스 등 공화정 지지파에 의해 암살되었다. 그는 정적이었던 키케로를 살려주고 재산도 빼앗지 않았다.

40 여기서는 '페르투르바티오 아니미'(perturbatio animi)를 "정신적 혼란"으로 번역했다.

불의와 사전에 계획하고 의도한 불의는 크게 다르다. 갑작스러운 충동에 의한 불의는 미리 계획된 불의보다 가벼운 죄로 여겨진다.

이로써 불의에 대한 논의는 충분히 다뤘다.

28 **9** 불의를 막을 의무를 저버리는 데는 여러 이유가 있다. 사람들은 불의를 당하는 자에 대한 적대감이나 수고와 비용을 피하려는 마음에서 불의를 방관한다. 무관심, 나태함, 무능력 때문에, 또는 자신의 일에 빠져 마땅히 보살펴야 할 사람을 소홀히 하기도 한다. 따라서 플라톤이 철학자들에 대해 한 말이 적절한지 검토할 필요가 있다. 그는 대다수가 어떤 것을 차지하려고 죽을힘을 다해 경쟁하는 반면, 철학자들은 그것을 하찮게 여겨 경멸하고 오로지 진리 탐구에 몰두하기에 정의롭다고 말했다.[41] 물론 철학자들이 타인에게 해를 끼치지 않았다는 점에서는 정의롭다고 할 수 있다. 그러나 진리 탐구에만 몰두하여 마땅히 보살펴야 할 자들을 등한시하는 것도 불의다. 플라톤은 철학자들이 강제되지 않는 한 공직에 나가지 않을 것이라고 생각하지만, 그들이 자발적으로 공직에 나서는 것이 더 이치에 맞다. 그 자체로 올

제1권 각주 36에서 설명했듯이 '페르투르바티오'는 격정이 포함된 혼란을 의미한다.

41 플라톤 철학의 핵심은 이데아론에 있다. 그는 현실 세계가 참된 실재인 이데아(형상)의 모방에 불과하다고 여겼으며, 진리인 이데아를 추구하는 철학자는 현실의 것을 하찮게 여길 수밖에 없다고 보았다. 또한 철학자가 통치하는 이상 국가를 지향하며, 현실이 이에 부합하지 않으면 정치 참여를 거부할 수 있다고 주장했다. 아리스토텔레스는 스승인 플라톤의 이데아론을 수정하여, 이데아는 현실 속에 구현되어 있다고 주장하며 현실 세계로 더 가까이 다가가지만, 그 역시 철학자가 추구하는 것과 현실 세계를 분리한다. 반면, 철저히 현실에 발을 딛고 실용적 철학을 추구하는 키케로가 보기에, 플라톤과 아리스토텔레스가 말하는 철학자는 현실의 의무를 저버리기에 정의로운 자라고 할 수 없다.

바른 것도 자발적으로 행해야 비로소 정의롭기 때문이다.
가사를 돌보려는 열심이나 사람들에 대한 어떤 혐오 때문에 자신의 29
일에만 몰두함으로써 타인에게 불의를 행하지 않는 것처럼 보이는 사
람들도 있다. 그러나 그들은 한 종류의 불의에서는 벗어나 있지만, 또
다른 종류의 불의에 빠져 있는 것이다. 사람들이 함께 살아가는 것[42]에
열심이나 수고나 자원을 전혀 제공하지 않음으로써 공동체에 기여할
책무를 저버리고 있기 때문이다.
지금까지 정의의 개념을 확립하고, 두 가지 형태의 불의를 제시한
다음, 그 원인에 대해 살펴보았다. 따라서 자기애가 지나치지 않다면,[43]
이제 사안에 따라 우리의 의무가 무엇인지 쉽게 판단할 수 있을 것이
다. 다른 사람의 일에 관심을 가지고 애쓰기는 어렵다. 테렌티우스의 30
희극에 나오는 크레메스는 "인간사 중에서 나와 무관한 것은 하나도
없다고 생각한다"[44]라고 말하지만, 우리는 다른 사람의 일은 멀게 느
끼는 반면, 자신의 이해가 걸린 일은 훨씬 더 생생하게 느낀다. 이 때문
에 자신의 일을 남의 일과 다르게 판단하게 된다. 따라서 우리의 일이
공정한지 여부에 의문이 생길 때, 그 일과 아무 상관없는 제3자가 더

---

42 "사람들이 함께 살아가는 것"으로 번역한 '비타이 소키에타스'(vitae societas)는 직역하면 "삶의 결속" 또는 "생활 공동체"를 의미한다.

43 키케로는 올바른 판단을 저해하는 결정적 요인이 지나친 자기애에 있다고 보았다.

44 "테렌티우스"(기원전 약 195-159년)는 노예 출신의 희극작가로, 그의 작품은 명상적이며 감상적인 인생 성찰이 특징이다. 그의 희곡에서 수많은 명언이 탄생했는데, 여기에 인용된 구절은 기원전 163년 작품인 『자학자』 77에 나온다. 이 말은 카를 마르크스가 평생의 좌우명으로 삼았다고 전해진다. 이 희극의 주인공이자 화자인 크레메스는 아테네의 농부로, 자신의 아들이 가난한 소녀를 사랑한다는 이유로 화를 내고, 농장에서 종일 일하며 자학하는 메네데무스의 이야기를 들려준다.

제대로 대답해줄 수 있다. 정의는 본질적으로 명백한 것이어서, 의문이 든다는 것은 이미 불의를 예감하고 있다는 증거일 수 있기 때문이다.

31 **10** 하지만 정의로운 자들과 우리가 선량한 자라고 부르는 사람들에게 지극히 적절해 보였던 행위가 상황에 따라 그 성격이 정반대로 바뀌어 지극히 부적절한 행위가 되는 경우가 종종 일어난다. 예를 들어, 공탁금을 반환하거나 약속을 지키는 것은 진실함과 신의를 보여주는 행위지만, 때로는 공탁금을 돌려주지 않거나 약속을 지키지 않는 것이 오히려 정의로운 일이 될 수 있다.

여기서 우리는 처음에 제시한 정의의 토대로 다시 돌아가는 것이 좋겠구나. 정의란 우선 다른 사람에게 해를 끼치지 않는 것이고, 그다음으로는 공공의 이익에 기여하는 것이다. 그런데 이 원칙은 상황에 따라 달라질 수 있으며, 그에 따라 우리의 의무도 변화될 수 있다. 따
32 라서 의무는 언제나 동일하지는 않다. 약속이나 계약을 이행하는 것이 오히려 당사자들에게 해가 되는 상황이 있을 수 있기 때문이다.

한 예로, 해신 넵투누스가 테세우스에게 한 약속을 이행하지 않았다면, 테세우스는 아들 히폴리토스를 잃지 않았을 것이다.[45] 넵투누스는 테세우스의 세 가지 소원을 들어주겠다고 약속했는데, 테세우스는

---

45 "해신 넵투누스"는 그리스 신화의 포세이돈에 해당하는 신이다. 최고신 유피테르(제우스)와 지하세계를 다스리는 플루톤(하데스)의 형제다. "테세우스"는 그리스 신화에서 헤라클레스와 견줄 만한 아테네 최고의 영웅으로, 특히 크레타섬의 미로 라비린토스에 들어가 괴물 미노타우로스를 죽인 일화로 유명하다. 그는 첫 번째 왕비에게서 태어난 아들 "히폴리토스"가 자신을 겁탈하려 했다는 두 번째 왕비 파이드라의 유언을 믿고, 넵투누스에게 아들을 죽여달라는 소원을 빈다. 사실 파이드라는 히폴리토스를 유혹했으나 거절당하자 앙갚음으로 거짓말을 한 것이었다. 테세우스의 소원대로 히폴리토스는 해변에서 전차를 몰다가 넵투누스가 보낸 괴수로 인해 낙마하여 죽고 만다.

분노한 나머지 세 번째 소원으로 히폴리토스의 죽음을 빌었다. 그러나 소원이 이루어지자 테세우스는 극심한 슬픔에 빠졌다. 이처럼 약속을 지키는 것이 상대에게 이롭지 않다면 약속을 지킬 필요가 없다. 또한 약속을 지켜서 상대가 얻는 이익과 내가 입는 손해를 비교했을 때, 더 중대한 의무를 선택하는 것은 약속을 저버리는 것이 아니다. 예를 들어, 법정에서 어떤 사람을 변호하기로 약속했지만 그 시간에 아들이 중병에 걸렸다면, 그 약속을 지키지 않더라도 의무를 저버리는 것이 아니다. 변호를 받기로 한 사람이 그 약속을 지키지 않은 것에 대해 불평한다면, 오히려 그 사람이 의무를 저버린 것이다. 더구나 협박하여 강제로 한 약속이나 사기로 이루어진 약속이 무효라는 사실을 누가 모르겠느냐? 이러한 약속은 정무관[46]의 직권에 따라, 그리고 종종 법률에 따라 무효로 처리된다.

또한 불의는 법을 지나치게 영악하고 교활하며 악의적으로 해석 33
할 때 자주 발생한다. 그래서 사람들의 대화에서 속담처럼 오르내리는, "가장 합법적인 것이 가장 불의하다"[47]는 말이 생겨났나 보다. 이러한 법 해석은 국가 간에도 많은 불의를 초래한단다. 예를 들어, 적과 30일간 휴전 협정을 맺은 후, 야간에 적진을 습격하고는 휴전 협정이 낮에만 해당하며 밤에는 해당하지 않는다고 주장하는 것이다.[48] 또한

---

46 "정무관"(praetor, '프라에토르')은 로마 공화정에서 집정관(consul, '콘술')을 보좌하여 재판을 관할하고 다양한 행정 업무를 담당하는 관직이다.

47 테렌티우스의 희극 『자학자』 796에 나오는 구절이다.

48 그리스 역사가 헤로도토스(기원전 약 484-425년)의 『역사』 6.78-79에 나오는 내용이다. 키케로는 헤로도토스를 '역사의 아버지'라고 불렀다.

전해들은 이야기여서 퀸투스 파비우스 라베오[49]인지, 아니면 다른 사람인지 정확히 모르겠으나, 우리는 그가 로마인이라는 이유만으로 그의 행위를 칭찬해서는 안 된다. 로마 원로원은 그에게 놀라인과 나폴리인[50] 간의 국경 분쟁을 중재하는 임무를 맡겼다. 그는 양측 대표를 따로 만나 욕망과 탐욕에 휘둘리지 말고 한 발씩 물러나라고 조언했다. 양측은 그의 조언을 따랐고, 그 결과 상당히 넓은 땅이 남겨졌다. 그러자 그는 양측이 동의한 바를 근거로 삼아 각자 물러난 지점을 국경으로 정하고, 그 사이에 남겨진 땅은 로마에 갖다 바쳤다. 이것은 분명히 중재가 아니라 사기다. 모든 일에서 이러한 교활한 행동을 해서는 안 된다.

11 그러나 어떤 의무는 불의를 저지른 자들에게조차 지켜야 한다. 복수와 처벌도 적정한 수준에서 이루어져야 하기 때문이다. 불의를 저지른 자에게는 그가 자신의 잘못을 뉘우치고 다시는 그런 일을 저지르지 않도록 하며, 그를 본보기로 삼아 다른 사람들도 불의를 저지르기를 주저하게 만드는 것으로 충분하다.

34 국가 간에는 전쟁과 관련된 법을 최대한 지켜야 한다. 국가 간의 분쟁을 해결하는 방법은 두 가지가 있으니, 하나는 협상이고, 다른 하나는 무력 사용이다. 협상은 인간에게 고유한 방법인 반면, 무력 사용은

---

49 "퀸투스 파비우스 라베오"(기원전 2세기)는 로마의 정치가로, 기원전 183년에 집정관을 역임했다.

50 "놀라"는 나폴리 근처의 비옥한 캄파니아 평야에 위치한 도시로, 기원전 313년에 로마인이 점령했다. "나폴리"는 이탈리아 반도 서쪽 티레니아해에 위치한 도시로, 기원전 290년 삼니움 전쟁이 끝난 직후 로마의 식민지가 되었다.

짐승에게 고유한 방법이다. 그러므로 협상이 통하지 않을 때에만 무
력을 사용하는 것이 바람직하다. 전쟁의 목적은 불의 없이 평화롭게 35
살기 위한 것이므로, 전쟁에서 승리한 후에는 전쟁 중 잔인무도한 짓
을 저지른 자를 제외한 나머지 사람들을 죽여서는 안 된다. 예를 들
어, 우리 선조들은 투스쿨룸인, 아이쿠이인, 볼스키인, 사비니인, 헤르
니키인[51]을 로마 시민으로 받아들였지만, 카르타고와 누만티아[52]는 완
전히 멸망시켰다. 선조들이 코린토스[53]를 파괴하지 않았더라면 좋았
겠지만, 그곳이 전략적 요충지였기에 훗날 또 다른 전쟁의 원인이 될
수 있다고 판단하여 파괴했으리라고 믿는다. 음모가 발붙일 수 없는
평화를 확보하기 위해서는 항상 철저히 대비해야 한다고 나는 생각한
다. 나의 이런 조언에 귀 기울였다면, 우리는 가장 훌륭한 국가는 아
닐지라도 최소한 공화정의 형태는 유지했을 것이다. 하지만 지금 우

---

51 "투스쿨룸인"은 제1권 각주 33을 보라. "아이쿠이인"은 아니오강 양쪽 기슭을 따라 라틴인과 볼스키인의 이웃으로 살았던 고대 이탈리아의 호전적인 부족이다. "볼스키인"은 라티움 지역에서 가장 큰 부족으로, 기원전 300년에 로마에 병합되었다. "사비니인"은 라틴인과 인접해 살았던 고대 이탈리아 부족이다. "헤르니키인"은 라티움 지역에서 아이쿠이인과 볼스키인 사이의 지대에 거주했던 이탈리아 부족이다.

52 "카르타고"는 기원전 9세기에 페니키아인들이 북아프리카 튀니즈만에 건설한 고대 도시국가로, 로마인들은 이들을 '포에니'(페니키아인)라 불렀고, 그리스인들은 '칼케돈'이라 불렀다. 기원전 264-146년에 로마와 벌인 포에니 전쟁으로 유명하며, 기원전 146년에 소 아프리카누스(스키피오 아이밀리아누스 아프리카누스)가 이끄는 로마군에 의해 철저히 파괴되었다. "누만티아"는 스페인에 있던 켈티베리아인의 정착지로, 로마와 벌인 20년간의 전쟁 끝에 기원전 133년, 소 아프리카누스가 13개월 동안 성을 포위하자, 누만티아인 대다수가 로마에 항복하는 대신 도시를 불태우고 자결하는 극단적인 결말을 맞았다.

53 "코린토스"는 그리스 본토와 펠로폰네소스 반도를 잇는 코린트 지협에 위치한 고대 도시국가로, 남북 육상교통의 요지이자 이오니아해와 에게해를 연결하는 해상 교통의 중심지였다. 이 도시는 기원전 146년, 로마에 의해 철저히 파괴되었다.

리는 공화정조차 잃어버렸구나.

또한 무력으로 정복한 적일지라도 그들을 잘 보살펴야 한다. 적들이 비록 공성퇴로 우리의 성벽을 부수었더라도, 우리 장군들의 신의를 믿고 투항한 경우에는 그들을 받아들여야 한다. 이와 관련해 정의를 행하는 것을 로마인들은 매우 중요하게 여겼다. 그래서 전쟁으로 정복한 국가나 부족을 신의로 받아들이고, 선조들의 관례를 따라 그들의 후견인이 되어주었다.

36 전쟁의 정당성과 관련된 문제는 로마인의 외교 정책에 관한 법[54]에 명확히 규정되어 있다. 이 법에 따르면, 먼저 배상을 요구하거나 사전 고지 또는 선전 포고 없이 일으킨 전쟁은 정의로운 전쟁이 될 수 없다. 포필리우스[55]는 속주를 통치하는 군사령관이었으며, 그의 군대에는 마르쿠스 카토[56]의 아들이 신입병으로 복무하고 있었다. 어느 날,

---

54 "외교 정책에 관한 법"(fetialis jus, '페티알리스 유스')은 유피테르(제우스)의 신관들이 준수한 법을 가리킨다. 로마에는 예로부터 카피톨리누스 언덕 위에 유피테르 대신전이 세워져 있었고, 집정관은 취임하자마자 이 신전을 참배했으며, 원정에서 돌아온 장군의 개선 행렬도 관례상 이 신전으로 향했다. 유피테르는 전쟁에서 로마에 승리를 가져다주는 수호신일 뿐만 아니라 정의와 미덕을 주관하고 서약과 법률을 수호하는 신으로 숭배되었다. 유피테르의 신관들은 국제 조약, 선전 포고, 화친, 외교 문제에 관해 원로원에 조언하는 역할을 맡았다.

55 "포필리우스"에 대해서는 알려진 바가 없다.

56 "마르쿠스 포르키우스 카토"(기원전 234-149년)는 투스쿨룸 출신의 로마 장군이자 정치가, 대중연설가로, 대 카토라고 불렸다. 그는 제2차 포에니 전쟁에서 공을 세워 시칠리아에서 재무관을, 사르데냐에서 법무관을, 에스파냐에서 집정관을 역임했다. 기원전 184년에는 감찰관이 되어 로마의 도덕적·사회적·경제적 재건을 꾀했고, 헬레니즘 풍조를 비판하며 옛 로마의 기풍을 회복해야 한다고 역설했다. 가장 오래된 로마 역사서인 『기원론』과 농업 경영의 실무를 해설한 『농업론』을 썼다. 키케로는 『노년론』 4에서 카토를 '현자'라고 불렀다.

포필리우스는 군단 하나를 해체하기로 결정했고, 그 군단에 속한 카토의 아들은 제대하게 되었다. 그러나 카토의 아들은 전쟁에 대한 열정이 많아 군대에 남기를 원했다. 이에 카토는 포필리우스에게 서신을 보내, 만약 아들이 군대에 남는 것에 동의한다면 다시 군복무 선서를 하게 해달라고 요청했다. 이는 그의 아들이 이미 공식적으로 제대했으므로, 처음에 했던 군복무 선서가 법적으로 무효가 되어 더 이상
적과 싸울 수 없다고 판단했기 때문이다. 전쟁과 관련된 법은 그만큼 37
철저하게 지켜졌다. 나이든 마르쿠스 카토가 아들 마르쿠스에게 보낸 서신도 남아 있다. 이 서신에서 카토는, 로마군이 마케도니아의 페르세우스[57]와 전쟁 중일 때, 총독의 명령으로 아들이 제대했다는 소식을 들었다고 밝힌 후, 법에 따르면 군인이 아닌 자는 적과 전쟁할 수 없으므로 전투에 참여해서는 안 된다고 아들에게 당부했다.

12 내가 특별히 주목하는 점은 우리 선조들의 언어 사용에 담긴 지혜다. 그들은 본래 적(perduellis, '페르두엘리스')이라 불러야 할 대상을 외국인(hostis, '호스티스')이라는 더 부드러운 표현으로 지칭함으로써 적대감을 누그러뜨렸다. 지금 우리는 외국인을 페레그리누스(peregrinus)라고 부르지만, 선조들은 호스티스라 불렀다. 12표법[58]에 나

---

57 "마케도니아"는 그리스 반도의 최북단, 발칸 반도의 중부에 위치한 국가로, 남쪽으로 그리스와 국경을 접했다. 알렉산드로스 대왕 시대에는 그리스, 이집트, 인도 북서부까지 정복하여 대제국을 건설하며 헬레니즘 시대를 열었다. "페르세우스"(기원전 약 212-165년)는 알렉산드로스 대왕 사후에 마케도니아를 통치한 안티고노스 왕조의 마지막 왕이다. 마케도니아는 제3차 마케도니아 전쟁에서 로마에 패해 멸망했다.

58 "12표법"은 기원전 499년에 공표된 로마에서 가장 오래된 성문법으로, 로마 시민의 권리와 의무를 규정했다. 이 법은 관습법으로 존재해온 내용을 귀족과 평민의 갈등 과정에서 정리하여 광장에 게시함으로써 천 년 동안 로마법의 토대가 되었다.

오는 "외국인과의 재판 기일"이나 "외국인에게는 소유권을 영구히 양도할 수 없다"는 규정에서 이 단어의 본래 의미를 분명히 알 수 있다. 전쟁터에서 맞서 싸워야 할 상대를 이렇게 부드러운 명칭으로 부르는 것은 선조들의 온화함과 관대함[59]을 잘 보여준다. 그러나 오랜 세월이 흐르면서 이 명칭은 더 강한 의미로 변화되어 이전에 '외국인'이 지녔던 의미를 잃고, 적의 원래 의미, 즉 무기를 들고 서로 싸우는 상대라는 뜻을 갖게 되었다.

38 패권과 명성을 위해 전쟁을 벌일 때에도 반드시 내가 앞서 언급한 정당한 명분에 따라 전쟁을 수행해야 한다. 패권과 명성을 위한 전쟁일지라도 무자비하고 잔혹하게 수행해서는 안 된다. 예를 들어, 같은 시민들 사이에서도 경쟁자로 싸울 때가 있고, 정적으로 싸울 때가 있다. 전자는 명예와 지위를 얻기 위한 싸움인 반면, 후자는 목숨과 명성을 건 싸움이다. 마찬가지로 우리 로마인이 켈티베리아인이나 킴브리인[60]과 벌인 전쟁은 생존을 위한 숙적과의 싸움이었지 패권을 다투는 전쟁은 아니었다. 반면 라틴인, 사비니인, 삼니움인, 포에니인, 피

---

59 여기서 "온화함과 관대함"은 라틴어 원문에는 '만수에투도'(mansuetudo)라는 한 단어로 되어 있다. '만수에투도'는 가혹하거나 엄격하지 않고 따뜻하고 너그러운 심성을 가리킨다.

60 "켈티베리아인"은 스페인 중부의 누만티아를 중심으로 거주하던 부족으로, 켈트인과 이베리아 원주민의 혼혈이다. 이들은 로마와 벌인 20년간의 전쟁 끝에 기원전 133년, 로마 장군 소 아프리카누스에 의해 정복되었다. "킴브리인"은 북유럽 유틀란트 반도에 살던 부족으로, 기원전 113-101년에 로마와 킴브리 전쟁을 벌였다. 그들의 이탈리아 침공은 초기에 성공을 거두어 기원전 105년 아라우시오 전투에서 대승을 거두었고, 골과 히스파니아 지방의 넓은 지역을 공략했으나 기원전 101년, 베르켈라이 전투에서 로마 장군 가이우스 마리우스에게 대패했다.

로스[61]와의 전쟁은 패권을 놓고 벌인 싸움이었다. 포에니인은 조약을 깨뜨렸고 한니발은 잔인했지만, 다른 국가들은 그보다 더 정의로웠다. 피로스는 포로 송환과 관련해 매우 훌륭한 말을 남겼다.

> 나는 황금을 요구하는 것이 아니니 당신은 내게 몸값을 지불할 필요가 없소.
> 우리는 전쟁으로 장사하려는 것이 아니라 전쟁을 수행하는 자들이니,
> 우리 두 사람은 황금이 아니라 칼로 목숨을 걸고 결판을 내야 할 것이오.
> 행운의 여신이 당신 편인지 아니면 내 편인지 용맹함을 겨루어봅시다.
> 아울러 이 말도 수락하시오.
> 전쟁을 주관하는 행운의 여신[62]이 당신의 용맹함을 가상히 여겨

---

61 "라틴인"은 고대 중부 이탈리아의 라티움 지방에 살던 이탈리아 부족으로, 로마와 라틴 전쟁을 벌였으나 기원전 338년, 로마에 정복당했다. "사비니인"은 중부 아페닌누스 산맥에 거주하던 이탈리아 부족으로, 기원전 290년에 로마 장군 마니우스 쿠리우스 덴타투스에게 정복되었다. "삼니움인"은 중남부 이탈리아의 삼니움 지방에 거주했던 고대 이탈리아 부족이다. 제1차 삼니움 전쟁에서 로마가 라티움 지방의 패권을 확립했지만, 삼니움인들은 게릴라전을 통해 로마군을 괴롭혔다. 이후 제2차, 제3차 삼니움 전쟁에서 삼니움인들은 로마군을 전멸 위기로 몰아넣었으나 결국 평화 조약을 맺고 화친했다. "포에니인"은 카르타고인을 가리킨다. 로마는 포에니인들과 세 차례에 걸쳐 포에니 전쟁을 치렀다. 카르타고의 한니발 장군은 제2차 포에니 전쟁에서 로마군을 연달아 격파했다. 그러나 기원전 206년 로마 장군 대 스피키오가 포에니군의 거점인 이베리아반도를 평정한 후, 기원전 202년 자마 전투에서 한니발군을 격파하여 로마를 승리로 이끌었다. "피로스"(기원전 약 319-272년)는 그리스 서부 해안의 에페이로스 왕으로, 피로스 전쟁에서 로마와 싸웠다. 그는 기원전 280년 이탈리아 남부의 헤라클레이아 전투에서 로마 집정관 푸블리우스 발레리우스 라이비누스가 이끄는 로마군을 무찔렀고, 기원전 279년 아스쿨룸 전투에서도 승리를 거두었다. 그러나 피로스군의 희생이 너무 커서, "로마인들과 한번 더 싸워 이기면 우리는 완전히 패망할 것이다"라는 말을 남기고 철군했다고 전해진다.

62 "전쟁을 주관하는 행운의 여신"은 그리스 신화에서는 티케, 로마 신화에서는 포르투나로 불린다. 티케는 머리에 왕관을 쓰고 한 손에는 풍요의 뿔을, 다른 한 손에는 운명의

당신이 살아남는다면, 분명히 말하건대
나는 포로가 된 당신의 병사들을 풀어줄 것이오.
내가 그들을 선물로 줄 테니 데리고 가시오.
위대한 신께서 그렇게 해주시기를 비오.

이 말은 아이아코스[63]의 혈통을 이어받은 제왕답게 바르고 고귀한 생각을 잘 드러낸다.

39 **13** 어쩔 수 없는 사정으로 개인적으로 적에게 약속했다면, 그런 경우에도 신의를 지켜야 한다. 예를 들어, 제1차 포에니 전쟁[64] 때 포에니인에게 잡혀 포로가 된 레굴루스[65]는 포로 교환 문제를 논의한 후 다시 돌아오겠다는 맹세를 하고 로마로 보내졌다. 로마로 돌아온 그는 원로원으로 가서 포에니인 포로들을 송환해서는 안 된다고 주장한 후, 친척과 친구들의 만류에도 불구하고 적에게 한 맹세를 어기고 신의를 저버리기보다는 차라리 돌아가서 죽는 쪽을 택했다.

키(방향타)를 든 모습으로 묘사되지만, 로마에서는 갑옷으로 무장한 모습을 하고 있다.

63 "아이아코스"는 그리스 신화에서 아이기나섬의 전설적인 왕으로, 모든 그리스인 중 가장 정의롭고 경건하며 지혜로운 왕으로 평가받아, 사후에는 라다만티스와 미노스와 함께 지하세계에서 죽은 자들을 심판하는 심판관이 된다.

64 "제1차 포에니 전쟁"(기원전 264-241년)은 시칠리아를 무대로 카르타고와 로마가 벌인 전쟁이다. 로마는 이탈리아반도를 통일하고 에페이로스의 왕 피로스를 격퇴하여 강성해진 상태였고, 카르타고는 북아프리카 연안과 이베리아반도 일부를 지배하며 제국의 형태를 갖추고 있었다. 이 두 강대국은 시칠리아에 대한 패권을 놓고 23년간 격돌했다. 결국 카르타고가 무조건 항복하면서 시칠리아는 로마의 속주가 되었다.

65 "마르쿠스 아틸리우스 레굴루스"(기원전 3세기)는 로마의 장군으로, 기원전 267년과 256년에 집정관을 역임했다. 제1차 포에니 전쟁 중인 기원전 256년, 그는 에크노무스 해전에서 포에니군을 물리쳤으나, 그 기세를 몰아 이듬해 아프리카의 카르타고로 진군하던 중 바그라다스강 전투에서 패배하여 포로가 되었다.

또한 제2차 포에니 전쟁[66] 중 칸나이 전투 이후, 한니발은 열 명의 40
로마인 포로들을 로마로 돌려보내면서, 만약 그들의 몸값이 해결되지 않으면 다시 돌아오겠다는 맹세를 하게 했다. 그러나 그들은 맹세를 지키지 않았다. 이로 인해 로마의 감찰관들[67]은 거짓 맹세를 한 이들의 신분을 강등시켜 일생 동안 '아이라리우스'[68]로 살아가게 했다. 열 명의 포로 중 한 명은 자신이 맹세한 후 한니발의 허락을 받고 군영을 떠났으나, 조금 후에 두고 온 물건을 가지러 돌아갔다가 다시 군영을 떠났으므로 맹세에서 벗어났다고 주장했다. 그의 말은 문자적으로 그럴듯했지만, 맹세의 본래 취지에 비추어 보았을 때는 그렇지 않았다. 감찰관들은 그의 주장을 받아들이지 않았고, 나머지 포로들과 마찬가지로 처벌했다. 신의를 지켰는지 여부를 판단할 때는 항상 문자 그대로가 아니라 그 말의 취지를 고려해야 한다.

---

66 "제2차 포에니 전쟁"(기원전 218-201년), 흔히 한니발 전쟁으로도 알려진 이 전쟁은 기원전 218년, 카르타고의 한니발 장군이 이베리아반도에서 로마의 동맹시 사군툼을 공격하며 시작되었다. 초기에는 한니발군이 로마군을 연이어 격파했으며, 특히 기원전 216년 "칸나이 전투"에서 로마군은 7만여 명이 전사한 반면, 한니발군은 6천여 명의 손실만을 입었다. 그러나 기원전 206년, 로마 장군 대 스키피오(푸블리우스 코르넬리우스 스키피오 아프리카누스)가 이베리아반도의 카르타고군 거점을 평정한 후, 북아프리카의 카르타고로 진격하여 기원전 202년 자마 전투에서 한니발군을 물리치며 승리를 거두었다.

67 "감찰관"(censor, '켄소르')은 로마에서 선거, 조세, 병무를 위한 인구조사를 담당한 공직으로, 4년 혹은 5년마다 켄투리아 민회에서 두 명의 감찰관을 선출했다. 감찰관은 공중도덕 감찰, 정부 재정 감독 등의 업무도 맡았다. 로마에서는 5년마다 인구조사를 실시하여 시민과 가옥의 명부를 작성했다.

68 "아이라리우스"(aerarius)는 로마에 거주하며 인두세를 지불해야 하나, 투표권이나 공직 담임권이 없는 거류민을 의미한다. 감찰관은 로마 시민을 이 계급으로 강등시킬 수 있는 권한을 가졌다.

우리 선조들은 적과 관련해 정의를 행하는 모범을 또 한번 보여주었다. 전에 피로스를 배신하고 로마로 도망쳐 온 자가 원로원 앞에서 피로스왕을 독살하겠다고 제안한 적이 있었다. 그러나 원로원과 가이우스 파브리키우스[69]는 그 배신자를 피로스에게 넘겨주었다. 피로스는 언제 전쟁을 일으킬지 모르는 강력한 적이기는 하지만, 우리 선조들은 그를 사악한 방법으로 죽이는 데 동의하지 않았기 때문이다.

41 이로써 전쟁과 관련된 의무에 대해 충분히 살펴보았다.

또한 우리는 가장 비천한 자들에게도 정의를 지켜야 한다는 점을 명심해야 한다. 노예는 가장 비천한 처지와 운명에 놓인 자들인데, 그들을 일용직 노동자처럼 대하라는 조언은 타당하다. 즉 강제로 일을 시키더라도 그들에게 마땅히 주어야 할 것은 제공해야 한다는 뜻이다.

불의는 폭력과 기만이라는 두 가지 형태로 나타난다. 기만은 교활한 여우를 닮았고, 폭력은 사나운 사자를 닮았다.[70] 이 둘은 모두 인간에게 낯선 것이지만, 그중에서도 기만이 더 혐오스럽다. 모든 불의 중에서 가장 극악무도한 것은 선량한 사람으로 위장하여 가장 큰 기만을 저지르는 것이다.

---

69 "가이우스 파브리키우스"(기원전 4세기 말-3세기 초)는 로마의 장군이자 정치가로, 기원전 282년과 278년에 집정관을, 기원전 275년에는 감찰관을 역임했다. 로마가 에페이로스 왕 "피로스"와의 전쟁에서 연전연패하자, 파브리키우스는 피로스와 강화조약을 맺는 사절로 파견되었다. 역사가이자 전기작가 플루타르코스에 따르면, 파브리키우스의 청렴하고 강직한 태도에 감동한 피로스는 몸값을 받지 않고 포로들을 풀어주었다고 한다. 그는 청백리의 상징으로 통한다.

70 마키아벨리는 『군주론』 제18장에서 키케로의 이 비유를 인용하며 군주가 사용하는 폭력, 특히 기만을 칭찬했다.

이로써 정의에 관한 논의도 충분히 했다.

14 앞에서 제시한 논의의 순서를 따르면, 다음으로 논할 주제는 호 42
의를 베푸는 것과 후히 나누어 주는 것이다. 이 두 행위는 인간 본성에 가장 부합하지만, 주의해야 할 점도 많다. 첫째, 호의를 베풀기[71] 전에 그 일이 상대방이나 사람들에게 해를 끼치지 않는지 살펴야 한다. 둘째, 자신의 재력을 초과하여 호의를 베풀면 안 된다. 셋째, 상대방이 호의를 받을 가치가 있는 사람인지 판단한 후에 호의를 베풀어야 한다. 이것이 정의의 토대이고, 모든 호의는 이 토대 위에서 이루어져야 하기 때문이다. 만약 어떤 사람이 다른 이를 돕는다면서 실제로는 해를 끼친다면, 이는 호의나 관대함이 아니라 위험한 아첨꾼의 행위로 보아야 한다. 다른 사람에게 후히 나누어 주기 위해 또 다른 사람에게 해를 끼친다면, 이 역시 다른 사람의 것을 가로채 자기 것으로 만드는 불의를 저지르는 것이다.

많은 경우, 특히 명예와 명성을 탐하는 사람들 중에 남의 것을 빼앗 43
아 친구들에게 후히 나누어 주려는 이들이 있다. 이들은 무슨 수를 쓰든 친구들을 부자로 만들어주면 그들이 자신을 호의를 베푸는 사람으로 여길 것이라고 착각하지만, 이러한 행위는 의무와 아무 상관이 없다. 오히려 의무와 정반대되는 행위다. 따라서 후히 나누어 줄 때는 친구들을 이롭게 하면서도 누구에게도 피해가 가지 않도록 신경 써야 한다. 루키우스 술라[72]와 가이우스 카이사르가 사람들의 정당한 재산

---

71 키케로는 이 단락에서 "호의를 베푸는 것"을 의미하는 단어로 앞서 언급한 '베네피켄티아'가 아니라 베니그니타스(benignitas)를 사용한다. 그가 주로 사용하는 베네피켄티아는 미덕을 가리키는 반면, 베니그니타스는 구체적인 호의의 행위를 지칭한다.

을 빼앗아 다른 사람들에게 나누어 준 행위는 후히 나누어 준 것으로 볼 수 없다. 정의롭지 않은 행위는 겉으로 후하게 보일지라도 진정한 의미의 후한 나눔이 아니다.

44 둘째로 주의할 점은 자신의 재력을 초과하여 호의를 베풀면 안 된다는 것이다. 재력 이상으로 호의를 베풀려는 것은 자신의 가장 가까운 사람들에게 불의를 저지르는 행위가 될 수 있다. 이는 그들이 자신과 가까운 이들을 위해 사용하거나 그들에게 물려주어야 할 재산을 남에게 넘기는 것일 수 있기 때문이다. 이러한 사람들은 대개 후히 나누어 줄 재산을 마련하기 위해 남의 것을 강탈하려는 불의한 욕망을 가지고 있다. 후히 나누어 주는 심성을 타고난 것이 아니라, 명예욕과 과시욕에 이끌려 호의를 베푸는 사람처럼 보이기 위해 여기저기에 호의를 베풀고 다니는 이들도 매우 많다. 이러한 위선적 행동은 진정한 후함이나 도덕적 올바름을 보여주는 것이 아니라 허세에 불과하다.

45 셋째로 주의할 점은 호의를 베풀고자 할 때, 그 대상이 호의를 받을 자격이 있는지 선별해야 한다는 것이다. 호의를 베풀기 전에 대상의 도덕성, 우리를 대하는 태도, 공동체와 사회생활에 대한 기여, 그리고

---

72 "루키우스 술라"(기원전 138-78년)는 로마의 장군이자 정치가로, 카이사르가 로마 공화정을 완전히 무너뜨렸다면 술라는 그 토대를 놓은 인물이다. 기원전 91년, 동맹시 전쟁이 벌어지자 뛰어난 전술과 용맹함으로 진압한 후 기원전 88년에 집정관이 되지만, 호민관 술피키우스 루푸스와 마리우스에 의해 축출되었다. 이후 그는 피신해 있다가 군대를 모아 다시 로마로 진군하여 루푸스와 마리우스 일파를 숙청했다. 그러나 술라가 미트리다테스 원정을 떠나 전공을 세우는 동안, 아프리카로 피신해 있던 마리우스와 킨나가 로마로 돌아와 술라를 반역자로 몰았다. 이에 술라는 귀환하여 그들을 물리치고 기원전 81년에 종신 독재관이 되었다.

우리의 유익을 위해 해온 봉사를 잘 살펴야 한다. 이러한 요건을 모두 갖춘 사람에게 호의를 베푸는 것이 가장 바람직하지만, 그렇지 않다면 더 중요한 요건을 갖춘 사람을 선별해야 한다.

15 그러나 우리와 함께 살아가는 사람들은 완벽하거나 대단히 현 46
명하지는 않을 때가 많다. 따라서 미덕과 비슷한 것만 갖추고 있더라도 그런 사람들을 완전히 무시해서는 안 된다. 특히 중용, 절제 그리고 앞서 수차례 언급한 정의와 같은 좀 더 온화한 미덕을 갖춘 사람을 찾아야 한다. 용감하고 위대한 정신은 대개 성숙하거나 현명하지 않은 사람에게서 더 강렬하게 나타나는 반면, 온화한 미덕은 선량한 사람의 특징이기 때문이다.

이로써 호의를 받을 사람의 자격에 대해 살펴보았다.

누군가가 우리에게 호의[73]를 베풀었다면, 그 호의에 대해 우리가 지 47
켜야 할 가장 중요한 의무가 있다. 우리를 가장 많이 사랑하는 사람에게 가장 많은 것을 돌려주는 것이다. 그러나 호의를 평가할 때는 젊은 이들처럼 사랑의 강렬함을 기준으로 삼기보다 그 사랑의 견고함과 변함없음을 중시해야 한다. 다른 사람의 호의를 받고도 아직 보답하지 못했다면, 그 은혜[74]에 보답하기 위해 더욱 노력해야 한다. 은혜에 보답하는 것보다 더 중요한 의무는 없단다.

---

73 "호의"로 번역된 베니볼렌티아(benivolentia)는 베네볼렌티아(benevolentia)로도 표기되는데, '베네'(선한)와 '볼렌티아'(의지, 뜻)의 합성어다. 한편, '호의를 베푸는 것'을 뜻하는 베네피켄티아(beneficentia)는 '베네'(선한)와 '피켄티아'(행위)의 합성어다.

74 '베네볼렌티아'(호의)가 어떤 사람을 좋게 보고 호의를 보이는 것을 의미한다면, "은혜"로 번역된 그라티아(gratia)는 그 호의로 입게 된 신세나 혜택을 의미한다. 따라서 '그라티아'에는 '감사'라는 뜻도 포함되어 있다.

48 헤시오도스[75]가 명령했듯이 무언가를 빌려서 사용한 경우에 되도록 더 많이 돌려주는 것이 당연하다면, 부탁하지 않은 호의를 받았을 때는 어떻게 해야 하겠느냐? 자신이 받은 것보다 훨씬 더 많은 것으로 되돌려주는 비옥한 땅처럼 우리도 그래야 하지 않겠느냐? 우리는 나중에 도움이 될지 모르는 사람들에게도 아낌없이 호의를 베푼다. 하물며 이미 도움을 받은 사람에게는 어떻게 해야 하겠느냐?

후히 나누어 주는 것에는 두 가지가 있다. 하나는 호의를 베푸는 것이고, 다른 하나는 보답하는 것이다. 호의를 베풀지 말지 결정하는 것은 우리의 자유지만, 불의를 저지르지 않고 보답할 수 있는 기회가 있는데도 보답하지 않는 사람을 선량하다고 할 수는 없다.

49 그러나 호의를 받고 보답할 때에도 선별이 필요하다. 가장 큰 호의를 베푼 사람에게 가장 크게 보답하는 것이 당연하지만, 그 사람이 어떤 마음과 열심과 선의[76]를 가지고 호의를 베풀었는지 숙고해야 한다. 정신이 병들어, 또는 바람이 휘몰아치듯 갑작스러운 충동에 이끌려 아무 생각 없이 무분별하게 호의를 베푸는 사람이 많기 때문이다. 이런 호의를 깊이 숙고하고 일관되게 베푸는 호의와 동일하게 평가해서는 안 된다.

---

75 "헤시오도스"(기원전 8세기)는 호메로스와 쌍벽을 이루는 고대 그리스의 서사시인으로, 대표적인 작품으로 『신통기』와 『일과 날』이 있다. 『신통기』는 천지 창조와 신들의 탄생을 계통적으로 서술하며, 『일과 날』은 농경 기술과 노동의 신성함을 다룬다. 여기에 언급된 내용은 『일과 날』 349-351에 나온다.

76 여기서 "마음과 열심과 선의"는 라틴어 원문에서 각각 아니무스(animus), 스투디움(studium), 베니볼렌티아(benivolentia)에 해당한다. '스투디움'은 무언가를 좋아해 열성을 다하여 꾸준히 추구하는 것을 의미한다. 즉 진정으로 선의를 베풀고자 하는 마음으로 열성을 다해 꾸준히 호의를 베풀었는지 헤아려보라는 것이다.

모든 조건이 동일하다면, 호의를 베풀거나 은혜에 보답할 때 가장 중요한 의무는 도움이 가장 절실한 사람에게 가능한 한 가장 큰 도움을 주는 것이다. 하지만 대개는 정반대로 가장 큰 보답을 기대할 수 있는 사람에게 아낌없이 준다. 심지어 그 사람에게 전혀 도움이 필요하지 않은 경우에도 말이다.

16 인간 사회의 유대와 결속은 우리가 가장 밀접한 사람에게 가장 50
큰 호의를 베풀 때 더욱 굳건해질 것이다.

여기서 인간 사회와 공동체의 자연적이고 본성적인 토대에 대해 다시 한번 깊이 살펴볼 필요가 있겠구나. 이 토대들 중 가장 중요한 요소는 인간 사회 전체에서 찾아볼 수 있다. 인간 사회를 결속시키는 것은 이성과 언어다. 이성과 언어를 통해 우리는 가르치고 배우며, 소통하고 토론하며, 판단을 내린다. 그 과정에서 사람들 사이에 자연스럽고 본성적인 유대감이 형성되어 서로 결속하게 된다. 그렇다고 해서 인간에게 짐승과 같은 본성이 전혀 없다는 의미는 아니다. 우리는 종종 야생마나 사자 같은 짐승에게 용맹함이 있다고 말하지만, 정의, 공평, 선함이 있다고 말하지는 않는다. 이들 짐승에게는 이성과 언어가 없기 때문이다.

인간 사회에는 모든 사람들 간에 광범위한 유대와 결속이 존재한 51
다. 그러므로 모든 사람이 공동으로 사용할 수 있도록 자연이 만들어낸 모든 것에 대한 공동의 권리를 지켜야 한다. 이는 성문법과 시민법이 정한 권리를 보장할 뿐 아니라, "친구 간에는 모든 것이 공동 소유다"라는 그리스 격언[77]처럼 다른 권리들 역시 보호하는 것을 의미한다. 예를 들어, 엔니우스가 제시한 사례에서 모든 인간의 공동 소유가 무엇을 의미하는지 알 수 있다. 그는 하나의 예를 들고 있지만, 여기에서 드러난 원칙은 매우 광범위하게 적용될 수 있다.

> 길을 잃은 자에게 친절하게 길을 가르쳐주는 사람은
> 자신의 등불로 다른 사람의 등에 불을 붙여주는 것과 같다.
> 다른 사람에게 불을 붙여주어도
> 자신의 불빛은 전혀 줄어들지 않는다.

이 구절에서 강조하는 교훈은, 손해 없이 나누어 줄 수 있는 것이라
52 면 알지 못하는 사람에게라도 주라는 것이다. 이 교훈에서 우리는 다음과 같은 보편적 원칙을 이끌어낼 수 있다. "흐르는 물의 사용을 막지 말라. 이미 있는 불에서 불을 붙이게 하라. 조언을 구하는 사람에게 성실하게 조언을 해주라." 이런 것은 받는 사람에게 유익하고, 주는 사람에게도 수고로운 일이 아니다. 따라서 우리는 이러한 원칙을 실천하여 언제나 공공의 이익에 기여해야 한다. 그러나 개인의 재산은 한정된 반면, 재산이 필요한 사람들은 무수히 많다. 그러므로 후히 나누어 줄 힘을 지속적으로 유지할 수 있으려면 엔니우스의 말을 기준과 한계로 삼아야 한다. "다른 사람에게 불을 붙여주어도 자신의 불빛은 전혀 줄어들지 않는다"는 것이다.

53 **17** 사람들 간의 유대 관계는 천차만별이다. 모든 사람 사이에 존재

---

77 이 격언은 플라톤의 『국가』 424a, 『파이드로스』 279c, 『법률』 739c, 아리스토텔레스의 『니코마코스 윤리학』 1159b, 『정치학』 1263a에서도 인용된다.

하는 유대 관계 외에도 동일한 언어를 사용하는 씨족이나 부족, 민족이라는 더 큰 유대 관계 속에서 사람들은 매우 밀접하게 결속된다. 같은 국가의 시민들 사이에도 이러한 더 큰 유대 관계가 존재하는데, 이는 그들이 광장, 신전, 주랑, 도로, 법률, 권리, 법정, 투표권 등을 공유하고 있기 때문이다. 이 외에도 친목 모임, 단체, 사업이나 계약 관계 등 다양한 유대 관계가 존재한다.

특히 친족 간의 결속력은 더욱 긴밀하다. 이처럼 인간의 보편적이
고 거대한 유대 관계는 작고 좁은 유대 관계로 귀결된다. 생식을 통한 54
종족 보존의 욕망은 생물의 공통된 본성이므로 사람들 간의 최초 유대는 부부 관계로 나타나고, 그다음에는 부모와 자녀 간의 관계로 나타난다. 이로써 모든 것을 공유하는 하나의 가정이 형성된다. 가정은 도시의 모태로서 국가를 배양하는 장소라고 할 수 있다. 이후에는 형제들 간의 유대가 생겨나고, 그다음에는 사촌과 외사촌 간의 유대가 형성된다. 가정에서 함께 생활할 수 없게 되면 분가하는데, 이는 다른 정착지로 이주하여 나가는 것과 같다. 이들이 결혼하여 친인척 관계를 형성하면 더 많은 친족이 생겨난다. 이렇게 생식을 통해 자손을 낳는 것이 국가의 시작이다. 게다가 혈연관계는 호의와 애정[78]을 바탕으
로 사람들을 단단히 결속시킨다. 동일한 선조의 전통을 이어받고, 동 55

---

78 키케로는 혈연관계의 토대를 "호의"(benivolentia, '베니볼렌티아')와 "애정"(caritas, '카리타스')이라고 표현한다. 여기서 '카리타스'는 소중히 여기는 감정을 의미하며, 이는 혈육 간의 깊은 정, 즉 어머니가 자녀에게 품는 사랑인 그리스어 '필리아'(φιλία)를 가리킨다. 카리타스 또는 필리아를 인류 전체로 확대하면 인류애가 되며, 인류애와 박애도 필리아의 범주에 속한다.

일한 제사를 지내며, 공동의 묘지를 갖는 것은 사람들 간의 유대 관계에서 중요한 역할을 한다.

하지만 선량한 사람들이 뜻이 맞아 서로 친밀해져 결속된 것보다 더 탁월하고 견고한 유대 관계는 없다. 앞서 자주 언급한 도덕적 올바름을 다른 사람에게서 발견했을 때, 우리는 그것에 이끌려 그 사람과
56 친구가 되기 때문이다. 우리는 모든 미덕에 이끌리며 각각의 미덕을 지닌 사람을 사랑하지만, 특히 정의와 후한 나눔에 끌린다. 선량한 사람들이 서로 뜻이 맞는 것보다 더 서로를 사랑하게 하고 결속시키는 것도 없다. 선량한 사람들이 서로 추구하는 바와 뜻이 같으면 서로 자기 자신처럼 아끼고 기꺼워하게 되기 때문이다. 피타고라스[79]가 바란 이상적인 우정, 즉 여러 사람이 한 사람이 되는 우정이 이루어진다.

이렇게 호의를 주고받음으로써 또 하나의 중요한 유대 관계가 생긴다. 오가는 호의가 아름다울 때, 사람들은 이 유대 관계를 통해 단단하게 결속된다.

57 그러나 이성을 가지고 모든 것을 주의 깊게 살펴보면, 우리 각자를 국가와 연결시켜주는 유대 관계보다 더 중요하고 소중한 것은 없음을 알게 된다. 부모도 소중하고 자녀와 친족과 친구도 소중하지만, 우리가 사랑하는 모든 것을 하나의 조국이 포괄하고 있다. 그러니 목숨을 바쳐 국가에 기여할 수 있는데도 이를 주저한다면 말이 되겠느냐?

---

79 "피타고라스"(기원전 570-500년)는 고대 그리스의 철학자이자 수학자로, 남부 이탈리아의 그리스 식민지 크로톤에서 철학 및 종교 단체인 피타고라스학파를 창설하여 엄격한 공동생활을 했다. 그는 우주 질서를 '수'(數)로 설명했으며, 플라톤 철학에 큰 영향을 미쳤다.

또한 온갖 사악한 행위로 조국을 분열시키고 송두리째 파멸시키려 골몰하거나 골몰했던 자들의 극악무도한 행태는 더욱 가증할 수밖에 없다.[80]

여러 가지 의무가 충돌하는 상황에서 어느 의무를 우선시할지 비 58
교 결정해야 할 때는, 가장 큰 호의를 베푼 조국과 부모에 대한 의무를 최우선으로 삼아야 한다. 두 번째로 중요한 우선순위는 우리에게만 의지할 수밖에 없는 처자식과 가솔들이며, 세 번째는 평소 자주 왕래하며 장래의 운명을 함께할 가능성이 높은 친족들이다.

따라서 내가 방금 언급한 사람들이 살아가는 데 필요한 모든 것을 최대한 베풀어야 한다. 삶을 영위하는 데는 사람들과의 만남과 논의, 대화, 격려와 위로, 때로는 질책도 필요하며, 이러한 모든 것은 우정을 주고받는 관계에서 가장 활발하게 이루어진다. 사람들 간의 유대 중에서도 뜻이 맞아 결속된 우정이 우리에게 가장 큰 기쁨을 준단다.

18 이 모든 의무를 이행할 때는 개개인에게 가장 필요한 것이 무엇 59
인지, 그리고 개개인이 우리의 도움 없이 할 수 있는 일과 할 수 없는 일이 무엇인지 살펴야 한다. 필요에 따라 우선순위가 달라지므로 그때그때 누구에게 먼저 우리의 의무를 이행해야 할지 결정할 수 있다. 예를 들어, 곡물을 수확할 때는 형제나 친구보다 이웃을 먼저 도와야 하지만, 법정에서 변호할 때는 친족이나 친구를 우선시해야 한다. 따라서 의무를 이행할 때마다 이러한 요소들을 꼼꼼히 고려하고 각 상황

---

80 여기서 키케로가 특히 염두에 둔 인물들은 로마 공화정을 무너뜨리는 데 결정적인 역할을 한 루키우스 술라와 가이우스 카이사르다. 이 책에서 키케로는 비록 이름을 직접 언급하지 않더라도 두 인물에 대한 노골적인 적대감을 곳곳에서 드러낸다.

의 가중치를 적절히 계산하여, 최종적으로 각 개인에게 어느 정도의 의무를 이행해야 하는지 파악하는 훈련을 하고 이를 습관화해야 한다.

60 그러나 의사나 장군, 대중연설가가 이론적으로 기술을 익혔다 하더라도 실무와 경험이 없으면 크게 칭송받을 수 없는 것처럼, 의무를 이행할 때도 단순히 원칙만 아는 것으로는 부족하다. 실제로 의무를 이행하는 과정에서 실무와 경험이 중요하다.

이로써 의무의 근원인 도덕적 올바름이 어떻게 자연스럽게 인간관계의 결속에서 비롯되는지 충분히 살펴보았다.

61 우리는 도덕적 올바름과 의무를 형성하는 네 가지 미덕을 제시했지만, 그중에서도 사소한 인간사를 초연하게 바라보며 위대하고 고매한 정신으로 행동하는 것을 가장 높이 평가한다는 점을 알아야 한다. 그래서 사람들을 질책할 때 가장 즉시 튀어나오는 말은 이런 것이다. "너희 남자들은 여자처럼 행동하고, 저 여자들은 남자처럼 행동하는구나" 또는 "살마키스[81]의 후예들아, 너희는 피땀을 흘리지도 않고 전리품을 획득하고 있다." 반면, 위대한 정신과 용기로 이룬 탁월한 업적을 칭송할 때는 아무리 칭찬해도 부족할 정도로 찬사를 아끼지 않는다. 그래서 마라톤 전투, 살라미스 해전, 플라타이아이 전투, 테르모필라이 전투, 레욱트라 전투[82] 같은 역사적 사건들은 수사학의 경연

---

81 그리스 신화에 나오는 요정들은 대개 아르테미스 여신처럼 숲에서 사슴이나 곰 같은 짐승들을 사냥하며 사는 것을 즐겼다. 그러나 물과 숲의 요정 "살마키스"는 허영심이 강하고 게으른 성격으로, 다른 요정들과 어울리지 않고 홀로 거울을 보거나 꽃을 꺾으며 살았다.

82 그리스인이 치른 유명한 전투들을 열거하고 있다. "마라톤 전투"(기원전 490년)는 아티카 북동 해안의 마라톤 평야에 상륙한 페르시아의 다리우스 대왕이 보낸 군대를 아테네

장이 되곤 한다. 이는 우리 로마인인 코클레스, 데키우스 부자, 그나이우스 스키피오와 푸블리우스 스키피오 형제, 마르쿠스 마르켈루스[83]를 비롯한 수많은 인물, 그리고 무엇보다 로마 시민이 정신적으로 얼마나 위대함을 발휘했는지 보여준다. 또한 곳곳에서 볼 수 있는 완전무장한 전사의 조각상들은 우리 로마인이 전쟁에서 영광을 얻고자 하는 열망이 얼마나 큰지를 잘 나타내고 있다.

19 그러나 고매한 정신이 고난과 위기의 순간에 빛난다 해도, 정의 62
가 없이 공공의 이익이 아닌 사익을 추구한다면 그것은 미덕이 아닌

장군들이 대파하여 제2차 페르시아 전쟁을 종결시킨 전투다. "살라미스 해전"(기원전 480년)은 제3차 페르시아 전쟁에서 아테네 장군 테미스토클레스가 이끄는 그리스 연합 해군이 크세르크세스 1세의 페르시아 해군을 살라미스만으로 유인하여 괴멸시킨 전투다. "플라타이아이 전투"(기원전 479년)는 제3차 페르시아 전쟁에서 스파르타 장군 파우사니아스가 이끄는 그리스 연합군이 크세르크세스 1세의 페르시아 육군을 보이오티아 지방 남쪽 플라타이아이에서 격파해 페르시아의 침공을 저지하고 그리스의 자유를 지킨 결전이다. "테르모필라이 전투"(기원전 480년)는 제3차 페르시아 전쟁에서 그리스 연합군이 크세르크세스 1세의 페르시아 육군을 그리스 중동부 테르모필라이에서 격파한 전투다. "레욱트라 전투"(기원전 371년)는 남부 보이오티아 지방 레욱트라 평야에서 스파르타군이 보이오티아 동맹을 이끈 테베군에 패배해, 펠로폰네소스 전쟁으로 얻은 그리스 전역에 대한 패권을 잃은 전투다.

83 로마의 유명한 장군과 정치가들을 열거하고 있다. "코클레스"(애꾸눈)라는 별칭으로 불린 호라티우스(기원전 6세기)는 로마 건국 초기에 에트루리아인들의 침공에서 로마를 구한 영웅이다. 클루시움의 왕이 이끄는 에트루리아인들이 로마를 공격하자, 그는 수블리키우스 다리에서 홀로 적의 공격을 막아내며 결정적인 전공을 세웠다. 둘 다 집정관이었던 "데키우스 부자"는 각각 라틴 전쟁과 삼니움 전쟁에서 자신을 희생하여 조국 로마를 구한 인물들로, 아버지는 베세리스에서, 아들은 센티눔에서 전사했다. 형제인 "그나이우스 스키피오"와 "푸블리우스 스키피오"는 제2차 포에니 전쟁 때 이베리아 반도에서 카르타고군을 저지하고 로마의 교두보를 확보했으나, 동생 그나이우스 스키피오는 기원전 211년 베르도르카 전투에서 전사했다. "마르쿠스 마르켈루스"(기원전 약 268-208년)는 로마의 장군으로, 다섯 번이나 집정관을 역임했으며, 제2차 포에니 전쟁에서 한니발군을 상대로 큰 전공을 세워 '로마의 검'으로 불렸다.

악덕이다. 이는 미덕의 결여를 넘어 인간성 자체를 거스르는 극악무도한 행위다. 스토아학파 철학자들이 용기를, 정의를 위해 싸우는 미덕이라고 정의한 것은 이 때문에 적절했다. 그러므로 사악한 음모를 통해 용기의 미덕을 갖추었다는 칭송과 영광을 얻고자 한 자는 아무도 그 뜻을 이루지 못했다. 정의가 결여되면 그 무엇도 도덕적으로 올바를 수 없기 때문이다.

63 플라톤의 다음과 같은 말은 대단히 탁월하다. "정의와 거리가 먼 지식은 지혜가 아니라 교활함이라고 부르는 것이 마땅하다. 위험에 직면해 강인함을 보이는 정신도 공공의 이익이 아니라 사리사욕을 위한 것이라면, 용기가 아니라 무모함이라 불리는 것이 옳다."[84] 따라서 우리는 용기 있고 고매한 동시에 선하고 사심이 없으며 진리를 사랑하되 절대로 속이지 않는 자가 되기를 바란다. 이러한 것이 정의의 핵심이기 때문이다.

64 그러나 문제는 이렇게 고매하고 위대한 정신에서 최고의 자리에 오르려는 집념과 지나친 욕망이 생기기 쉽다는 것이다. 플라톤이 "모든 라케다이몬인[85]의 의지 속에 전쟁에서 승리하려는 욕망이 활활 타오르고 있었다"라고 쓴 것처럼,[86] 정신이 위대한 자일수록 모든 사람 중에서 일인자가 되려 하거나, 심지어 유일한 지배자가 되고자 하는

---

84 이 인용문의 전반부는 플라톤의 대화편 『메넥세노스』 246c에, 후반부는 『라케스』 197b에 나온다.

85 "라케다이몬인"은 스파르타인을 가리킨다. 라케다이몬은 스파르타로 알려진 도시국가의 건설자이자 그 도시국가의 이름이며, 스파르타는 라케다이몬의 수도다.

86 이 인용문은 플라톤의 대화편 『라케스』 182e에 나온다. 『라케스』는 소크라테스가 아테네 장군들 또는 장군의 아들이나 손자와 함께 '용기'를 주제로 나눈 대화를 담고 있다.

욕망이 더욱 커진다. 그러나 이러한 열망이 강해지면, 정의의 핵심이 자 고유한 요소인 공정성을 유지하기가 어려워진단다. 그런 사람들은 토론의 결론에 승복하지 않으며, 공적이고 합법적인 권위를 받아들이지 않을 뿐만 아니라, 정의에 따라 평등을 추구하기보다 힘을 동원하여 남들보다 우월해지려고 공적인 자리에서 뇌물을 주고받으며 당파를 형성한다. 그러나 어려움이 클수록 영광도 크며, 정의가 필요하지 않은 시대는 존재하지 않는다.

그러므로 진정 용기 있고 고매한 사람은 불의를 저지르는 자가 아 65
니라 불의에 맞서는 자다. 참되고 지혜롭고 위대한 정신을 지닌 자는 인간 본성이 추구하는 최고의 가치인 도덕적 올바름이 명성이 아닌 행위에 있다고 믿기에, 명성보다는 행위에서 으뜸이 되는 길을 택한다. 무지한 대중의 그릇된 생각에 편승하는 자는 결코 위대한 인물이 될 수 없기 때문이다. 더구나 위대한 정신을 가진 자일수록 명예욕 때문에 불의를 저지르려는 유혹에 빠지기 쉽다. 우리는 지금 매우 어려운 문제를 다루고 있다. 위험을 무릅쓰고 힘든 일을 해내면서도 그에 대한 보상으로 명성을 바라지 않는 사람은 거의 없기 때문이다.

20 진정으로 용기 있고 위대한 정신을 지닌 사람의 가장 두드러 66
진 특징은 두 가지다. 첫째, 외적인 것을 하찮게 여긴다. 그 무엇도 그를 설득하여 합당하고 적절하지[87] 않은 것을 칭송하거나 바라거나 추

---

87 "합당하고"로 번역된 호네스투스(honestus)는 이 책에서 '도덕적 올바름'으로 번역된 라틴어 명사 호네스툼(honestum)과 어원이 같지만, 명사와 달리 존경받을 만하고 명예로우며 합당하다는 의미가 있다. "적절한"으로 번역된 데코루스(decorus)는 데코룸(decorum)의 형용사형이며, 둘 다 적절하고 합당한 것을 가리킨다.

구하게 할 수 없으며, 그 어떤 사람이나 감정도 그를 운명에 굴복하게 만들지 못한다. 둘째, 그의 정신이 앞서 말한 대로 충분히 훈련되었을 때, 그는 자신의 삶과 관련된 일들 중에서 매우 유익하고 위대하며 고난과 위험이 가득한 일을 열정적으로 수행한다는 것이다.

67 용기가 낳는 모든 찬란함과 풍성함 그리고 유익함은 앞서 말한 두 가지 특징 중 두 번째에 있다. 하지만 사람을 위대하게 만드는 것은 첫 번째 특징이다. 첫 번째 특징이 인간의 정신을 탁월하게 하고, 인간사를 하찮게 여기게 만들기 때문이다. 이는 두 가지 모습으로 나타나는데, 하나는 오직 도덕적으로 올바른 것만을 선으로 판단하는 것이고, 다른 하나는 모든 정신적 혼란[88]에서 자유로워지는 것이다. 대다수가 특별하고 대단하다고 여기는 것들을 흔들림 없는 확고한 이성에 따라 하찮게 여기며 경멸할 수 있는 것은 용기 있고 위대한 정신에서 비롯되기 때문이다. 또한 인간의 삶과 운명 속에서 마주하는 많은 역경 앞에서도 인간 본연의 모습과 현자의 품위를 조금도 잃지 않는 것은 강인하고 위대하며 변함없는 정신에서 나오기 때문이다.

68 두려움에 흔들리지 않는 사람이 탐욕에 흔들리거나, 고난에 굴하지 않는 사람이 쾌락에 넘어간다는 것은 있을 수 없는 일이다. 그러므로 탐욕이나 쾌락을 피하고 물욕을 멀리해야 한다. 재물을 사랑하는 것보다 더 마음이 옹졸하고 쩨쩨한 일은 없다. 돈이 없을 때 돈을 하

---

88 "정신적 혼란"으로 번역된 아니미 페르투르바티오(animi perturbatio)에서, '페르투르바티오'는 혼란스럽고 무질서하며 흐트러진 상태를 뜻한다. 이는 주로 '격정'에 의해 발생하지만, 키케로는 이 표현을 더 넓은 의미로 사용했다. 그는 도덕적 판단과 적절성을 흐리는 자기애, 이해관계, 편견, 선입견 등의 상태도 이 개념에 포함했다.

찮게 여기고, 돈이 있을 때는 호의를 베풀고 후히 나누어 주는 것만큼
도덕적으로 올바르고 고매한 일도 없다.

앞서 언급했듯이 명예욕도 경계해야 한다. 고매한[89] 사람은 자유를
지키기 위해 온 힘을 다해야 하는데, 명예욕에 사로잡히면 자유를 잃
게 되기 때문이다. 따라서 권력자가 되기를 바라지 말고, 권력자로 추
대되더라도 이를 거절하며, 어쩌다가 권력자가 되었더라도 자리에서
물러나야 한다.[90]

탐욕과 두려움 외에도 지나친 슬픔이나 기쁨, 분노와 같은 모든 정 69
신적 혼란에서 벗어나 평정심과 자족하는 마음을 유지하며 변함없는
마음과 품격을 갖추어야 한다. 이 평정심을 찾기 위해 공직에서 물러
나 은거하며 여가를 즐기는 사람들이 과거에 많았고, 지금도 많다. 그
들 중에는 대중이나 국가 지도자들의 행태를 견디지 못해 농촌으로
들어와 가사를 낙으로 삼아 살아가는 저명한 철학자들과 인생을 진지
하고 묵직하게 살아가는[91] 사람들도 있다. 이들의 처지는 제왕과 같아 70
부족한 것이 없으며, 복종해야 할 대상도 없기에 진정 자신이 원하는

---

89 “고매한”으로 번역한 마그나니미스(magnanimis)는 인격이나 품성과 같은 정신적 자질이 높고 빼어난 것을 의미한다. 이는 앞서 언급된 “마음이 옹졸하고 쩨쩨한”과 반대되는 개념이다.

90 키케로는 플라톤이나 아리스토텔레스와 달리 공직과 권력을 거부하라고 하지 않았다. 오히려 그는 공직에 나서서 국가와 국민에게 봉사할 것을 적극 권장했다. 다만 명예욕에 사로잡혀 권력을 추구하는 것은 경계했다.

91 “인생을 진지하고 묵직하게 살아가는”이라는 표현은 라틴어 원문의 세베루스(severus)와 그라비스(gravis)를 번역한 것이다. ‘세베루스’는 올바른 원칙에 따라 진지하고 엄격하게 살아가는 태도를 의미하며, ‘그라비스’는 인생의 모든 무게를 감당하며 경솔하지 않게 살아가는 자세를 뜻한다.

대로 자유를 만끽하며 살아간다.

21 자유를 누리며 원하는 대로 살아가고자 하는 것은 권력욕이 있는 자들이나 내가 조금 전에 언급한바 공직에서 물러나 은거하며 살아가는 자들이나 마찬가지다. 다만 전자는 재산이 많아야 그렇게 살아갈 수 있다고 생각하는 반면, 후자는 가진 것이 적더라도 만족하면 그러한 삶을 살 수 있다고 생각하는 차이가 있다. 두 가지 생각 모두 무시해서는 안 된다. 다만 공직에서 물러나 은거하는 삶은 더 편안하고 안전하며 사람들에게 부담이나 괴로움을 덜 안겨주지만, 인류에 더 큰 유익을 가져오고 명성을 얻어 위대한 인물이 되는 데는 국가를 위해 헌신하며 큰일을 맡아 행하는 삶이 더 적합하다.

71 그러므로 재능이 뛰어나지만 학문에 전념하느라 공직을 맡지 않은 사람들, 건강이 좋지 않거나 피치 못할 사정으로 공직에서 물러나 국정 운영의 기회와 영광을 다른 이에게 양보한 사람들의 처지를 이해해야 한다. 그러나 방금 말한 사유에 해당하지 않으면서도 대부분이 동경하는 군대 지휘관직이나 일반 공직을 하찮게 여기는 자들은 칭송받는 일과는 거리가 멀고, 잘못을 저지르고 있다고 나는 생각한다. 그들은 명예를 하찮게 여기고 경멸한다고 말하지만, 사실은 공직을 맡는 것이 힘들고 성가신 데다 괜스레 공직을 맡았다가 잘못하여 오명과 불명예를 떠안는 것이 두려워 그런 말을 하는 것이 아닌가 싶구나. 이처럼 언행이 불일치하고 일관성 없이 이율배반적으로 행동하는 사람들이 종종 있다. 그들은 쾌락을 극도로 경멸하지만 고통이 닥치면 금방 굴복하며, 명예와 영광 얻기를 하찮게 여기지만 불명예를 당하면 민감하게 반응한다. 한마디로 일관성이 없다.

따라서 공직을 수행할 능력을 타고 난 사람들은 주저하지 말고 공직을 맡아 국정을 운영해야 한다. 그렇지 않으면 국가는 통치될 수 없으며, 정신의 위대함도 드러날 수 없다. 그런데 공직을 맡은 자들은 철학자들 못지않게, 아니 철학자들보다 더 내가 지금까지 자주 언급한 정신의 고매함과 인간사를 초연하게 바라보는 자세를 갖추어야 한다. 또한 염려에서 벗어나 위엄 있고 초지일관하게 살고자 한다면, 평정심과 자족하는 마음도 갖추어야 한다. 72

이런 마음을 갖추기는 철학자들에게 좀 더 쉬운 일이다. 철학자들의 삶은 운에 크게 좌우되지 않고 부족한 것도 별로 없어 역경이 닥쳐도 심각한 타격을 입지 않기 때문이다. 그래서 공직에서 물러난 자들보다도 공직을 맡아 수행하는 자들의 정신 활동이 더 활발하며, 무언가를 이루고자 하는 마음도 더 크기 마련이다. 위대한 정신을 지니고 염려와 괴로움에서 벗어나야 할 필요성은 공직을 맡은 자들에게 더욱 절실하다. 73

따라서 공직에 임한 사람에게 그 일이 얼마나 영예로운 일인지 인식시키는 것은 물론, 그가 공직을 제대로 수행할 능력을 갖추어야 한다는 점도 일깨워주어야 한다. 또한 겁먹어 금방 포기하거나, 야심 때문에 지나치게 자신만만해하는 것도 경계해야 하며, 무슨 일을 하든 사전에 꼼꼼히 준비하도록 해야 한다.

22 대부분은 전쟁에서 세운 공을 평시의 국정 수행 업적보다 더 중요하게 여기지만, 이는 지나친 평가이므로 바로잡을 필요가 있다. 수많은 전쟁이 명예욕에 사로잡힌 이들에 의해 일어났는데, 이는 주로 위대한 정신과 타고난 재능을 가진 이들이 그 중심에 있었기 때문 74

이다. 그들이 군사적 재능과 전쟁 야욕을 가졌을 때 더욱 그러했다. 그러나 냉정히 판단해보면, 전쟁에서 세운 공보다 평상시 국정을 수행하면서 세운 업적이 더 위대하고 훌륭한 경우가 많았단다.

75 테미스토클레스[92]가 아무리 칭송받을 자격이 있고, 그의 이름이 솔론[93]보다 더 영광스럽게 불리며, 살라미스 해전이 아레오파고스 회의[94]를 설립한 솔론의 업적을 능가하는 그의 가장 영광스러운 승리의 증거로 인용되더라도, 솔론의 업적이 테미스토클레스의 업적보다 못하다고 생각해서는 안 된다. 테미스토클레스는 단 한 번 국가에 기여했지만, 솔론은 항구적으로 기여했기 때문이다. 솔론의 업적으로 아테네의 법과 선조로부터 내려온 제도가 유지될 수 있었고, 테미스토클레스는 아레오파고스 회의를 도왔다고 말할 수 없으나, 아레오파고스 회의는 테미스토클레스를 도왔다고 자신 있게 말할 수 있다. 솔론이 창설한 아레오파고스 회의의 원로들이 그 전쟁을 전반적으로 지휘하고 수행했기 때문이다.

---

92 "테미스토클레스"(기원전 약 528-462년)는 아테네의 장군이자 정치가로, 기원전 493년 집정관이 된 후 페르시아의 침공에 대비해 군항 건설과 해군 증강을 주도하여 아테네를 그리스에서 가장 강력한 해군 국가로 만들었다. 그는 기원전 480년 제2차 페르시아 전쟁에서 그리스 연합군을 이끌고 "살라미스 해전"에서 페르시아 해군에 대승을 거두었다.

93 "솔론"(기원전 약 640-560년)은 아테네의 정치가이자 개혁자로, 그리스 7현인 중 한 명이다. 그는 기원전 594년에 집정관으로 선출된 후, '솔론의 개혁'이라 불리는 일련의 개혁을 단행하여 극심한 빈부 격차에서 비롯된 사회 불안을 완화하고, 민주정의 기초를 마련했다. 개혁을 마친 후에는 아테네를 떠나 10년간 여행을 했다고 전해진다.

94 "아레오파고스 회의"는 아테네의 귀족정 시기에 임기 1년의 집정관직을 역임한 원로들 중에서 선출된 아홉 명으로 구성된 회의체로, 로마의 원로원과 유사한 역할을 했다. 솔론의 개혁 이전에는 아테네의 국정을 운영했으며, 기원전 462년 페리클레스의 개혁 전까지 사법권을 비롯한 정치적 권력을 강력하게 행사했다. 솔론은 아레오파고스 회의를 보다 민주적인 방식으로 재편했다.

파우사니아스와 리산드로스[95]에 대해서도 동일하게 평가할 수 있 76
다. 두 사람의 활약으로 라케다이몬이 그리스에서 패권을 장악하게 되었다고 생각되지만, 그들의 활약은 리쿠르고스[96]가 제정하고 실시한 법과 교육에 비하면 아무것도 아니다. 그들은 리쿠르고스의 법과 교육 덕분에 잘 훈련되고 용맹한 군대를 보유할 수 있었다. 내가 소년이었을 때 마르쿠스 스카우루스[97]는 가이우스 마리우스[98]에 비해 결

---

95 "파우사니아스"(기원전 6세기 말-470년)는 스파르타의 장군으로, 기원전 479년 제3차 페르시아 전쟁 당시 그리스 연합군을 이끌고 플라타이아이 전투에서 페르시아군을 상대로 대승을 거두었다. "리산드로스"(기원전 약 5세기 말-395년)는 스파르타의 장군으로, 펠로폰네소스 전쟁 중 기원전 405년, 최대 결전지인 아이고스포타모이 해전에서 아테네 해군을 격파했다. 이후 아테네를 항복시키고 '30인 참주'를 세워 통치하게 했으며, 민주정이던 아테네의 동맹시들에 스파르타식 과두정을 강요하여 큰 반발을 일으켰다.

96 "리쿠르고스"(기원전 7세기)는 라케다이몬의 전설적인 입법자로, 스파르타 국가 체제의 근간을 이루는 모든 중요한 제도를 법률로 확립했으며, 공동 식사, 소년 교육, 가족 제도 등을 제정했다.

97 "마르쿠스 스카우루스"(기원전 약 163-89년)는 로마 공화정 말기의 가장 영향력 있는 정치가 중 한 명으로, 기원전 115년에 집정관을, 109년에는 감찰관을 역임했다. 그는 공화정 말기에 원로원을 중심으로 국가를 이끌어 가려 한 벌족파의 주요 인물로, 기원전 115년부터 사망할 때까지 원로원 의장을 지냈다.

98 "가이우스 마리우스"(기원전 약 157-86년)는 로마 공화정 말기의 뛰어난 장군이자 정치가로, 일곱 번이나 집정관을 역임했다. 그는 기원전 107년 북아프리카의 누미디아인들과 벌인 유구르타 전쟁에서 승리를 거두었으며, 기원전 102년 섹스티아이 전투와 베르켈라이 전투에서 북방의 킴브리인과 테우토네스인을 격퇴하는 등 큰 전공을 세웠다. 기원전 89년 흑해 연안의 폰토스 왕 미트리다테스가 그리스를 침공하자, 평민파의 지지를 받은 마리우스는 정벌군 총사령관직을 놓고 벌족파의 술라 장군과 대립했다. 이 경쟁에서 마리우스가 밀리자, 호민관 술피키우스 루푸스가 무장봉기를 일으켜 벌족파 원로원 의원들을 살해하고, 총사령관직을 마리우스에게 넘겼다. 그러나 기원전 88년 술라가 군대를 이끌고 로마로 진격하여 루푸스를 살해하자 마리우스는 북아프리카로 피신했다. 이후 기원전 87년, 술라가 미트리다테스 정벌을 위해 원정을 떠난 사이에 마리우스는 로마로 돌아와 벌족파를 대대적으로 숙청하고 다시 집정관으로 선출되었다. 그러나 얼마 지나지 않아 병사하고 말았다.

코 뒤떨어지지 않았고, 내가 공직에 있을 때는 퀸투스 카툴루스[99]가 그나이우스 폼페이우스[100]에 못지않은 인물로 보였다. 중앙 정부에 전쟁 계획이 없다면 전선의 군대는 힘을 발휘할 수 없기 때문이다. 불세출의 대장부이자 장군이었던 아프리카누스[101]는 누만티아를 멸망시켜 국가에 기여했지만, 동시대에 티베리우스 그라쿠스를 제거한 푸블리우스 나시카[102]의 국가 기여도와는 비교할 수 없다. 물론 푸블리우스

---

99 "퀸투스 카툴루스"(기원전 약 120-61년)는 로마의 정치가로, 가이우스 마리우스에 반대하여 루키우스 술라를 지지했으며, 기원전 78년에 집정관으로 선출되었다. 그는 일관되게 그나이우스 폼페이우스를 지지하고 평민파 지도자 가이우스 카이사르에 반대한, 벌족파의 지도자 중 한 명이다.

100 "그나이우스 폼페이우스"(기원전 106-48년)는 로마의 장군이자 정치가로, 루키우스 술라 편에 서서 로마, 시칠리아, 아프리카, 스페인 등지에서 가이우스 마리우스와 평민파를 축출하는 데 앞장섰다. 기원전 70년 집정관으로 선출된 후, 지중해 해적을 소탕하고 제3차 미트리다테스 전쟁에서도 크게 활약했다. 유능한 장군이었으나 정치가로서는 부족했던 그는 원로원 벌족파의 지지를 얻지 못하자, 평민파 지도자 카이사르와 동맹을 맺고 제1차 삼두정치를 시작했다. 그러나 기원전 49년 카이사르가 루비콘강을 건너 로마로 진격해 오자 원로원 벌족파 편에 서서 대항하다가 파르살루스 전투에서 패한 후 암살되었다.

101 여기서 "아프리카누스"는 푸블리우스 코르넬리우스 스키피오 아이밀리아누스(기원전 약 185-129년)가 제3차 포에니 전쟁에서 카르타고를 멸망시킨 후 받은 칭호다. 제2차 포에니 전쟁에서 활약했던 그의 양조부와 구별하기 위해 '소 아프리카누스'라고 불린다. 기원전 133년에는 켈티베리아인들이 거주하던 누만티아를 멸망시켰으나, 그라쿠스 형제의 개혁에 반대하다가 의문의 죽음을 맞았다.

102 "티베리우스 셈프로니우스 그라쿠스"(기원전 약 164-133년)는 기원전 133년에 호민관으로 선출되었고, '셈프로니우스 농지법'이라는 농지 개혁 법안을 발의했다. 당시에 로마는 전쟁으로 원로원의 권한이 강화되고, 노예 기반의 대농장 '라티푼디움'이 발달했으며, 국외에서 유입된 농작물 때문에 자작농이 몰락하면서 사회적 불안이 고조된 상태였다. 그러나 그의 개혁은 원로원 벌족파의 극렬한 반대에 부딪혔고, 결국 그는 기원전 133년에 암살되었다. "푸블리우스 나시카"(기원전 2세기)는 로마의 정치가로, 기원전 138년에 대신관과 집정관을 역임했다. 여기서 언급된 무력 행위에 대해서는 제1권 각주 143을 보라. 열렬한 공화정 지지자였던 키케로는 공화정을 위협한다고 여겨진 평민파에 맞선 나시카의 행동을 높이 평가했다.

나시카의 행위는 무력이 사용되었으므로 전쟁의 성격을 띠기도 하지만, 어쨌든 군대를 동원하지 않았다는 점에서 평상시 국정과 관련된 업적이라고 할 수 있다.

이런 생각을 가장 잘 표현한 시구가 있다. 일부 사악한 자들이 이 77
시구를 공격한다는 이야기도 들었다. "무기를 토가 앞에 내려놓고, 월계관을 칭송 앞에 내려놓아라."[103] 다른 사례를 들지 않더라도, 내가 국정을 운영할 때 음모를 꾸미던 자들이 무기를 토가 앞에 내려놓지 않았더냐? 국가가 그때보다 더 심각한 위험에 처했던 적도 없었고, 더 큰 평화를 되찾은 적도 없었다. 그때 나의 세심한 계획과 실행 덕분에
매우 무모한 자들의 손에 있던 무기가 신속하게 땅에 떨어졌다. 전쟁 78
에서 이렇게 큰 업적을 세운 적이 있었더냐? 전쟁에서 이만한 승리를 거둔 적이 있었더냐?

내 아들 마르쿠스야, 나는 이 영예를 자랑스럽게 너에게 물려줄 자격이 있으며, 너는 내 행동을 본받아야 한다. 전쟁에서 혁혁한 공을 세워 칭송받는 인물 그나이우스 폼페이우스도 많은 청중 앞에서 내게 찬사를 보냈다. 내가 국정에 기여하지 않았다면, 자신이 승전하고 돌아와도 개선 행사를 할 곳이 없어 세 번째 개선식[104]을 하지 못했을 것

---

103 "토가"(toga)는 로마 시민들이 입던 겉옷으로, 흰 모직을 통으로 짠 것이었다. 원래는 남녀 모두가 입었으나 기원전 4세기 공화정 시기부터는 남자들만 착용했다. 토가는 귀족과 자유 시민의 영광을 상징하는 옷으로, 로마 제국의 권위와 국력을 상징하기도 했다. "월계관"은 고대 그리스에서는 올림픽 등 체전의 승리자에게 수여되었지만, 로마에서는 승전한 장군이 개선 행렬 때 머리에 썼다. 이 구절은 키케로가 기원전 60년에 집필한 자전적 서사시 『그의 집정관직에 대하여』에 나온다.

104 그나이우스 폼페이우스의 "세 번째 개선식"은 그가 기원전 66년 폰토스의 왕 미트리다테스를 물리치고 동방의 폰토스와 아르메니아를 정복한 후, 기원전 61년 9월 29일

이라고 말하더구나. 그러므로 국정 운영에 필요한 용기는 전시의 용기에 결코 뒤지지 않으며, 오히려 더 많은 힘과 노고를 요구한다.

79 **23** 우리가 탁월하고 고매한 정신을 통해 추구하는 도덕적 올바름
은 신체의 힘이 아니라 오롯이 정신의 힘으로 이루어진다. 물론 이성
의 판단과 계획에 따라 일을 수행하고 고난을 참아낼 수 있도록 신체
를 단련해야겠지. 그러나 우리가 탐구하는 도덕적 올바름은 전적으로
정신의 노고와 숙고에 달려 있다. 토가를 입고 국정을 수행하는 자들
은 이러한 정신의 노고와 숙고를 통해 전쟁을 수행하는 자들에 못지
않게 국가에 이익을 가져다준다. 그들이 국가의 이익을 고려하여 내
린 결정에 따라 전쟁이 종료되거나 지속되거나 시작된다. 예를 들어,
마르쿠스 카토가 개시한 제3차 포에니 전쟁은 그가 죽은 후에도 계속
80 되었다.[105] 따라서 전쟁을 일으켜 힘으로 겨루기보다 이성적 담판으로
문제를 해결하는 것이 더 바람직하다. 하지만 국익을 도모하기보다
전쟁을 회피하기 위한 도구로 이성적 담판을 남용하지 않도록 주의
해야 한다. 전쟁을 치러야 할 상황이 발생하면, 평화를 확보하기 위한
목적으로만 전쟁을 수행한다는 점을 분명히 해야 한다.

용기 있고 강인한 정신은 어려운 상황에 직면했을 때 당황하지 않는다. 설령 당황했더라도 속담에서 말하듯이 발걸음이 꼬여 넘어지지

자신의 생일에 로마로 돌아와 거행한 개선식을 가리킨다.

105 대 카토로 불리는 "마르쿠스 카토"에 대해서는 제1권 각주 56을 보라. 그는 카르타고가 제2차 포에니 전쟁에서 패배했음에도 상업이 활발하고 국력이 강한 것을 보고 로마에 큰 위협이 된다고 판단했다. 이에 제3차 포에니 전쟁을 일으켜 카르타고를 멸망시켜야 한다는 주장을 관철시켰으나, 전쟁 개시 후 얼마 지나지 않아 사망했다.

않고, 오히려 평정심을 유지하며 계획과 이성에서 벗어나지 않는다.

이것이 용기 있고 강인한 정신의 특징이라면, 장래의 일들을 예견 81
하고 좋든 나쁘든 어떻게 대처할지 미리 생각해두어 나중에 "이런 일이 일어날 줄 몰랐다"는 말을 하지 않으려면 타고난 위대한 정신 또한 필요하다. 이처럼 위대하고 탁월한 정신은 앞을 내다보고 계획을 세운 후 행동하는 반면, 무모하게 최전선에 뛰어들어 적과 육박전을 벌이는 것은 야만적이고 짐승 같은 짓이다. 물론 어쩔 수 없는 상황에서는 무기를 들고 싸워야 하고, 노예가 되어 치욕을 겪으며 사느니 죽음을 택해야 한다.

24 도시를 함락시킬 때는 경솔하거나 잔인하게 행동하지 않도록 82
극히 조심해야 한다. 동란이 일어나 혼란한 시기에 죄 지은 자들을 처벌하고, 다수를 보호하며, 어떤 상황에서도 정직과 올바름을 유지하는 것은 위대한 인물이 해야 하는 일이다. 앞서 말했듯이, 많은 사람이 평상시 국정 운영보다 전쟁과 관련된 일을 더 중요시한다. 그러므로 평화로운 때에 차분히 깊이 생각하여 국정을 운영하기보다 위험하고 격렬한 전쟁 계획을 세우는 것을 더 영광스럽고 중요하게 여기는 사람들이 많다는 것을 너는 알아야 한다.

겁먹고 위험을 회피하는 모습을 보여서는 결코 안 되지만, 아무런 83
명분 없이 우리를 위험에 내어주는 일도 피해야 한다. 무턱대고 위험을 감수하는 것보다 어리석은 일도 없다. 그러므로 위험에 직면했을 때는 의사가 하는 일을 본받아야 한다. 의사는 가벼운 병을 앓는 환자에게는 온건한 처방을 사용하고, 중병을 앓아 목숨이 위태로운 환자에게는 불확실하고 위험한 처방도 사용한다. 미친 사람은 고요한 바다에서 폭풍이 일어나기를 바라지만, 지혜로운 사람은 폭풍이 일어났을 때 이를 막기 위해 모든 수단을 강구한다. 특히 위험을 감수했을 때 얻을 수 있는 이익이, 망설여서 놓칠 수 있는 손실보다 더 클 때는 그렇게 해야 한다.

이런 위험한 일들 중 일부는 자원한 이들이 수행하고, 일부는 국가가 맡는다. 또한 이런 일을 하면서 어떤 이들은 자신의 목숨을 위태롭게 하지만, 어떤 이들은 시민들의 명예와 호의를 위태롭게 한다. 따라서 우리는 공공의 이익을 위태롭게 하기보다 자신의 위험을 감수하고, 다른 이들의 이익을 희생시키기보다 기꺼이 자신의 명예와 명성을 희생하는 것이 마땅하다.

84 그러나 조국을 위해 돈뿐만 아니라 목숨까지 아낌없이 바치겠다고 다짐했으면서도, 정작 국가가 요청할 때 자신의 명예가 훼손되는 일은 결코 하지 않으려 하는 자가 많이 있었다. 예를 들어, 라케다이몬의 제독 칼리크라티다스[106]는 펠로폰네소스 전쟁에서 혁혁한 전공을 세웠지만, 아르기누사이 해전에서 아테네인과의 전투를 피해야 한다는 조언을 무시하고 끝내 함대를 철수하지 않아, 결국 그동안의 모든 승리를 헛되게 만들었다. 그때 칼리크라티다스는 "라케다이몬의 함대를 잃으면 다시 만들면 되지만, 수치스러운 도주는 내가 할 수 없는

---

106 "칼리크라티다스"(기원전 5세기)는 스파르타(라케다이몬)와 아테네가 그리스 전역에 대한 패권을 두고 벌인 펠로폰네소스 전쟁에서 활약한 스파르타의 해군 제독이었다. 기원전 406년, 그는 스파르타 해군의 지휘권을 리산드로스로부터 넘겨받아 미틸레네 해전에서 아테네 장군 코논을 상대로 승리를 거두었다. 그러나 기원전 404년, 코논의 군대를 구하기 위해 대규모의 아테네군이 공격해올 것이라는 첩보를 받고도, 레스보스섬 동쪽의 아르기누사이섬에서 후퇴하지 않고 접전을 벌이다가 패배하고 전사했다.

일이다"라고 말했다. 그러나 이와 같은 행동은 라케다이몬에 심각한 타격을 입히지는 않았다. 라케다이몬에게 진정한 재앙을 가져온 것은 따로 있었으니, 그것은 클레옴브로토스[107]가 사람들의 비난이 두려워 무모하게 에파메이논다스와 벌인 전투였다. 이 전투로 라케다이몬의 국력은 쇠퇴했다.

이 두 사람에 비하면 퀸투스 막시무스[108]의 태도는 참으로 훌륭했다! 그에 대해 엔니우스는 다음과 같이 썼다.

> 오직 한 사람만이 지연작전으로 조국을 살렸다.
> 그는 자신의 명성은 아랑곳하지 않고 오로지 조국의 안위만을 생각했다.
> 그래서 지금 그의 명성은 빛나고 있으며, 앞으로 더욱 빛날 것이다.[109]

---

107 "클레옴브로토스"(기원전 5세기 말-371년)는 스파르타의 왕이었다. 스파르타에서는 두 명의 왕이 대외 정책을 담당하며, 전시에 군대 사령관으로 임명된 경우 군대에 관한 전권을 위임받았다. 기원전 371년, 그는 남부 보이오티아의 레욱트라 전투에서 테베의 장군 "에파미논다스"와 결전을 벌였으나 무모한 싸움 끝에 크게 패해 전사했다. 이 전투로 스파르타는 그리스 전역에 대한 패권을 상실했다.

108 "퀸투스 막시무스"(기원전 3세기 초-203년)는 로마의 장군이자 정치가로, 다섯 차례 집정관에 선출되었고, 두 차례의 독재관, 한 차례의 감찰관을 역임했다. 그는 '지연작전'으로 유명해 쿤크타토르(Cunctator, 지연시키는 자)라는 별칭을 얻었다. 기원전 221년 독재관으로 임명된 그는 제2차 포에니 전쟁에서 한니발에게 연패를 당하자, 로마가 회복할 시간을 벌어야 한다고 판단하고 전쟁을 지연시키는 작전을 썼다. 처음에 로마인들은 그의 작전을 비난하며 그를 해임하고, 바로와 아이밀리우스를 집정관으로 선출했다. 그러나 바로는 기원전 216년 칸나이 전투에서 대패하여 7만의 대군을 잃고 집정관직에서 물러났다. 퀸투스 막시무스는 기원전 204년, 대 스키피오를 북아프리카의 카르타고로 출정시켜 자마 전투에서 한니발을 격퇴하고 카르타고를 멸망 직전까지 몰아갔다.

109 엔니우스의 『연대기』 제12권에 나오는 구절이다.

이런 종류의 잘못은 전시뿐만 아니라 평상시 국정 운영을 할 때도 피해야 한다. 자신의 견해가 최선임을 알면서도 남의 비난이 두려워 감히 말하지 못하는 자들이 있기 때문이다.

85 **25** 국정을 운영하려는 사람은 플라톤이 제시한 두 가지 원칙을 반드시 지켜야 한다. 첫째, 시민들의 이익을 염두에 두고 모든 일을 그 관점에서 보아야 한다. 둘째, 국가 구성원 중 일부 계층만을 돌보느라 나머지를 소홀히 하지 않고, 전체를 돌보아야 한다. 국가 경영은 후견인 역할과 마찬가지로 국정을 위임받은 자들의 이익이 아니라 위임한 이들의 이익을 위해 이루어져야 한다. 그럼에도 일부 시민 계층만 돌보고 다른 계층을 소홀히 하는 사람들이 있다. 이런 식의 국정 운영은 국가를 가장 위태롭게 만드는 소요와 불화를 초래한다. 그 결과 어떤 이들은 대중을 위한 민주정을 옹호하고, 또 어떤 이들은 귀족정을 열렬히 지지하며, 국가 구성원 전체를 위한 체제를 옹호하는 사람들은 거의 찾아볼 수 없게 된다.[110]

86 이 때문에 아테네인 사이에 큰 불화가 생겼고, 우리나라에서는 소요뿐만 아니라 파멸적인 내전들[111]이 일어났다. 국가 지도자다운 위엄

---

110 여기서 키케로는 공화정 말기의 상황을 묘사하고 있다. 평민과 귀족 간의 갈등은 항상 존재했으나, 공화정 말기에는 기원전 264년부터 146년까지 120년 동안 세 차례 일어난 포에니 전쟁으로 평민들의 삶이 피폐해지고, 귀족들이 계속해서 토지를 증식해 노예 기반의 대농장 라티푼디움이 형성되면서 두 계층 간의 갈등이 심화되었다. 그라쿠스 형제의 농지 개혁 운동으로 평민파 세력이 부상하면서 원로원 중심의 벌족파 세력과 충돌했고, 결국 평민파의 지지를 받던 가이우스 카이사르에 의해 공화정은 와해되었다. 카이사르가 암살된 후, 그의 양자 가이우스 옥타비아누스가 기원전 27년, 초대 황제가 되어 로마 제국의 시대를 연다.

111 고대 로마의 내전은 공화정 말기에 집중적으로 일어났다. 주요 내전으로는 로마와 이탈

과 용기를 갖춘 시민이라면 이러한 상황을 혐오하고 피하며, 부와 권력을 추구하지 않고, 자신의 모든 것을 바쳐 국가 전체를 생각하며 모든 시민을 돌볼 것이다. 그는 단 한 사람도 부당하게 고발하지 않아 시민들의 원망을 사는 일이 없도록 하며, 정의와 도덕적 올바름을 온전히 고수하고자 할 것이다. 그는 아무리 큰 손해라도 감수하며 이러한 원칙을 지키고, 이를 저버리기보다는 차라리 죽음을 택할 것이다.

국정 운영과 관련해 야망을 이루고 명예를 얻기 위해 벌이는 정쟁 87
이 가장 통탄스러운 일이다. 이러한 정쟁에 대해 플라톤은 훌륭하게 묘사했다. "누가 국가를 더 잘 운영할 수 있는지를 놓고 다투는 자들은, 마치 누가 배를 가장 잘 조종할 수 있는지를 놓고 다투는 선원들과 같다." 정쟁에 관해 플라톤은 "우리는 자신의 판단에 따라 국가를 경영하는 자들이 아니라 국가에 대항하여 무기를 든 자들을 적으로 여겨야 한다"고 충고했다.[112] 푸블리우스 아프리카누스와 퀸투스 메텔루스[113] 사이에도 견해 차이가 있었지만, 두 사람이 심각하게 대립하

리아의 동맹시들 간에 벌어진 동맹시 전쟁(기원전 91-88년), 술라와 평민파 지도자 마리우스 간에 벌어진 내전(기원전 88-87년, 82-81년), 부채 탕감을 원하는 지지자들을 규합하여 공화정을 전복하려다 3천 명이 몰살당한 카틸리나 사건(기원전 63-62년), 평민파 지도자 카이사르와 벌족파 폼페이우스 간의 내전(기원전 49-45년), 제2차 삼두정치와 카이사르 암살을 주도한 벌족파 사이의 리베라토레스 내전(기원전 44-42년), 제2차 삼두정치와 벌족파 섹스투스 폼페이우스 간의 내전인 시칠리아 반란(기원전 44-36년) 등이 있다.

112 첫 번째 인용문의 내용은 플라톤의 『국가』 488a-b에 나오고, 두 번째 인용문은 플라톤의 글에 정확히 나오지는 않지만 비슷한 취지의 내용이 『법률』 856b에 나온다.

113 여기서 "푸블리우스 아프리카누스"(기원전 235-183년)는 대 스키피오 혹은 대 아프리카누스를 가리킨다. 그는 기원전 202년 북아프리카 자마 전투를 통해 제2차 포에니 전쟁을 끝내고 카르타고를 항복시켜 '아프리카누스'라는 별칭을 얻었다. "퀸투스 메텔루스"(기원전 약 229-115년)는 로마의 저명한 정치가이자 군사 지휘관으로 원로원의

지 않은 것이 그 좋은 예다.

88 일부는 정적들에게 극심한 적대감과 분노를 드러내는 것이 위대하고 용기 있는 행동이라고 생각한다. 그러나 우리는 그러한 생각에 귀를 기울여서는 안 된다. 위대하고 탁월한 사람에게 가장 합당하며 칭송할 만한 태도는 화해와 관용의 마음이기 때문이다. 법 앞에 평등한 자유민 가운데서 살아가려면 붙임성이 좋아야 하고,[114] 이른바 넓고 큰 마음이 필요하다. 그래야 사람들이 언제든 불쑥 찾아오거나 무례한 요청을 했을 때, 심기가 불편해 쓸데없이 짜증을 내어 불쾌감을 주지 않을 수 있다. 온화함과 관대함은 그 자체로는 선하지만 국가를 위해서는 엄격함을 고수해야 한다. 엄격하지 않고서는 국가를 제대로 경영할 수 없기 때문이다. 다만 처벌과 질책을 할 때는 상대방에게 모욕을 주어서는 안 된다. 누군가를 처벌하거나 질책할 때는 자신의 이익이 아니라 국익을 위해서 해야 한다.

89 또한 처벌이 죄보다 과하지 않도록 주의해야 한다. 동일한 죄를 저질렀는데도 어떤 사람은 처벌을 받고, 어떤 사람은 소환조차 되지 않는 일이 있어서는 안 된다. 무엇보다 처벌을 내리는 자가 분노에 사로잡히지 않는 것이 중요하다. 분노에 사로잡히면 중용의 미덕을 지키기 어렵기 때문이다. 소요학파는 중용을 주장하면서, 분노를 본성에 내재된 유용한 측면으로만 인정하고 그 이상은 긍정하지 않는데, 이 점에서 그들의 견해는 옳다. 모든 일에서 분노를 배제하고, 국정을 맡

보수적인 성향을 대표했다.

114 '붙임성이 좋은 것'으로 번역된 파킬리타스(facilitas)는 까다롭지 않고 상냥하며 누구나 쉽게 다가갈 수 있는 성품을 의미한다.

은 사람들이 분노가 아니라 정의에 입각하여 법에 따라 처벌하는 것이 바람직하다.

26 또한 모든 일이 순조롭게 풀릴 때, 오만방자해져 사람들에게 혐 90
오감을 일으키지 않도록 극히 조심해야 한다. 역경에 처했을 때나 모든 일이 잘 풀릴 때 무절제하게 행동하는 것은 그가 경망스러운 사람임을 보여줄 뿐이다. 일생 동안 한결같은 마음으로 일관된 행동과 모습을 유지하는 것이 훌륭한 일이다. 소크라테스[115]와 가이우스 라일리우스[116]가 그런 삶을 살았다고 알려져 있다. 내 생각에 마케도니아의 왕 필리포스[117]는 업적과 명성에서는 아들 알렉산드로스 대왕에게 뒤졌지만, 붙임성과 인간성에서는 더 뛰어났다. 그래서 필리포스왕은 언제나 위대했던 반면, 알렉산드로스 대왕은 종종 추악한 모습을 보였다. 이런 이유로 사람이 높아질수록 고개를 숙여야 한다는 충고가

---

115 "소크라테스"(기원전 470-399년)는 유물론적 자연철학을 추구한 이전의 철학자들과 달리 자연 현상의 관찰을 포기하고, 오직 이성에 근거한 논리적 추론을 통해 진리를 추구하여 이후 모든 철학의 아버지가 되었다. 키케로 시대에는 플라톤의 아카데미아학파, 아리스토텔레스의 소요학파, 제논의 스토아학파, 심지어 에피쿠로스학파까지 자신들의 철학적 기원을 소크라테스에게서 찾았다. 소크라테스는 저술을 남기지 않았으며, 그의 철학은 제자인 플라톤의 여러 대화편에 기록되어 있다. 그는 일생 동안 이성에 따라 참되고 옳은 것을 좇아 살았으며, 극기와 절제의 상징으로 알려져 있다. 전쟁에 출전해서도 한겨울에 맨발로 다녀 사람들을 놀라게 했다는 일화도 있다.

116 "가이우스 라일리우스"(기원전 약 188년 출생)는 로마의 장군이자 정치가다. 카르타고를 공략하여 제3차 포에니 전쟁을 종식시킨 소 아프리카누스의 절친한 친구로 잘 알려져 있으며, 기원전 140년에 집정관으로 선출되었다. 키케로의 저작인 『국가론』, 『노년론』, 『우정론』의 주요 인물로 등장한다.

117 "필리포스", 즉 마케도니아의 왕 필리포스 2세(기원전 382-336년)는 마케도니아를 통일한 후 그리스의 많은 도시국가를 정복하고, 페르시아 제국까지 넘보았다. 그가 암살당한 후, 아들 알렉산드로스 대왕이 필리포스의 야망을 이어받아 그리스와 페르시아, 인도에 이르는 대제국을 건설하며 헬레니즘 시대를 열었다.

옳다고 생각한다. 파나이티오스는 제자이자 친구였던 아프리카누스[118]가 종종 이렇게 말했다고 하는구나. "말들이 전투에 자주 나가면 사나워져 제멋대로 날뛰게 되는데, 그럴 때는 조련사에게 맡겨 길들여야 한다. 마찬가지로 사람도 승승장구하면 자만에 빠져 제멋대로 행동하게 되는데, 그럴 때는 이성적으로 생각하고 배우는 훈련을 통해 인간사의 허망함과 운의 변덕스러움을 통찰하게 해야 한다."

91 매사에 큰 성공을 거둘 때에도 친구들을 이전보다 더 중시하고, 그들의 조언에 최대한 귀를 기울여야 한다. 특히 이런 시기에는 아부하는 자들의 말에 넘어가거나, 그들이 아부하도록 허용해서는 안 된다. 그렇지 않으면 아부에 현혹되어 자신이 받는 칭송을 당연하게 여기게 되기 때문이다. 아부를 듣고 마음이 부풀어 우쭐해지면 지독한 망상에 빠져 무수한 잘못을 저지르고, 결국 망신을 당하며 비웃음거리가 되고 만다.

이 주제에 대해 충분히 논의했다.

92 이제 앞서 말한 내용으로 다시 돌아가 결론을 내리자면, 국가를 통치하는 사람들이 가장 중요한 일들을 수행하며, 이는 가장 위대한 정신이 할 수 있는 일이다. 국가 경영은 그 영향력이 가장 광범위하고, 대다수와 연관되어 있기 때문이다. 하지만 공직에서 물러나 여유롭게 살아가는 이들 중에도 위대한 정신을 지닌 사람이 많이 있었고 지금도 그렇다. 그런 이들은 자신과 관련된 범위 내에서 중요한 문제를 탐

118 여기서 "아프리카누스"는 소 아프리카누스인 푸블리우스 코르넬리우스 스키피오 아이밀리아누스를 가리킨다. 그는 가이우스 라일리우스의 소개로 파나이티오스의 제자이자 친구가 되었다고 한다.

구하거나 시도한다. 아니면 철학자와 국가 경영자 사이의 길을 걸으며 자신의 가산을 관리하는 데서 즐거움을 찾기도 한다. 이들은 온갖 수단을 동원해 재산을 쌓지 않고, 친족과 친지들을 외면하지 않으며, 필요할 때는 친구들과 국가에 재산을 나누어 주기도 한다. 그러니 첫째로는 추악하고 혐오스러운 방법이 아니라 정직한 방법으로 재산을 획득해야 하고, 둘째로는 지혜와 부지런함, 절약을 통해 재산을 증식해야 한다. 셋째로는 재산을 방탕과 사치에 사용하지 않으며 호의를 베풀고 후히 나누는 일에 사용하고, 되도록 많은 사람에게 베풀어야 한다.

이 원칙을 지키면 고매하고 위엄 있으며 활기차면서도, 소박하고 신의 있는, 진정한 벗이 되는 삶을 살아갈 수 있다.

27 다음으로 도덕적 올바름의 나머지 한 부분을 살펴보겠다. 이 부 93
분의 미덕으로는 염치,[119] 삶에 좋은 옷과 같은 절제, 중용, 마음의 혼란을 평정함, 그리고 모든 일에서의 절도가 포함된다. 그리스어로 '프레폰', 라틴어로는 '데코룸'이라 불리는 미덕인 적절함[120]도 이 부분에 속한다. 적절함이라는 미덕은 도덕적 올바름에서 나오는 결과이므로

---

119 "염치"로 번역된 베레쿤디아(verecundia)는 부끄러움을 알고 부끄러운 행동을 하지 않는 것을 의미한다.

120 "데코룸"(decorum)은 '어울림'으로도 번역되며, 일반적으로 고전 수사학, 시학, 희극 이론에서 특정한 주제에 적합하고 어울리는 문체를 가리킨다. 심메트리아(symmetria)가 모든 부분의 균형과 조화를 통해 절대적 아름다움을 추구하는 피타고라스적이고 플라톤적인 개념이었다면, '데코룸'은 각각의 대상에 맞게 조정된 개별적이고 상대적인 아름다움을 의미하며, 이는 스토아학파적인 개념이다. 스토아학파 철학자들은 각각의 대상이 본성적으로 자신만의 고유한 데코룸을 가지고 있다고 믿었다. 그리스어 프레폰(πρέπον)은 '적절하다'를 뜻하는 동사 '프레포'의 분사형이다.

94 이와 분리할 수 없다. 적절한 것은 도덕적으로 올바르고, 도덕적으로 올바른 것은 적절하기 때문이다.

도덕적 올바름과 적절함의 차이를 설명하기보다는 직관으로 이해하는 것이 더 쉽다. 적절함은 도덕적 올바름이 먼저 존재한 후에 나타나기 때문이다. 따라서 적절함은 여기서 살펴볼 도덕적 올바름의 나머지 한 부분뿐만 아니라 앞서 살펴본 세 부분에서도 나타난다. 이치에 맞게 말하고, 현명하게 행동하며, 매사에 숙고하여 참된 것을 알아내고 지키는 것은 적절하다. 반면, 판단을 잘못하여 참된 것에서 벗어나고, 오류에 빠지며, 속임을 당하는 것은 정신이 나가 날뛰는 것만큼이나 적절하지 않다. 모든 정의로운 것은 적절하며, 불의한 것은 추악하므로 적절하지 않다.

용기와 적절함의 관계도 비슷하다. 위대한 정신으로 남자답게 행동하면 남자에게 어울리고 적절하게 보이지만, 반대로 행동하면 추악하고 적절해 보이지 않는다.

95 그러므로 내가 말하는 적절함은 도덕적으로 올바른 모든 것과 분리될 수 없는 관계여서 깊이 헤아려 볼 필요 없이 즉시 명확하게 드러난다. 적절함은 모든 미덕에서 볼 수 있으며, 이론적으로 미덕과 분리될 수 있지만 실제로는 분리되지 않는다. 신체의 매력과 아름다움이 건강함과 분리될 수 없는 것처럼 우리가 말하는 적절함은 미덕과 완전히 하나가 되어 있어 이론적으로만 구별될 뿐이다.

96 적절함은 두 가지로 구분할 수 있다. 첫째는 모든 도덕적 올바름에 내재된 보편적 적절함이고, 둘는 이에 속하는 각각의 도덕적 올바름과 관련된 개별적 적절함이다. 전자의 일반적인 적절함은 인간의 탁

월성을 드러내는 것으로, 다른 생물들과는 구별되는 인간 본성 속에서 나타난다. 반면, 일반적인 적절함에 종속된 부분적인 적절함은 중용과 절제 같은 자유민의 특성을 포함한 인간 본성에 부합하는 것으로 정의된다.

28 사람들이 적절함을 어떻게 인식하는가는 시인들이 추구하는 97
적절함을 통해 추정해볼 수 있다. 이에 대해서는 다른 곳에서 많이 논의되었지만, 우리는 시인들의 작품 속 등장인물들이 각자의 역할에 맞게 행동하고 말할 때 그 작품이 적절함을 갖추었다고 평가한다. 예를 들어, 아이아코스나 미노스[121] 같은 정의로운 인물이 "그들이 내게 두려운 마음을 갖는다면 나를 미워해도 상관없다" 또는 "부모가 자식 무덤을 본다"와 같은 말을 했다면, 우리는 그 말이 그들에게 적절하지 않다고 생각할 것이다. 반면, 아트레우스[122]가 그런 말을 했다면, 그 인

---

121 "아이아코스"는 제1권 각주 63을 보라. "미노스"는 크레타섬의 전설적인 왕으로, 명장 다이달로스에게 미로를 만들게 하고, 강력한 함대를 이끌어 아테네를 정복한 것으로 유명하다. 9년마다 이데산에서 아버지 제우스를 만나 통치술을 배운 덕분에 지혜로운 군주이자 입법자로 명성을 얻었다. 사후에는 자신의 형제 라다만티스, 이복형제 아이아코스와 함께 지하세계의 심판관이 된다.

122 "아트레우스"는 저주받은 탄탈로스 가문의 후예로, 친형제 티에스테스와 함께 이복동생을 살해하고 미케네의 왕 에우리스테우스에게로 도망쳤다. 이후 아트레우스는 미케네의 왕이 되었으나, 티에스테스는 아트레우스의 아내 아에로페를 유혹해 왕위를 빼앗으려다 실패하고 추방당한다. 이에 복수를 결심한 티에스테스는 아트레우스의 아들을 자신의 아들로 속여 키운 뒤, 그 아들로 하여금 아버지를 살해하게 하려 했으나 이 계획 또한 실패로 돌아가고, 오히려 아들이 아버지의 손에 죽고 만다. 아트레우스는 자신이 친아들을 죽였다는 사실을 알게 된 후, 화해를 가장하여 티에스테스와 그의 두 아들을 초청한 다음 몰래 두 아들을 살해하고, 그 인육으로 요리를 해 티에스테스에게 먹인다. 훗날 아트레우스는 신탁의 예언대로 티에스테스와 그의 딸 펠로피아 사이에서 태어난 아이기스토스에게 죽임을 당한다.

물의 성격에 어울리기 때문에 박수를 칠 것이다. 시인들은 각 등장인물에게 역할을 부여하고, 각각 어떤 말과 행동이 적절한지 판단한다. 그러나 인간에게 다른 동물들보다 우월하고 탁월한 역할을 부여한 것은 위대한 자연이다.

98 그래서 시인들은 다양한 등장인물들, 심지어 사악한 인물들까지 그들에게 적절한 말과 행동이 무엇인지 잘 알고 있다. 또한 자연은 우리에게 일관성, 중용, 절제, 염치 같은 미덕을 부여했을 뿐만 아니라 다른 이들을 대할 때 이러한 미덕을 소홀히 하지 않도록 가르친다. 따라서 도덕적 올바름과 관련된 보편적 적절함과 각각의 미덕과 관련된 개별적 적절함은 인간 내면에 깊이 자리 잡고 있으며, 다양한 상황에서 자연스럽게 드러난다. 신체의 모든 부분이 적절한 조화를 이룰 때, 그 아름다움이 사람들에게 깊은 감동을 주듯, 각 부분이 조화롭게 어우러져 있다는 사실 자체가 사람들에게 기쁨을 준다. 이와 마찬가지로 우리의 모든 말과 행동이 질서와 일관성, 중용을 통해 조화를 이룰 때, 삶에서 드러나는 적절함은 우리와 함께 살아가는 사람들로부터 인정과 찬사를 받을 것이다.

99 그러므로 모든 사람, 즉 선량한 사람들뿐만 아니라 그 외의 사람들까지 존중해야 한다. 다른 이들이 너에 대해 느끼는 바를 무시한다면, 그것은 네가 오만할 뿐 아니라 완전히 망가져 있음을[123] 의미한다. 사람들과의 관계에서 정의와 염치는 서로 다르단다. 정의는 사람들에게

---

123 "완전히 망가져 있음"으로 번역한 라틴어 원문은 옴니노 디스솔루티(omnino dissoluti)다. 이는 한 사람의 도덕적 올바름이 완전히 해체되고 파괴된 상태를 나타낸다.

해를 끼치지 않게 하는 역할을 하고, 염치는 타인에게 상처를 주지 않게 하는 역할을 하지.[124] 적절함이 무엇인지는 이 지점에서 가장 분명히 드러난다.

이로써 적절함의 의미를 충분히 이해했으리라고 믿는다.

적절함에서 나오는 의무는 우리를 가장 먼저 자연과 조화를 이루 100
고 인간 본성을 지키는 길로 인도한다. 자연을 인도자로 삼아 따르면 길을 잃지 않고 오히려 본질을 꿰뚫어 보고, 사람들을 결속시키며, 강렬하고 강한 것[125]을 따를 수 있게 된다. 그러나 적절함은 우리가 논의 중인 도덕적 올바름의 이 부분[126]과 관련해 특히 중요한 의미를 지닌다. 신체 활동이 자연과 합치하는지를 검증하는 것도 중요하지만, 정신 활동이 자연과 합치하는지를 증명하는 것이 훨씬 더 중요하기 때문이다.

정신의 힘과 본질에는 두 가지가 있다. 하나는 사람을 사로잡아 이 101
리저리 끌고 다니는 욕망으로, 그리스어로 '호르메'[127]라고 한다. 다른 하나는 무엇을 해야 하고 무엇을 피해야 하는지를 가르치고 설명해주

---

124 키케로는 정의라는 미덕의 역할을 '논 비올라레'(non violare)로 규정하고, 염치라는 미덕의 역할을 '논 오펜데레'(non offendere)로 규정한다. '비올라레'는 폭력적으로 짓밟고 해를 가한다, '오펜데레'는 심기를 거스르고 화나게 한다는 의미다.

125 "본질을 꿰뚫어 보는 것"은 지혜를, "사람들을 결속시키는 것"은 정의를, "강렬하고 강한 것"은 용기를 가리킨다.

126 "도덕적 올바름의 이 부분"은 앞서 언급된 도덕적 올바름의 원천 중 네 번째, 즉 "중용과 절제가 포함된 질서와 절도를 갖춘 언행"(15단락)을 의미한다. 여기서 키케로는 "적절함"이 자연 및 본성과의 합치에서 비롯됨을 보여준다.

127 "호르메"(ὁρμή)는 어떤 행동이나 변화의 첫 번째 충동, 즉 '최초의 움직임'을 뜻한다. 이는 행동이 욕망에서 시작되기 때문이다. 키케로는 모든 행동의 단초가 되는 욕망을 이성으로 규율해야 한다고 말한다.

는 이성이다. 여기서 정신은 이성이 명령하면 욕망이 복종하는 방식으로 활동해야 한다.

29 무슨 행동을 하든 경솔함과 부주의가 없어야 하며, 합당한 이유 없이 행동해서는 안 된다. 사실상 이것이 의무에 대한 정의다.

102 욕망은 이성에 복종해야 하며, 이성을 앞지르거나 나태함 또는 무기력함 때문에 이성을 뒤처지게 해서도 안 된다. 또한 모든 정신적 혼란에서 벗어나 평정심을 유지해야 한다. 그럴 때 일관성과 중용이 지닌 광채가 가장 빛을 발할 것이다. 반면에 실행하려는 것이든, 회피하려는 것이든 욕망이 이성을 앞질러 통제되지 않는 사람은 적절한 한계와 정도를 넘어설 수밖에 없다. 이처럼 욕망이 자연의 법칙을 거스르면 정신이 혼란스러울 뿐만 아니라 신체에도 문제가 생긴다. 분노나 욕망, 두려움, 과도한 쾌락에 사로잡힌 사람들은 얼굴만 보아도 알 수 있다. 그들의 표정과 목소리, 몸짓, 태도가 달라지기 때문이다.

103 의무의 형태에 관한 논의로 다시 돌아가보자면, 우리는 모든 욕망을 억제하고 진정시켜야 하며, 무슨 일을 하든 정신을 바짝 차리고 면밀히 살펴서 숙고한 다음 행동해야 한다. 경솔하게 마구잡이로 행동해서는 안 된다. 자연이 우리를 태어나게 한 것은 농담이나 놀이를 하게 하기 위해서가 아니라, 엄격한 삶을 통해 보다 더 무게 있고 중요하고 위대한 일을 추구하게 하기 위해서가 아니겠느냐? 물론 놀이와 농담도 할 수 있지만, 수면이나 휴식과 마찬가지로 중요하고 진지한 일을 충분히 한 후에 해야 한다. 농담을 하더라도 막말이나 지나침을 피하고, 고상하면서도 재치 있게 해야 한다. 청소년들에게 도덕적으로 올바른 행실에서 벗어나지 않는 놀이만을 허용하는 것처럼 농담

속에도 도덕적인 훌륭함이 드러나야 한다.

농담에는 일반적으로 두 종류가 있다. 하나는 천박하고 무례하며 외 104
설적이고 창피스러운 것이고, 다른 하나는 우아하고 세련되며 재치 있고 점잖은 것이다. 후자의 농담은 우리 로마인 플라우투스[128]와 아티카인의 고희극[129]뿐만 아니라 소크라테스 계열 철학자들[130]의 저서에서도 찾아볼 수 있다. 많은 사람의 세련되고 재치 있는 말도 두루 찾아볼 수 있다. 그런 말들은 그리스어로 '아포프테그마타'[131]라고 불리는데, 카토는 노년에 그런 말들을 모아 책으로 펴냈다. 따라서 고상한 농담과 천박한 농담을 구별하기는 쉽다. 정신이 휴식을 취할 때, 시의적절하게 나온 고상한 농담은 아주 진지한 사람에게도 어울리지만, 천박한 농담은 추악한 말들에 음담패설까지 더해져 자유민에게 어울

---

128 "플라우투스"(기원전 약 254-184년)는 테렌티우스와 함께 로마의 양대 희극작가라 불리며, 사회 풍자 위주의 그리스 신희극들을 번안했다. 그의 작품은 복잡한 줄거리, 기지 넘치는 대화, 희극적 요소, 성실함과 조소가 공존하는 것이 특징이다. 21편의 희극이 현재까지 전해지며, 대표작으로 『포로』가 있다.

129 "아티카인"은 그리스 본토에서 아테네 중심의 지역 주민들을 가리킨다. "고희극"은 제1세대 고대 그리스 희극으로, 노래와 춤으로 떠들썩한 디오니소스의 제례행사 코모스에서 발달한 '코모이디아'(코모스의 노래)를 뜻한다. 크라티노스, 에우폴리스, 아리스토파네스를 3대 고희극 시인이라 부른다. 반면 신희극은 사회 풍자와 상황극이 주를 이루었다. 이는 기원전 323년 알렉산드로스 대왕의 사망 이후부터 기원전 260년까지 마케도니아 통치 기간에 쓰이고 상연되었다. 메난드로스, 필레몬, 디필로스가 3대 신희극 시인이다.

130 키케로는 자신의 저서 『브루투스』 292에서 플라톤, 크세노폰, 아이스키네스를 "소크라테스 계열의 철학자들"이라 부른다. 플라톤은 소크라테스를 주인공으로 한 많은 대화편을 저술했고, 크세노폰은 소크라테스의 문하생으로서 『소크라테스의 추억』을 썼다. 아이스키네스는 소크라테스의 재판과 임종을 지켜본 제자로, 7편의 대화편을 저술하여 스승의 참모습을 가장 잘 전했다는 평가를 받는다.

131 보통 '경구'로 번역되는 "아포프테그마타"(ἀπόφθεγμα)는 짧지만 강력한 명언을 의미한다. 대 카토는 『경구집』을 펴냈다.

리지 않는다.

놀이를 할 때도 지나치게 몰두하다가 쾌락에 사로잡혀 추한 모습을 보이지 않도록 주의해야 한다. 이 점에서 우리 로마인이 들판에서 하는 놀이와 사냥은 도덕적으로 올바른 놀이의 모범이라 할 수 있다.

105 **30** 의무에 관한 모든 탐구에서 인간 본성이 가축을 비롯한 짐승들의 본성보다 얼마나 뛰어난지를 밝히는 것도 중요하다. 짐승들은 감각적 쾌락만을 추구하고 모든 충동이 쾌락을 채우기 위해 일어난다. 반면, 인간의 정신은 배움과 사유에서 자양분을 얻어 끊임없이 무언가를 탐구하거나 행하며 보고 듣는 즐거움에 이끌린다. 설령 감각적 쾌락에 치우쳐 있더라도 완전히 짐승과 같아지지 않는 한(사람의 탈을 썼을 뿐 실제로는 짐승 같은 사람도 있다), 자신이 감각적 쾌락에 사로잡혀 있음을 조금이라도 느낀다면, 부끄러움을 아는 염치[132] 때문에 쾌락에 대한 욕망을 감추고 위장하려 들 것이다.

106 여기서 육체적 쾌락은 짐승보다 우월한 본성을 지닌 인간에게 전혀 어울리지 않으므로 경멸하고 버려야 한다는 사실을 알 수 있다. 그럼에도 육체적 쾌락이 어느 정도 필요하다고 생각하는 사람은 쾌락을 즐길 때 그 한계를 넘지 않도록 주의해야 한다. 신체를 돌보고 영양을 공급하는 것은 건강과 체력 유지를 위한 것이지 쾌락을 즐기기 위한 것이 아니다. 또한 인간 본성이 지닌 탁월성과 존귀함을 안다면 사치와 향락 속에서 방탕하고 나약하게 살아가는 것이 얼마나 추한 삶인

---

132 "염치"로 번역된 라틴어 원문은 '베레쿤디아'다(제1권 각주 119를 보라). 여기서는 뜻을 좀 더 명확히 하기 위해 원문에 없는 "부끄러움을 아는"이라는 어구를 덧붙였다.

지, 반면에 근검절약하고 절제하며 엄격하고 건전하게 살아가는 것이 얼마나 도덕적으로 올바른 삶인지를 알 수 있다.

자연이 우리에게 두 가지 역할을 부여했음을 알아야 한다. 하나는 107
모든 인간에게 공통된 역할로, 우리 모두가 탁월한 이성을 가지고 있다는 사실에서 비롯된다. 이성이 있기에 우리는 짐승보다 우월할 수 있는데, 모든 도덕적 올바름과 적절함이 이성에서 나오기 때문이다. 의무를 찾아내고 탐구할 수 있는 것도 이성 덕분이다. 반면, 다른 하나는 개개인에게 고유하게 부여된 역할이다. 개개인의 신체는 서로 크게 다른데, 어떤 사람은 빨라서 달리기를 잘하고, 어떤 사람은 힘이 세서 레슬링을 잘한다. 또 풍채가 위엄 있는 사람이 있는가 하면, 외모가 우아하고 아름다운 사람도 있다.

하물며 개개인의 정신은 더욱 다양하다. 루키우스 크라수스[133]와 루 108
키우스 필리푸스[134]는 재치가 많았고, 루키우스의 아들 가이우스 카이사르[135]는 한층 더 재치 있고 근면 성실하기까지 했다. 반면, 그들과

---

133 "루키우스 크라수스"(기원전 140-91년)는 로마 공화정 시대의 가장 위대한 대중연설가이자 정치가로, 키케로의 스승이었다. 키케로는 그를 주인공으로 한 저서 『연설가론』을 써서 그의 영전에 바쳤다. 크라수스는 기원전 95년에 집정관으로 선출된 후 동료 집정관 퀸투스 무키우스 스카이볼라와 함께 '루키우스 무키우스 법'을 통과시켰다. 불법적인 시민권 획득을 적발하고 원래대로 되돌려놓는 업무를 전문으로 하는 법원 설치가 주요 내용인 이 법은 동맹시 전쟁의 발발에 영향을 미쳤다.

134 "루키우스 필리푸스"(기원전 약 141-73년)는 로마의 대중연설가이자 정치가로, 기원전 91년에 집정관으로 선출되었으며, 술라와 마리우스 간의 내전에서 보수파인 술라 편에 섰다. 키케로는 그를 당대의 가장 위대한 대중연설가 중 한 명으로 꼽았다.

135 여기서 "가이우스 카이사르"는 가이우스 율리우스 카이사르 스트라보 보피스쿠스(기원전 약 131-87년)를 가리킨다. 그는 로마의 대중연설가이자 정치가로, 동맹시 전쟁 때 집정관직을 대리했지만, 이후 호민관들의 반대로 집정관에 선출되지 못하고 해임되었다. 기원전 87년, 마리우스와 술라 간의 내전 중 마리우스파에 의해 살해되었다. 그는

동시대 인물인 마르쿠스 스카우루스와 소 마르쿠스 두르수스[136]는 유별나게 근엄하고 진지했으며, 가이우스 라일리우스는 아주 쾌활했고, 그의 친구 스키피오는 야망이 컸고 더 엄격하게 살았다. 그리스인 중에서는 소크라테스가 서글서글하고 재치 있었으며, 대화할 때 자기는 아무것도 모르니 가르쳐달라는 식으로, 즉 그리스인이 '에이론'[137]이라 부르는 방식으로 말했다고 알려졌다. 반면에 피타고라스와 페리클레스[138]는 최고의 자리에 올랐지만 쾌활함과는 거리가 멀었다. 포에니인 장군들 중에서는 한니발이, 우리 로마인 장군들 중에서는 퀸투스 막시무스가 지략에 뛰어나고, 속내를 감추고 말하지 않으며, 위장과 매복에 능하고, 적의 계획을 미리 간파한 명장들이었다. 그런 부류의 인물로 그리스인 테미스토클레스와 페라이의 야손[139]을 최고로 치고, 자기 목숨을 더 안전하게 보존하는 동시에 언젠가 국가에 이바지하기

그리스적인 주제로 최소 세 편의 비극을 저술했다.

136 "소 마르쿠스 두르수스"(기원전 약 124-91년)는 로마 공화정 말기의 저명한 정치가로, 로마의 사회적·정치적 개혁을 추진했다. 기원전 91년 암살을 당했고, 그의 죽음은 동맹시 전쟁의 발발에 중요한 계기가 된다. 키케로는 『브루투스』 109에서 그를 대중연설가로서 높이 평가한다.

137 "에이론"(εἴρων)은 속내를 감추고 말을 아끼는 사람, 즉 생각은 많지만 과묵한 사람을 가리킨다. 고대 그리스 희극에서 전형적으로 등장하는데, 허풍이 심하고 말이 많은 알라존(ἀλαζών)과 대비된다. 영어 irony(아이러니)는 이 '에이론'에서 유래했다.

138 "페리클레스"(기원전 약 495-429년)는 고대 아테네 민주정의 전성기를 이끈 대중연설가이자 정치가, 장군이다. 그는 페르시아 전쟁을 승리로 이끈 후 델로스 동맹을 강화하여 아테네의 황금시대를 열었으며, 펠로폰네소스 전쟁이 발발하자 2년 동안 델로스 동맹을 지휘했다. 고대 그리스의 역사가 투키디데스는 그를 "아테네의 제1시민"이라고 칭송했다.

139 "페라이"는 고대 그리스 테살리아 지방에 위치한 도시국가다. "야손"(기원전 5세기 말-370년)은 기원전 385-370년 동안 페라이의 참주였으며, 테살리아 기병대와 고도로 훈련된 용병을 활용하여 단기간에 테살리아를 통일하고 그리스의 강국으로 만들었다.

위해 미친 척했던 솔론의 처신을 가장 능수능란한 지략으로 여긴다.

이런 사람들과는 딴판으로 단순하고 솔직한 이들도 있다. 그들은 109
어떤 일도 비밀리에, 또는 음모로 이루어져서는 안 된다고 생각한 사람들로, 진실의 신봉자이자 거짓의 적이다. 반대로 원하는 바를 이룰 때까지는 참고 견디며 누구에게든 굴종하는 이들도 있는데, 술라와 마르쿠스 크라수스가 그러했다. 이런 부류 중에 가장 영악하고 인내심이 많은 인물로는 라케다이몬인 중에서는 리산드로스가 있다. 리산드로스의 뒤를 이어 함대 사령관이 된 칼리크라티다스는 그와는 정반대 유형의 인물이었다. 출중한 인물 중에는 남들과 대화할 때 수수하게 말하여 평범하게 보이고자 하는 이들도 있다. 카툴루스 부자[140]와 퀸투스 무키우스 만키아[141]가 그랬으며, 푸블리우스 스키피오 나시카[142]도 그런 인물이었다고 나이 많은 사람들에게서 들었다. 반면, 그

---

140 아버지 "퀸투스 루타티우스 카툴루스"(기원전 2세기 말-87년)는 로마의 대중연설가이자 장군이며 정치가로, 기원전 102년에 가이우스 마리우스와 함께 집정관에 선출되었다. 그는 마리우스와 술라 간의 정쟁에서 술라 편에 섰다가, 기원전 87년 내전에서 마리우스가 다시 정권을 장악하자 자살했다. 아들 "퀸투스 루타티우스 카툴루스 카피톨리누스"(기원전 약 121-61년)는 기원전 78년, 레피두스와 함께 집정관이 되었다. 그는 술라의 사망 후 반란을 일으킨 레피두스를 진압하여 도성을 지켰고, 이 일로 '카피톨리누스'라는 별칭을 얻었다.

141 "퀸투스 무키우스 스카이볼라 폰티펙스"(기원전 약 140-82년)는 로마 공화정의 정치가이자 로마법의 초기 권위자로, 법학을 체계적인 학문으로 정립한 인물로 평가된다. 그는 자신의 삼촌과 마찬가지로 대신관을 지냈고, 입법과 판례를 수집해 18권으로 체계화한 『시민법』을 썼다. 키케로는 젊은 시절에 그에게서 법률을 공부했으며, 자신의 저서 『연설가론』, 『국가론』, 『우정론』에서 그를 언급했다. "만키아"는 잘못 첨가된 것으로 보인다. 그의 아버지와 삼촌에 관한 내용은 제1권 각주 154를 보라.

142 "푸블리우스 스키피오 나시카"(기원전 2세기)는 로마의 정치가로, 기원전 111년에 집정관이 되었으며, 키케로의 『브루투스』 128에서 그의 재치를 언급한다.

라쿠스의 개혁 시도를 파멸적이라고 규정하여 처벌한 그의 아버지[143]는 철학자들 중에서도 엄격하기로 유명한 크세노크라테스[144]조차 상대가 안 될 정도로 대화할 때 친근함이 없었지만, 바로 그런 개성 덕분에 유명하고 위대했다.

이처럼 인간의 본성과 개성은 천차만별이지만 결코 비난받아서는 안 된다.

110 **31** 사악하지 않은 개인만의 특별한 개성이라면 굳건히 지켜야 한다. 그래야 우리가 지금 논하는 적절함을 유지하기가 더 쉬워진다. 개성을 지킬 때 우리는 인간의 보편적이고 공통된 본성을 거스르는 것이 아니라, 자신만의 고유한 특성을 따르는 것이다. 이를 통해 더 뛰어나고 나은 다른 특성이 있더라도 각자의 본성을 기준으로 자신이 추구할 바를 정할 수 있다. 본성에 맞서 싸우거나 이룰 수 없는 일을 좇는 것은 헛된 일이다. 여기서 적절함의 의미가 더 분명히 드러나는데, 속담처럼 미네르바[145]의 뜻을 거스르면 어떤 것도 적절할 수 없기

---

143 "그의 아버지"는 앞서 언급한 나시카와 동명의 인물이다. 티베리우스 그라쿠스의 농지 개혁은 로마 귀족층, 특히 원로원의 강한 반발을 불러일으켰다. 기원전 133년, 푸블리우스 스키피오 나시카를 비롯한 보수파 원로원 의원들이 그라쿠스의 집회에 난입하여 폭력을 행사했으며, 그라쿠스는 이 과정에서 살해되었다. 이후 그라쿠스와 지지자 약 300명의 시신은 티베르강에 던져졌다.

144 "크세노크라테스"(기원전 약 396-314년)는 칼케돈 출신의 철학자이자 수학자로, 플라톤의 제자다. 기원전 339년에 아카데미아학파의 수장이 되었으며, 플라톤의 가르침을 충실히 따랐다. 그는 수학적 대상과 플라톤의 이데아가 동일하다고 주장했다. 마케도니아의 아테네 지배에 적개심을 품고, "내가 반대한 정치 체제 아래서는 시민이 되고 싶지 않다"며 시민권을 거부했다. 알렉산드로스 대왕이 금 30탈란톤을 보냈으나, 그는 돈은 왕에게 필요하지 철학자에게는 필요 없다며 이를 돌려보냈다고 한다.

145 로마 신화에서 "미네르바"는 그리스 신화의 아테나에 해당하는 여신으로, 지혜, 법률, 전쟁 승리, 기술, 직물, 요리, 교역, 전략 등을 관장한다. 이는 미네르바가 철학적 지혜

때문이다. 즉 본성을 거스르는 것은 적절하지 않다.

적절함이 있다면, 삶 전체와 개별 행동에서의 일관성보다 더 적절 111
한 것은 없다고 본다. 그러나 자신의 본성을 배제하고 다른 사람의 본성을 모방하는 경우에는 그러한 일관성을 유지할 수 없다. 예를 들어, 대화를 할 때는 모국어를 사용해야 한다. 잘 알지도 못하는 그리스어를 고집스럽게 사용하면 비웃음을 사는 것이 당연하다. 마찬가지로 우리의 모든 삶과 행동에서도 앞뒤가 맞지 않는 일이 일어나서는
안 된다. 이러한 본성의 차이는 큰 힘을 지니기 때문에 동일한 상황에 112
서 어떤 사람은 자살할 수밖에 없는 압박감을 느끼지만, 어떤 사람은 그런 압박감을 느끼지 않는다. 마르쿠스 카토가 처했던 상황과 아프리카에서 카이사르에게 항복했던 다른 사람들이 처했던 상황은 결코 다르지 않았다.[146] 그런 상황에서 다른 사람들이 자살했다면 잘못은 그들에게 돌아갔을 것이다. 그들의 삶은 엄격하지 않았고 성품은 유순했기 때문이다. 반면, 카토는 믿기 어려울 정도로 엄격한 본성을 타고났고, 후천적으로도 그런 본성을 강화시켜 영속적이고 변함없게 만

뿐만 아니라 일상생활과 사회의 여러 영역에서 실천적 지혜를 주는 여신임을 나타낸다.

146 "마르쿠스 포르키우스 카토 우티켄시스"(기원전 95-46년)는 로마 공화정 말기의 정치가로, 소 카토라 불린다. 스토아 철학이 제시하는 이상적인 정치가로 살아가겠다고 결심한 그는 도덕적으로 강직한 인물로 유명하다. 기원전 49년 평민파 카이사르가 루비콘강을 건너며 벌족파 폼페이우스 간에 내전이 일어났을 때, 그는 비교적 젊은 나이였고, 집정관을 역임하지는 않았지만 공화정을 옹호하는 벌족파의 중심 인물로 활동했다. 기원전 48년에 폼페이우스가 테살리아의 파르살루스 전투에서 카이사르에게 패하자, 그는 아프리카 속주 우티카에서 다시 세력을 모아 기원전 46년 탑수스 전투에서 카이사르에 맞섰다. 이 전투에서 추종자들은 항복했지만, 그는 항복을 거부하고 연회를 열어 플라톤의 대화편『파이돈』을 읽으며 스스로 목숨을 끊었다.

들어 자신의 신념과 결심을 항상 고수해왔다. 그 때문에 그는 참주[147] 카이사르와 대면하느니 차라리 죽는 편이 낫다고 생각할 수밖에 없었다.

113 울릭세스[148]는 오랜 세월 유랑하는 동안 얼마나 많이 참고 인내했겠느냐! 키르케와 칼립소를 여자라고 할 수 있다면, 그는 여자들의 종노릇을 하며 대화할 때 모두에게 늘 사근사근하고 붙임성 좋으며 공손하게 말하고자 했다. 또한 집에 돌아와서는 원하는 바를 언젠가 이루기 위해 노예들과 하녀들의 모욕까지 참아냈다. 다른 기질을 타고난 아약스[149]가 그런 상황에 처했더라면, 그는 끝까지 참아내지 못하고 그들을 천 번이라도 죽이는 편을 선택했을 것이다.

이러한 점을 고려할 때, 우리는 각자의 고유한 특성을 이해하고 잘

147 "참주"로 번역된 라틴어 티라누스(tyrannus)는 대개 비합법적인 방법으로 정권을 장악하여 군주가 된 자를 의미한다. 아리스토텔레스는 참주정을 군주정이 변질된 정치 체제로 간주했다. 참주는 대중의 지지를 받아 귀족들과 대항하면서 권력을 강화하고 결국 정권을 장악한다. 이 과정에서 대중선동가가 참주로 변해가는 경우가 많으며, 이는 공화정 말기에도 적용되었다.

148 "울릭세스"(Ulixes)는 호메로스의 대서사시 『오디세이아』의 주인공 오디세우스를 가리키는 라틴어 이름이다. 그는 트로이아 전쟁에 참전한 이타카의 왕으로, 10년간의 전쟁 후 귀향길에서 다시 10년을 떠돌며 여러 모험을 한다. 이 과정에서 마녀 키르케의 섬에서 1년을, 요정 칼립소의 섬에서 7년을 보냈다. 그 사이에 이타카의 왕궁에서는 왕위와 왕비를 차지하려는 구혼자들의 횡포가 벌어진다. 마침내 고국에 돌아온 오디세우스는 거지로 변장하여 왕궁으로 들어가 아들과 함께 구혼자들을 처단하고 자신의 지위를 되찾는다.

149 "아약스"(Ajax)는 호메로스의 대서사시 『일리아스』에 등장하는 그리스 연합군의 영웅으로, 살라미스 왕 텔레몬의 아들이다. 그는 대 아이아스라고도 불리며, 그리스 연합군에서 아킬레스 다음으로 용맹한 전사로 묘사된다. 전사한 아킬레우스의 무구를 놓고 오디세우스와 겨루었으나 패하자, 분을 삭이지 못하고 한밤중에 양 떼를 그리스군 장군들로 착각하여 도륙한다. 아침에 정신을 차린 그는 수치심에 사로잡혀 자결한다.

다스려 활용해야 하며, 남의 개성이 자신에게 적합한지 시험해서는 안 된다. 자신만의 고유한 특성일수록 자신에게 가장 알맞기 때문이다.

따라서 각자 타고난 개성을 알고, 자신의 장단점을 정확히 파악해 114
야 한다. 그렇지 않으면 우리의 실천적 지혜는 무대 위 배우들만도 못
하게 될 것이다. 배우들은 가장 훌륭한 극이 아니라 자신에게 가장 잘
맞는 극을 선택하여 무대에 오르기 때문이다. 목소리가 장점인 배우
들은 『에피고니』나 『메디아』 같은 비극을 선택하고, 연기가 뛰어난 배
우들은 『멜라니페』나 『클리템네스트라』 같은 비극을 선택한다. 내가
기억하기로 루필리우스는 항상 『안티오페』에 출연하고, 아이소푸스는
『아야스』에는 자주 출연하지 않았다.[150] 배우들조차 자신에게 맞는 역
할을 아는데,[151] 하물며 현자가 삶 속에서 그런 것을 모르겠느냐?

각자 자신에게 가장 적합한 일이 무엇인지 알고, 그 일을 하는 데 모든 힘을 쏟아야 한다. 그러나 때로는 타고난 개성[152]에 적합하지 않

---

150 『에피고니』는 테베를 공략한 7장군의 아들들이 벌인 제2차 테베 공략을 다룬 작품이다. 로마의 비극시인 루키우스 아키우스가 그리스 에우리피데스의 비극을 번안한 것으로 보인다. 『클리템네스트라』 역시 아키우스의 작품으로, 트로이아 전쟁의 그리스 연합군 총사령관이자 미케네 왕인 아가멤논이 왕비와 그녀의 정부에 의해 살해당한 후, 그의 아들에게 복수를 당하는 이야기다. 『메디아』와 『안티오페』는 로마 최고의 비극시인으로 여겨진 마르쿠스 파쿠비우스의 작품이다. 『멜라니페』와 『아약스』는 고대 로마 초기의 시인이자 극작가 엔니우스의 비극이다. 전자는 아이올로스의 딸 멜라니페가 복수와 정의를 위해 싸우다 비극적 결말을 맞는 이야기이며, 후자는 트로이아 전쟁의 그리스 연합군 영웅 대 아이아스를 다룬다.

151 "루필리우스"(기원전 1세기)는 여기서만 언급된 로마의 배우다. 같은 시기의 가장 유명한 비극 배우로는 "아이소푸스"(기원전 1세기)가 있었으며, 희극 배우로는 로스키우스(기원전 약 126-62년)가 유명했다. 이 두 사람은 키케로와 교류가 있었다고 전해진다. 특히 아이소푸스는 장중한 동작과 표정 연기로 높은 평가를 받았다.

152 "타고난 개성"으로 번역된 라틴어는 인게니움(ingenium)이다. 일반적으로 '본성'을 나

은 일을 어쩔 수 없이 맡게 되더라도 최선을 다해 그 일을 수행해야 한다. 비록 그 일이 적절하지 않더라도 그 가운데서 우리의 부적절함이 되도록 최소화될 수 있게 말이다. 이런 경우에는 타고나지 못한 장점을 추구하기보다는 단점을 피하려는 노력이 필요하다.

115 **32** 앞서 말한 두 가지 역할[153] 외에도 또 다른 역할들이 있다. 세 번째 역할은 어떤 우연이나 상황에 따라 주어지며, 네 번째 역할은 자신의 판단에 따라 선택하게 된다. 왕이나 군대 사령관, 귀족의 지위, 공직, 부, 권력 그리고 이와 반대되는 것들은 우연이나 상황에 따라 주어지지만, 우리가 선택하는 역할은 우리의 자유로운 의지로 시작된다. 그래서 철학에 매진하는 사람이 있는가 하면, 어떤 사람은 시민법 연구에, 또 어떤 사람은 대중연설에 전념한다. 이와 마찬가지로 미덕의 종류도 사람마다 선호가 다르다.

116 실제로 아버지나 조상이 특정 분야에서 뛰어나 명성을 얻은 경우, 자녀나 후손들도 그 분야에서 뛰어나다는 평가를 받기 위해 노력하는 경우가 많다. 예를 들어, 시민법 분야에서는 푸블리우스 무키우스의 아들 퀸투스 무키우스가,[154] 군사 분야에서는 파울루스의 아들 아프리

타낼 때는 나투라(natura)가 쓰이는데, 두 단어 모두 어원상 "선천적으로 타고난 것"을 의미한다. '인게니움'에는 개인의 특성, 특징, 특별한 성격과 재능 등이 포함된다. 그러나 개성도 결국 한 개인의 본성에 속한다는 점에서, 키케로는 이 문단에서 '적절함'을 가리키는 명사 데코룸(decorum)과 관련된 형용사 데코리스(decoris)와 인데코리스(indecoris)를 사용한다.

153 앞서 키케로는 "자연이 우리에게 두 가지 역할을 부여했음을 알아야 한다. 하나는 모든 인간에게 공통된 역할로, 우리 모두가 탁월한 이성을 가지고 있다는 사실에서 비롯된다. … 반면, 다른 하나는 개개인에게 고유하게 부여된 역할이다"(107단락)라고 썼다.

154 "퀸투스 무키우스 스카이볼라 폰티펙스"(기원전 140-82년)는 제1권 각주 141를 보라.

카누스가 그랬다.[155] 아버지의 업적으로 얻은 명성에 자신만의 성과를 더한 사람들도 있다. 앞서 언급한 아프리카누스는 아버지가 세운 전공으로 얻은 명성에 대중연설가로서 자신의 명성을 더했다.[156] 코논의 아들 티모테오스 역시 아버지 못지않은 전공을 세워 찬사를 받았으며, 학식과 지성으로 얻은 명성을 더했다.[157] 그러나 선조들의 길을 따르지 않고, 오히려 자신이 원하는 길을 걸어가 크게 성공한 사람들도 종종 있다. 이런 사람들은 대개 미천한 가문에서 태어났지만, 위대한 목표를 세우고 각고의 노력 끝에 그 목표를 이루어낸 자들이다.[158]

"푸블리우스 무키우스 스카이볼라"(기원전 약 176-115년)는 기원전 133년에 집정관을 지낸 로마의 뛰어난 정치가이자 법률가로, 대신관으로도 16년 동안 재임했다. 이 책에서 키케로는 "푸블리우스 무키우스"를 "퀸투스 무키우스"의 아버지로 말하고 있지만, 실제로는 삼촌이다. 아버지 퀸투스 무키우스 스카이볼라 아우구르(기원전 약 169-88년)도 기원전 117년에 집정관을 지낸 로마 공화정의 정치가이자 로마법의 초기 권위자였다.

155 "루키우스 아이밀리우스 파울루스 마케도니쿠스"(기원전 약 229-160년)는 집정관을 두 번 역임한 로마의 장군으로, 제3차 마케도니아 전쟁에서 마케도니아의 페르세우스 왕을 포로로 잡고 전쟁을 종결지었다. 그의 업적과 명성은 아들인 소 아프리카누스의 경력에도 큰 영향을 미쳤다.

156 여기서 "아프리카누스"로 지칭한 푸블리우스 코르넬리우스 스키피오 아이밀리아누스(소 아프리카누스)는 저술가들과 철학자들의 열렬한 후원자로, 모든 학문을 숭상했다. 그는 당대의 저명한 역사가 폴리비오스와 스토아학파의 지도자 파나이티오스와 집에서든 야전에서든 끊임없이 교류했다. 그에 대한 더 자세한 내용은 제1권 각주 101을 보라.

157 "티모테오스"(기원전 4세기 말-354년)는 아테네의 장군이자 정치가로, 기원전 378-356년에 테베를 지원하여 스파르타와 전투를 벌였으며, 동맹시 전쟁에서도 활약했다. 그의 아버지 "코논"(기원전 약 443-389년)은 아테네의 제독으로, 펠로폰네소스 전쟁 중 아이고스포타모이 해전에서 스파르타 해군에게 패했으나, 코린토스 전쟁에서는 코린토스, 테베와 함께 반스파르타 동맹을 결성하여 스파르타와의 전투에서 중요한 역할을 했다.

158 키케로도 사실 이러한 경우에 해당했다. 그는 로마에서 남동쪽으로 약 120킬로미터 떨어진 아르피눔 출신이었다. 아르피눔은 볼스키인의 땅으로, 기원전 305년에 로마에게 정복된 후 투표권이 없는 시민권을 지닌 2등 시민들의 도시로 남았다. 그러나 기원전 188년에 투표권을 획득했고, 기원전 88년에는 자치도시로 승격되었다. 아르피눔 출신

117 그러므로 무엇이 적절한지를 찾고자 할 때는 이 모든 것을 빠짐없이 심사숙고해야 한다. 특히 우리가 어떤 사람이 되고, 어떤 삶을 살고자 하는지를 분명히 정해야 한다. 하지만 이를 숙고하여 결정하는 것은 세상에서 가장 어려운 일이다. 판단력이 가장 약한 청년기에 들어서자마자 자신이 무엇을 가장 좋아하고 평생 무엇에 헌신할지를 결정해야 하기 때문이다. 무엇이 자신에게 최선인지 판단하는 능력을 갖추기도 전에 인생의 진로를 정하고, 그 결정에 매달려 평생을 살아야 하는 것이다.

118 크세노폰[159]의 글에 등장하는 프로디코스[160]가 들려주는 이야기에 따르면, 헤르쿨레스는 청년기에, 즉 각자가 어떤 삶을 살아갈지 자연이 선택하도록 정해둔 나이에 이르자 먼저 인적이 드문 곳으로 가서 홀로 앉아 온종일 고민했다. 그러다가 쾌락과 미덕이라는 두 가지 길

들은 주변인이라는 정체성을 갖고 있었고, 로마의 정치가들은 자치도시 출신의 정치가를 '정치 신인'(novus homo, '노부스 호모')이라 부르며 멸시했다. 실제로 이들에게 집정관직을 맡을 수 없게 하는 제약을 두기도 했다.

159 "크세노폰"(기원전 약 428-354년)은 용병 가문 출신의 용병대장이자 저술가로, 소크라테스의 제자였다. 그는 페르시아 왕 아르타크세르크세스의 아우 키루스가 왕좌를 차지하기 위해 반란을 일으켰을 때, 많은 그리스인 용병들을 이끌고 기원전 401년에 페르시아로 건너가 싸웠으나 패배했다. 이후 1만 명의 그리스 용병대와 함께 눈 덮인 아르메니아 산맥을 지나며 온갖 고초를 겪은 끝에 2년 만에 귀환했다. 이 경험을 수기로 쓴 것이 『아나바시스』다. 또 다른 주요 저서로는 『키루스의 교육』과 『소크라테스의 추억』 등이 있다.

160 "프로디코스"(기원전 약 465-395년)는 소크라테스와 같은 시대에 활동한 키오스섬 출신의 제1세대 소피스트다. 그는 "헤라클레스의 선택"이라는 우화로 유명하며, 크세노폰의 『소크라테스의 추억』에서 언급된다. 플라톤은 다른 소피스트들을 대할 때와는 달리 프로디코스를 존중했고, 그는 플라톤의 여러 대화편에서 소크라테스의 친구로 등장한다.

이 있음을 깨닫고, 어느 길을 갈 것인지 결정했다고 한다.[161] 헤르쿨레스는 '유피테르의 자손'이었으니 그렇게 할 수 있었지만 우리는 그렇지 않다. 우리는 주로 눈앞에 있는 사람들을 모방하고, 그들이 해온 대로 따라갈 수밖에 없다. 대부분은 익숙한 부모의 습관과 태도를 따라하게 되며, 어떤 이들은 다수의 의견이나 생각에 휩쓸리는 성향이 있어 대다수가 가장 좋다고 여기는 것을 하고 싶어 한다. 하지만 운이 좋거나 본성이 선한 덕분에 부모의 가르침이나 훈육 없이도 인생의 올바른 길을 걸어간 사람도 없지는 않다.

33 위대하고 탁월한 재능을 지녔거나 뛰어난 학식과 배움을 갖춘 119
사람, 혹은 이 두 가지를 모두 갖춘 동시에 인생에서 어떤 진로가 가장 좋을지 심사숙고할 여유까지 있는 사람은 극히 드물다. 그렇더라도 이러한 숙고를 할 때는 자신의 본성에 따라 모든 판단을 내려야 한다. 앞서 언급했듯이 첫째로, 우리의 모든 행동에 관련된 적절함은 각자가 타고난 본성에서만 찾을 수 있기 때문이다. 둘째로, 인생 전체에 걸친 결정을 할 때는 일생 동안 자신에게 충실하여 어떤 의무든 흔들림 없이 수행하는 데 훨씬 더 주의를 기울여야 하기 때문이다.

인생의 진로를 선택할 때 가장 중요한 것은 본성이며, 그다음이 운 120
이다. 따라서 어떤 삶을 살 것인지 선택할 때는 본성과 운을 모두 고려

161 "헤르쿨레스"는 그리스 신화의 헤라클레스를 말한다. 헤라클레스는 유피테르(제우스)가 페르세우스의 후손인 알크메네와 결합하여 낳은 아들로, 유노(헤라) 여신의 집요한 박해를 받으면서도 열두 과업을 수행하여 그리스 최고의 영웅으로 자리매김한다. 『소크라테스의 추억』에서, 청년 헤라클레스가 장래를 고민할 때, 미덕의 화신 아레테와 악덕의 화신 카키아가 그의 앞에 나타나 자신을 선택했을 때 어떤 장점들이 있는지를 제시한다. 소크라테스는 프로디코스가 이 우화를 지어냈다고 설명한다.

해야 하지만, 그중에서도 본성을 더 중시해야 한다. 본성은 운보다 더 확고하고 변함없다는 점에서 필멸하는 것과 불멸하는 것 사이의 싸움과도 같다. 그러므로 선한 본성에 따라 인생의 전반적인 계획을 세운 사람은 그렇게 사는 것이 가장 적절하므로, 어떤 삶을 선택할 때 잘못된 점이 명백히 드러나지 않는 한 그 계획을 일관되게 유지해야 한다.

그러나 어떤 삶을 살지 선택할 때 우리는 잘못된 결정을 내릴 수 있으며, 그런 경우에는 인생의 계획과 삶의 방식을 바꾸어야 한다. 여건이 좋다면 더 쉽게, 더 편하게 바꿀 수 있지만, 상황이 여의치 않을 때는 단계를 밟아 서서히 변화해야 한다. 현자들은 우정이 더 이상 즐겁거나 유익하지 않을 때, 갑자기 관계를 끊기보다는 조금씩 멀리하
121 는 것이 더 적절하다고 조언한다. 일단 삶의 방식을 완전히 바꾸기로 결심했다면, 반드시 훌륭한 계획에 따라 변화가 이루어지도록 노력해야 한다.

앞서 인생의 진로를 선택할 때 선조들을 본받아야 한다고 말했지만 몇 가지 예외가 있다. 첫째, 선조들의 과오를 본받아서는 안 된다. 둘째, 자신의 본성에 맞지 않는 것은 억지로 본받으려 할 필요가 없다. 예를 들어, 파울루스의 아들을 양자로 들여 소 아프리카누스로 삼은 대 아프리카누스의 아들은 병약했기 때문에 아버지가 조부를 본받은 것처럼 그 역시 아버지를 본받을 수 없었다. 따라서 법정에서 변론을 하거나 집회에서 연설로 대중을 사로잡거나 전쟁을 수행할 능력이 없는 사람은 정의, 신의, 후한 나눔, 중용, 절제와 같이 자신의 능력으로 할 수 있는 일을 통해 결점을 어느 정도 가려야 한다. 반면, 선조들이 쌓은 미덕과 업적에서 얻은 명성은 대대로 전해지는 가장 소중한 최고

의 유산이므로 이를 욕되게 하는 것은 불경이며 수치로 여겨야 한다.

34 인생의 각 시기마다 의무는 다르기 때문에 젊은 사람들의 의무 122
와 나이든 사람들의 의무가 서로 같지 않다. 그러니 이러한 구분에 대해서도 몇 마디 덧붙여야 하겠구나.

젊은이들의 의무는 연장자를 공경하고, 그중에서도 가장 훌륭하고 존경받는 사람을 찾아가 조언을 듣고 본받는 것이다. 이제 막 성인이 된 젊은이들은 경험이 부족하기 때문에 나이든 사람들이 지닌 삶의 지혜를 통해 미숙함을 보완해야 한다. 특히 젊은이들은 정욕을 억제하고, 군사적 의무와 시민의 의무를 충실히 수행할 수 있도록 힘들고 고된 훈련으로 몸과 마음을 강인하게 단련해야 한다. 여가를 즐길 때도 절제하며 수치스러운 행동을 하지 않도록 유념해야 한다. 만약 젊은이들이 자신의 놀이 자리에 연장자가 함께하는 것을 꺼리지 않는다면, 이러한 문제는 더 쉽게 해결될 것이다.

반면, 나이든 사람들은 육체적으로 고된 일은 줄어들지만 정신 활 123
동은 도리어 늘어나는 것 같다. 그들은 삶의 지혜와 조언으로 친구들과 젊은이들, 특히 국가에 최대한 도움을 주고자 노력해야 한다. 나이든 사람들은 무기력에 빠져 아무것도 하지 않으려는 태도를 가장 경계해야 한다. 사치는 나이에 상관없이 부정적인 것이지만, 특히 노년의 사치가 가장 역겹다. 여기에 무절제한 정욕까지 더해진다면 그 악은 두 배가 된다. 이는 단순히 나이든 사람들만 욕되게 하는 것이 아니라 젊은 사람들 역시 무절제한 행동을 하고도 부끄러워할 줄 모르게 만들기 때문이다.

여기서 공직자와 사인(私人), 시민, 외국인의 의무에 대해 말해도 이 124

상하지 않겠구나.

공직자의 고유한 의무는 자신이 국가를 대표하는 사람임을 알고서 위엄과 품위를 유지하며, 법을 수호하고 집행하는 것이다. 그리고 이 모든 것을 신의에 따라 수행하도록 위임받았음을 명심해야 한다.

사인의 의무는 첫째로는 모든 시민과 대등하고 평등한 관계 속에서 사는 것이다. 다른 사람에게 예속되거나 굴종하지 않고, 다른 사람을 예속시키거나 굴종하게 만들어서도 안 된다. 둘째로는 국가와 관련해 언제나 평화롭고 도덕적으로 올바른 것이 유지되기를 바라야 한다. 일반적으로 우리는 그러한 사람을 선량한 시민이라 생각하고, 그렇게 말하기 때문이다.

125 외국인과 거류민[162]의 의무는 오직 자기 일에 전념하고, 다른 사람의 일에 간섭하거나 남의 나라 일에 아예 관심을 갖지 않는 것이다.

이로써 각자의 역할, 상황, 나이에 따른 의무에 대해 의문이 생길 때 무엇이 적절하고 합당한지 충분히 알 수 있을 것이다. 그러나 어떤 일을 하든 계획을 세워 일관성 있게 실행해나가는 것보다 더 적절한 것은 없다.

126 **35** 적절함은 모든 말과 행동, 몸의 움직임이나 가만히 있음을 통해 드러난다. 여기서 적절함은 아름다움, 질서, 장식[163]이라는 세 가지 요

---

162 "외국인"으로 번역된 페레그리누스(peregrinus)는 외국에서 살거나 로마에 잠시 머무는 외국인을 의미한다. 반면, "거류민"으로 번역된 인콜라(incola)는 로마에 거주하지만 시민권은 없는 외국인을 지칭하며, 이들에게는 세금 납부의 의무가 있었다.

163 "아름다움"(formositas, '포르모시타스')은 외모와 같이 아름다운 형태에서 가시적으로 드러나는 품격을 의미한다. "질서"(ordo, '오르도')는 말이나 행동이 절도와 이치에 맞고, 조리 있는 배열과 정리정돈에서 드러나는 품격을 의미한다. "장식"(ornatus, '오르

소로 이루어진다. 이 세 가지 요소는 말로 표현하기는 어렵지만 충분히 알 수 있단다. 여기에는 우리와 함께 살아가는 사람들에게 인정을 받고자 하는 욕구도 포함된다. 그러니 이에 대해서도 조금 더 말을 해 보아야 할 것 같구나.

자연은 애초에 우리의 신체를 정성을 다해 만든 것처럼 보인다. 얼굴을 비롯해 우아하고 아름답게 보이는 부분은 드러나도록 했지만, 생리 작용에는 필수적이어도 보기 흉하고 추한 부분은 덮거나 감추
어 보이지 않도록 했기 때문이다. 이러한 자연의 세심한 배려에 부응 127
하는 것이 바로 인간의 염치[164]다. 정신이 온전한 사람이라면 누구라도 자연이 감춘 것을 눈에서 멀리하고, 생리적 활동을 가장 은밀하게 처리하지 않겠느냐. 우리는 생리 작용을 하는 신체 부위나 그 기능을 직설적으로 언급하지 않으며, 그런 행위를 은밀히 처리하기만 한다면 그것을 추한 행동이라 여기지 않는다. 하지만 그런 행위를 공공연히 말하는 것은 저속한 일이다. 따라서 저속함을 피하려면 그런 행위를 공공연히 행하거나 언급해서는 안 된다.

견유학파 철학자들[165]이나 스토아학파 철학자들 중에서도 견유학 128

나투스')은 우아하고 품위 있게 옷을 입는 등의 장식과 꾸밈을 통해 나타나는 품격을 의미한다.

164 이 책에서는 라틴어 원문의 베레쿤디아(verecundia)를 일관되게 "염치"로 번역했다. '염치'는 체면을 지키고 부끄러움을 아는 성정을 의미하는 미덕인 반면, '수치심'은 단순히 수치를 느끼는 감정을 의미하며 그 자체에 미덕의 속성이 없다. 모욕을 당했을 때 느끼는 수치심은 자존심이 상해 일어나는 감정일 뿐이며, 도덕적으로 추한 행동을 했을 때 느끼는 염치와는 구별된다.

165 "견유학파"(Cynicus, '키니쿠스')는 고대 그리스에서 기원전 5세기경 소크라테스의 제자 안티스테네스가 창시한 철학 학파다. 그는 쾌락을 기만적으로 보았으며, 극기와

파와 비슷한 태도를 가진 이들은, 우리가 도덕적으로 추하지 않은 행위에 대해 언급하는 것을 부끄럽게 여기면서도, 정작 저속한 행위에 대해 직설적으로 말하는 태도를 비난하고 조롱한다. 그러나 그런 비판에 귀 기울일 필요는 없다. 예컨대, 강도, 사기, 간통과 같은 행위는 본질적으로 추악하지만, 그것에 대해 논의하는 것은 저속하지 않다. 반면, 아이를 낳는 것은 도덕적으로 아무 문제가 없는 올바른 행위임에도, 그 행위를 직설적으로 언급하는 것은 저속하다고 여겨진다. 그런데도 그들은 동일한 취지의 다른 많은 논거를 제시하며, 우리가 말하는 염치라는 미덕을 반박하고 비난하는구나. 그러나 우리는 자연과 본성에 따라 눈과 귀에 거슬리고 혐오스러운 모든 것을 피해야 한다. 또한 서기, 걷기, 앉기, 기대기, 표정, 시선, 손짓에서 적절함[166]을 유지해야 한다.

129 이와 관련해 두 가지 극단을 피해야 하는데, 첫째는 여자처럼 유약한 것이고, 둘째는 거칠고 상스러운 것이다. 이러한 원칙이 단지 배우나 대중연설가에게만 적용되고 일반인과는 상관없다고 생각해서는 안 된다. 배우들은 오랜 훈련을 통해 염치가 몸에 배어 있어 아무

금욕을 통한 미덕의 삶이 가장 행복하다고 주장했다. 이러한 철학은 사회의 관습과 제도를 무시하는 삶으로 이어졌고, 이로 인해 '냉소주의'(cynicism)라는 용어가 생겼다. 견유학파의 대표적 인물인 시노페의 디오게네스는 나무통에 기거하며 걸식으로 살아가고, 금욕하며 자족하는 반문명적인 삶을 살았다. 그는 자신을 모욕하는 자들에게 오줌을 누고, 극장 관람석에서 대변을 보며, 사람들 앞에서 공공연히 외설적인 몸짓을 했다고 전해진다. 이렇듯 어떤 것이 추한 행위인지에 대해 견유학파 철학자들과 키케로의 입장은 정반대였기 때문에, 키케로는 그들의 비난을 무시하라고 권고한다.

166 "적절함"(decorum, '데코룸')은 도덕적 올바름 및 자연과 본성에 부합하는 것에서 생겨나는 어울림과 품격이다. 제1권 각주 120을 보라.

도 하체를 가리는 천[167]을 허리에 두르지 않고는 무대에 오르지 않는다. 이는 실수로라도 신체의 치부가 드러날까 봐 두려워하기 때문이다. 또한 로마에서는 장성한 아들과 아버지, 사위와 장인이 함께 목욕하지 않는 것이 관습이다. 무엇보다 우리의 선생이자 인도자인 자연과 본성이 가르치는 바에 따라 우리는 이러한 염치를 유지해야 한다.

36 아름다움에는 두 종류가 있다. 하나는 사랑스럽고 매력적이며 130
우아한 것이고, 다른 하나는 위풍당당한 것이다.[168] 전자의 아름다움은 여성이 지닌 미이며, 후자의 아름다움은 남성이 지닌 미로 보아야 한다. 따라서 남성은 위엄에 어울리지 않는 장식은 일절 피하고, 몸짓과 행동에서도 이러한 잘못을 저지르지 않도록 주의해야 한다. 예를 들어, 체육관에서 하는 행동이 혐오스러운 경우가 흔하고, 무대 위에서 하는 배우의 몸짓도 볼썽사나운 경우가 없지 않은데, 이 두 경우 모두 바르고 단순한 행동과 몸짓이 칭찬을 받는다. 남성의 위풍당당함은 훌륭한 외모와 풍채를 통해 드러나는데, 이를 위해서는 신체를 단련하고 단정한 태도를 유지해야 한다. 지나치게 깔끔하여 오히려 혐오감을 주어서는 안 된다. 다만 외모에 지나치게 무심하여 투박하거나 야만스럽게 보이지 않을 정도면 충분하다. 이러한 원칙은 옷을 입을

---

167 "하체를 가리는 천"으로 번역된 수블리가쿨룸(subligaculum)은 고대 로마에서 주로 남성들이 착용했던 속옷으로, 허리에 두르고 끈으로 매어 고정시켰던 천을 의미한다.

168 여기서 "아름다움"으로 번역한 라틴어는 풀크리투도(pulchritudo)다. 앞서 126단락에서 "아름다움"으로 번역한 '포르모시타스', 즉 외적이고 가시적 형태를 갖춘 아름다움에서 도출되는 추상적인 미를 가리킨다. "사랑스럽고 매력적이며 우아한 것"은 원문에서 베누스타스(venustas)로 표현된다. "위풍당당함"으로 번역한 디그니타스(dignitas)는 권위와 위엄, 존엄을 갖춘 것을 의미한다.

때도 적용되어야 하며, 대부분의 일에서 그렇듯이 지나침과 부족함을 피하는 것이 최선이다.

131 사람의 걸음걸이는 축제 행렬처럼 흐느적거리거나 느릿해서는 안 되며, 급하다고 지나치게 빠르게 걸어도 안 된다. 급하게 걸으면 숨이 가빠져 안색이 변하고 표정이 일그러지기 때문이다. 이는 평정심을 잃었음을 나타내는 분명한 증거다. 더욱 노력해야 할 것이 있으니, 정신 활동이 자연과 본성에서 벗어나지 않도록 하는 것이다. 이를 위해 정신적 혼란이나 공포에 빠지지 않도록 조심하고, 정신을 바짝 차려 적절함을 유지해야 한다.

132 정신 활동에는 두 가지가 있다. 하나는 사유이며, 다른 하나는 욕망이다. 사유는 진리를 탐구하는 데 사용되며, 욕망은 행동을 촉발한다. 그러므로 사유는 최고의 것을 탐구하는 데 사용해야 하며, 욕망은 이성의 통제 아래 두어야 한다는 점을 유념해야 한다.

37 말에는 강력한 힘이 깃들어 있으며, 이는 주로 두 갈래로 나타난다. 논쟁과 대화가 그것이다. 논쟁은 법정과 대중 집회, 원로원의 토론장에서 펼쳐지고, 대화는 사적인 모임과 토론, 친구들과의 만남, 그리고 자연스레 식사나 연회 자리에서도 이어진다. 논쟁과 관련해서는 수사학자들이 정해놓은 원칙이 있다. 하지만 대화와 관련해서는 그런 원칙이 없는데, 그 이유를 알 수 없구나. 배우려는 사람이 있으면 가르치는 사람도 생기기 마련인데 대화법을 배우려는 사람은 아무도 없고, 수사학자들 주변에만 사람들이 모여드는 것 같다. 그러나 말과 문장 사용에 적용되는 원칙은 대화에도 그대로 적용된다.

133 우리는 목소리를 통해 말을 하기 때문에 목소리에서 두 가지를 추

구해야 한다. 하나는 알아듣기 쉬운 소리이고, 다른 하나는 듣기 좋은 소리다. 물론 이 둘은 모두 자연이 주는 것이지만, 전자는 훈련을 통해 나아질 수 있고, 후자는 부드럽고 온화하게 말하는 사람을 모방함으로써 향상될 수 있다.

카툴루스 부자[169]는 학식이 있었지만, 문학적 소양을 갖추었다고 할 만한 면모를 보여주지는 못했다. 이는 다른 사람들도 마찬가지였다. 그러나 카툴루스 부자는 라틴어를 아주 능숙하게 구사한다는 평을 받았다. 그의 발성은 감미로웠고, 사용하는 단어들은 직설적이지 않으면서도 명확했으며, 불필요한 꾸밈도 없었다. 목소리는 긴장되지 않았으나 힘이 부족하지 않고, 지나치게 날카롭지도 않았다. 루키우스 크라수스가 더 유창하고 재치 있게 말했음에도, 카툴루스 부자의 화술은 그에 못지않은 명성을 얻었다. 아버지 카툴루스의 동생 카이사르[170]는 재치 있는 말로 모든 사람을 능가했고, 법정에서 사람들의 변론을 일상적 대화체로 물리치곤 했다.

따라서 모든 면에서 적절함을 추구하고자 한다면, 이 모든 것에 많은 노력을 기울여야 한다.

대화는 유순하고 독선적이지 않으며 재치가 있어야 한다. 이 점에 134
서는 소크라테스의 제자들이 가장 뛰어났다. 또한 대화를 독점하여 타인의 참여를 가로막아서는 안 되며, 대화에서도 다른 일들과 마찬

169 "카툴루스 부자"는 제1권 각주 140을 보라.

170 여기서 "카이사르"는 가이우스 율리우스 카이사르 스트라보 보피스쿠스를 말한다. 제1권 각주 135를 보라. 키케로는 『연설가론』에서 그를 재치와 유머가 있는 인물로 묘사하며, 그가 연설에서 유머가 중요한 이유를 설명하는 장면을 포함시켰다.

가지로 서로 주고받는 균형이 필요하다. 우선 대화의 주제를 파악해야 한다. 중요한 일을 다루는 대화에는 진지하게 임하고, 농담하며 웃고 즐기는 대화에는 재치를 발휘해야 한다. 대화를 할 때는 성품의 결점이 드러나지 않도록 각별히 유의해야 하는데, 그런 결점은 농담이든 진담이든 악의적인 비방으로 그 자리에 없는 사람의 명예를 실추시키려 할 때 가장 잘 드러난다.

135 대화의 주제는 대체로 가정 문제나 정치, 기술, 학문이다. 따라서 대화가 원래의 주제에서 벗어나 다른 주제로 넘어가기 시작하면 원래의 주제로 되돌리도록 해야 한다. 모든 사람이 모든 주제에 항상 같은 관심을 보이지는 않기 때문이다. 대화를 어떻게 시작하는지도 중요하지만, 사람들이 대화를 얼마나 즐기고 있는지 살펴서 적절한 시점에 대화를 끝내는 것도 중요하다.

136 **38** 정신이 혼란스러울 때, 즉 감정을 이성으로 다스리지 못하는 상태에서는 어떤 일도, 대화도 삼가야 한다. 따라서 대화 중에는 분노나 욕망을 드러내지 말아야 하며, 지루해하거나 무관심한 태도, 또는 그와 유사한 감정을 보여서는 안 된다. 무엇보다 대화 상대를 존중하고 소중히 여기는 태도를 보여야 한다.

대화를 하다 보면 상대를 책망해야 할 때도 있다. 이런 경우에는 평소보다 목소리를 높여 엄하고 따끔하게 말하며 화난 모습을 보일 수 있다. 그러나 이런 책망은 마치 뜸을 뜨거나 상처를 도려내는 수술처럼 어쩔 수 없는 경우에만 드물게 해야 하며, 다른 방법으로 바로잡을 수 없을 때에만 사용해야 한다. 책망할 때는 진정으로 분노하지 말고, 다만 화가 난 것처럼 보이기만 해야 한다. 진정으로 분노하면 어떤 일

도 바르고 사려 깊게 할 수 없기 때문이다. 책망할 때는 대부분 온화 137
하면서도 엄격해야 하지만, 엄격함을 빙자하여 상대를 모욕해서는 안 된다. 심한 책망조차 그것이 상대를 위한 것임을 보여주어야 한다.

가장 적대적인 사람들과 논쟁을 벌일 때조차, 설령 모욕적인 말을 듣는다 하더라도 위엄을 잃지 않고 분노하지 않는 것이 바람직하다. 정신이 혼란한 상태에서는 일관되게 행동할 수 없을 뿐만 아니라, 그 자리에 있는 사람들에게 옳다고 인정받을 수도 없기 때문이다.

또한 듣는 이들이 비웃고 있는데도, 자신의 전공을 부풀려 자랑하는 병사[171]처럼 자기자랑을 늘어놓는 것은, 특히 그것이 거짓일 경우 더욱 꼴불견이다.

39 우리는 지금까지 의무와 적절함에 관한 모든 것을 차례로 다루 138
고 있으며, 적어도 그렇게 하려고 한다. 따라서 국가의 주요 공직자의 집이 어떠해야 하는지에 대해서도 논의할 필요가 있다. 집은 용도에 맞게 사용하기 위해 존재한다. 그러므로 집을 지을 때는 용도에 맞게 지어야 하며, 아울러 편리함과 위엄도 갖추도록 신경 써야 한다.

알다시피 그나이우스 옥타비우스[172]는 그의 가문에서 처음으로 집

171 "자신의 전공을 부풀려 자랑하는 병사"(miles gloriosus, '밀레스 글로리오수스')는 고대 그리스의 희극에서 세 가지 전형적 인물 중 하나인 허풍이 심하고 말 많은 '알라존'에 해당한다. '밀레스 글로리오수스'는 특히 고대 로마의 희극에서 자주 사용되었다. 또 다른 유형의 알라존은 '화난 늙은 아버지'(senex iratus, '세넥스 이라투스')로, 주로 사회적 지위와 부를 지닌 아버지로 등장하여 남녀 주인공의 사랑을 방해하는 역할을 한다.

172 "그나이우스 옥타비우스"(기원전 2세기)는 로마의 장군이자 정치가로, 제3차 마케도니아 전쟁 중인 168년에 정무관으로서 로마 함대를 지휘했다. 당시 로마군에 패배해 도주하던 마케도니아의 페르세우스왕을 포로로 잡는 큰 공을 세웠다. 이 전공으로 얻은 노획물로 로마의 일곱 언덕 중 하나인 팔라티움에 대저택을 지었고, 이로 인해 사회적

정관이 된 인물로, 팔라티움에 위엄이 넘치는 웅장한 저택을 지어 유명해졌다. 많은 사람이 저택을 구경하러 왔고, 그 일이 정치 신인이었던 그가 집정관으로 선출되는 데 도움이 되었다고 전해진다. 나중에 스카우루스[173]는 그 저택을 사서 헐고, 그 자리에 자신의 저택 별관을 지었다. 옥타비우스는 그 저택 덕분에 가문 최초로 집정관에 올랐지만, 당시에 가장 지위가 높고 명망 있는 사람의 아들이었던 스카우루스는 그 저택을 헐고 별관을 지은 탓에 집정관 선거에서 낙선했을 뿐만 아니라 망신을 당하고 큰 손해를 입었다.

139 집은 그 주인에게 위엄을 줄 수 있지만, 그저 집에 기대어 위엄을 얻으려 해서는 안 된다. 집 덕분에 주인이 유명해지는 것이 아니라 주인 덕분에 집이 유명해져야 한다는 말이다. 다른 모든 일에서 자기 자신뿐만 아니라 다른 이들을 배려해야 하는 것처럼, 유명인의 집은 많은 손님을 맞이하고 각계각층이 드나드는 곳이므로 넓어야 한다는 점도 유념해야 한다. 그러나 집은 크지만 손님이 없어 고적하다면, 집주인의 위엄은 쉽게 손상될 수 있다. 특히 이전 주인이 살고 있을 때 많은 손님이 드나들었다면 더욱 그렇다. 지나가는 사람들이 "유서 깊은 집이여, 지금의 주인은 너와 어울리지 않는구나"라고 말하는 것을

지위와 명성이 높아져 기원전 165년에 집정관으로 선출되었다. 그는 자신의 가문에서 처음으로 원로원에 입성한 '정치 신인'(novus homo, '노부스 호모')이었다.

173 "마르쿠스 아이밀리우스 스카우루스"(기원전 1세기)는 로마의 정치가로, 조영관과 정무관을 역임했으며, 기원전 53년에 집정관직에 출마했으나 낙선했다. 이후 뇌물 혐의로 유죄 판결을 받고 국외로 추방되었다. 같은 이름을 가진 그의 아버지는 기원전 115년에 집정관을 지낸 후, 기원전 89년경 사망할 때까지 원로원의 주요 지도자로 활동했다(제1권 각주 97을 보라).

들으면 화가 날 테지만, 사실 그런 말을 들을 만한 집들이 지금도 수두룩하다.

특히 직접 자기 집을 지을 때는 지나치게 화려하게 짓느라 과도한 140
지출을 하지 않도록 유의해야 한다. 그런 식으로 집을 지으면, 그것이 하나의 본보기가 되어 많은 폐해를 초래할 수 있다. 대부분은 유명인사의 그런 점을 본받으려는 데 열심이기 때문이다. 예를 들어, 훌륭한 인물 루키우스 루쿨루스[174]의 미덕을 본받으려 하는 사람은 별로 없지만, 그의 웅장한 저택을 본받으려 하는 사람은 얼마나 많으냐! 따라서 집을 짓는 일에서도 절도를 지키고 중용의 길로 되돌아갈 필요가 있다. 이러한 중용의 원칙은 실생활과 문화생활 전반으로 확대되어야 한다.

이 주제에 대해서는 이 정도로 마무리하자.

어떤 행동을 하든 세 가지 원칙을 지켜야 한다. 첫째, 욕망을 이성 141
에 복종시켜야 한다. 의무를 수행하는 데 이보다 더 적합한 것은 없다. 둘째, 우리가 이루고자 하는 일이 얼마나 중요한지 세심하게 살피고, 그 일에 필요한 만큼의 관심과 힘만 사용해야 한다. 셋째, 자유민다운 모습과 위엄을 유지하기 위해 모든 행동에서 중용을 지켜야 한다. 이를 위한 최선의 방법은 앞서 말한 적절함을 유지하고 넘어서지 않는 것이다. 그러나 세 가지 원칙 중에서도 욕망을 이성에 복종시키

---

174 "루키우스 리키니우스 루쿨루스"(기원전 118-57년)는 로마의 장군이자 정치가로, 술라 휘하에서 20년 넘게 군대와 정부에 복무했다. 전쟁에서 얻은 막대한 전리품을 개인 건물 건축, 농업, 수경 재배에 투자했으며, 투스쿨룸의 고지대에 있는 자신의 영지를 숙박시설과 도서관으로 개조해 학자들과 철학자들을 후원했다.

는 것이 가장 중요하다.

142 **40** 이제 일의 순서와 시기의 적절성[175]에 대해 이야기하겠다. 그리스인들은 이 두 가지를 아는 것을 '에우탁시아'[176]라고 부르는데, 이는 라틴어 '모두스'(한계, 정도)에서 유래한 '모데스티아'(중용)와는 달리 질서정연함을 뜻한다. 그럼에도 우리는 이 지식을 가리키는 데 모데스티아라는 용어를 사용한다. 스토아학파 역시 모데스티아를 모든 행위나 말을 적절하게 배치하는 지식으로 정의한다. 순서를 정하는 능력과 모든 것을 제자리에 배치하는 능력은 동일한 것으로 보인다. 스토아학파는 순서란 무언가를 적절하고 적합한 자리에 배치하는 것이라고 정의하기 때문이다. 또한 그들은 적절한 곳에 행위를 배치하는 것을 '적절한 시기에 행동한다'고 표현한다. 이와 같은 시의적절함을 그리스어로 에우카이리아(εὐκαιρία), 라틴어로는 오카시오(occasio)라고 한다. 따라서 앞서 설명한 의미의 모데스티아는 적절한 시기에 알맞은 행동을 할 줄 아는 것이다.

143 서두에서 다룬 실천적 지혜 역시 같은 방식으로 정의할 수 있다. 그러나 지금 우리가 논의하고자 하는 것은 절제와 자제 그리고 이와 유사한 미덕들이다. 실천적 지혜에 대해서는 이미 다루었으니, 이제는

---

175 "일의 순서"(ordo rerum, '오르도 레룸')는 목적 달성에 필요한 여러 일들을 어떤 순서로 진행하는지가 매우 중요함을 강조한다. "시기의 적절성"(opportunitas temporum, '오포르투니타스 템포룸')은 각각의 일을 적시에 수행하는 것이 중요함을 보여준다. '오포르투니타스'에서 영어 opportunity(기회)가 유래했다.

176 "에우탁시아"(εὐταξία)는 모든 것이 적절한 시기와 장소에 올바르게 배치된 이상적인 상태를 가리키며, 로마의 스토아학파 철학자들은 이를 모데스티아(modestia)로 번역했다. "모두스"는 모든 것이 지나치거나 부족함 없이 알맞은 것을 뜻하고, "모데스티아"는 그런 상태를 가리킨다.

우리와 함께 살아가는 사람들이 무엇을 수치스럽게 여기고 무엇을 인정하는지, 지금까지 논의해온 미덕들과 관련해 살펴볼 필요가 있다.

균형 잡히고 조리 있는 연설처럼 삶에서도 모든 요소가 잘 어우러 144
져 조화를 이루려면, 우리의 행동들을 적절하게 배치해야 한다. 진지한 토론 자리에서 연회에서나 어울릴 법한 농담을 하는 것은 매우 부끄럽고 잘못된 일이다. 페리클레스가 자신과 함께 정무관으로 선출된 시인 소포클레스[177]를 만나 공무를 논의하고 있을 때, 한 미소년이 지나가자 소포클레스가 "참으로 아름다운 소년이오, 페리클레스"라고 말했다. 이에 페리클레스는 훌륭하게 대답했다. "소포클레스, 정무관이라면 손뿐만 아니라 눈도 삼가야 합니다." 만약 소포클레스가 운동선수를 선발하는 자리에서 이런 말을 했다면 책망을 듣지 않았을 것이다. 말과 행동에서 때와 장소가 지닌 힘은 이 정도로 크다. 예를 들어, 어떤 사람이 여행이나 산책 중에 법정에서 할 변론을 골똘히 생각하거나 다른 문제를 고민한다면 비난받지 않겠지만, 연회석에서 그런 행동을 한다면 때를 가리지 못하는 사람으로 여겨질 것이다.

광장에서 노래를 부르는 등의 해괴망측한 행동은 품위 유지 위반 145
임이 명백하기에 특별히 길게 훈계하고 가르칠 필요도 없겠구나. 오히려 많은 사람이 알아차리지 못할 만큼 사소한 잘못을 피하기 위해 더 노력해야 한다. 현악기나 관악기를 연주할 때 아주 작은 실수라도

---

177 "소포클레스"(기원전 약 497-406년)는 고대 그리스 3대 비극시인 중 한 명으로, 뛰어난 정치가이자 재능 있는 군인으로도 활동했다. 그는 아테네를 중심으로 한 델로스 동맹에서 재무관을 지냈으며, 두 차례나 장군으로 선출되어 국가에 큰 기여를 했다. 비극 경연대회에서 18회 우승을 했고, 123편의 작품을 남겼다.

알 사람은 다 알아차리는 것처럼, 우리 삶에서도 작은 잘못을 저지르지 않도록 조심해야 한다. 삶 속 행동의 조화가 음의 조화보다 훨씬 더 중요하므로 그러한 실수가 없도록 훨씬 더 신경을 써야 한다.

146 **41** 따라서 음악가의 귀가 현악기의 미세한 음까지 잡아내는 것처럼 우리도 어떤 잘못을 예리하고 철저하게 발견하고자 한다면, 사소한 부분을 관찰하여 중요한 사실을 알아낼 수 있다. 사람들의 눈빛, 이마의 찌푸림, 슬픔, 우울, 즐거움, 웃음, 말, 침묵, 목소리의 높낮이 등을 통해 그들의 어떤 행동이 적절한지, 또는 자연과 본성에서 벗어났는지를 쉽게 판단할 수 있다. 마찬가지로 다른 사람들의 그런 반응에 비추어 자신의 모든 행동을 평가하고, 그중에서 적절하지 않은 행동들을 피하는 것도 유익하다. 우리는 보통 자기 자신의 잘못보다 다른 사람의 잘못을 더 잘 찾아내기 때문이다. 그래서 선생이 학생들의 잘못을 바로잡기 위해 그들의 행동을 모방하면, 학생들은 그 모습을 보고 자신의 잘못을 깨닫고 쉽게 고치게 된다.

147 여러 행동 중 하나를 선택해야 하는데 그 기준이 명확하지 않을 경우, 학식이 있거나 경험이 많은 사람들에게 각각의 행동에 대한 생각을 묻는 것은 결코 이상한 일이 아니다. 사람들은 대개 자연과 본성에서 벗어난 것을 피하려 하기 때문이다. 질문을 할 때는 그들의 말뿐만 아니라 그들이 무엇을 느끼는지, 그리고 왜 그렇게 느끼는지에도 주의를 기울여야 한다. 사실 화가나 조각가, 심지어 시인들도 대중이 자신의 모든 작품을 면밀하게 평가해주기를 바란다. 작품 중에 많은 사람의 비판을 받는 것이 있으면 그것을 고치기 위해서다. 이와 같이 그들이 스스로 또는 다른 사람의 도움을 받아 자기 작품에 잘못된 부분을

찾아내 고치는 것처럼, 우리도 사람들의 평가와 판단에 따라 해야 할 일, 해서는 안 될 일, 수정하고 고쳐야 할 일을 무수히 결정해야 한다.

시민들의 관습과 규약에 따라 행한 행동들에 대해서는 별도의 원 148
칙을 제시할 필요가 없다. 관습과 규약은 그 자체로 이미 원칙이기 때문이다. 소크라테스나 아리스티포스[178]가 자신이 속한 도시의 관습과 전통을 거슬러 행동하고 말했으니 우리도 그렇게 해도 된다고 생각하는 잘못을 저질러서는 안 된다. 그들은 신처럼 위대하고 선하여 그런 행동을 할 자격이 있는 사람들이다. 반면, 견유학파의 모든 철학은 배척해야 한다. 그들의 철학은 염치를 극도로 거부하는데, 염치가 없다면 도덕적으로 옳거나 바른 것도 존재할 수 없기 때문이다.

우리는 도덕적으로 올바르고 위대한 일을 하며 평생을 살아온 사 149
람들, 진정한 애국심으로 국가에 공을 세웠거나 세우고 있는 사람들을 고위 공직자나 장군만큼이나 존경하고 공경해야 한다. 또한 노인을 공경하고, 공직자를 대우하며, 시민과 외국인을 구별하고, 외국인인 경우 사적인 용무로 왔는지 공적인 용무로 왔는지 구별해야 한다. 각각의 상황에서 어떻게 해야 할지 일일이 설명하지는 않겠지만, 요컨대 인류 전체의 유대와 결속을 키우고 보존하며 지켜야 한다.

42 직업과 영리활동 중에 자유민이 해도 되는 일과 비천한 자들이 150

178 "소크라테스"는 이성에 기반한 논리적 추론으로 진리를 탐구하며 기존의 미신적 종교와 관습을 타파했기 때문에, 신을 믿지 않는 불경죄와 젊은이들을 타락시켜 풍속을 해쳤다는 죄목으로 사형 선고를 받아 독배를 마셨다. 소크라테스에 대한 더 자세한 사항은 제1권 각주 115를 보라. "아리스티포스"(기원전 약 435-356년)는 키레네 출신으로, 소크라테스의 제자이자 키레네학파의 창시자다. 그는 쾌락을 인생의 목적이라고 주창하여 에피쿠로스학파의 선구자로 여겨진다.

하는 일에 대해 우리가 이미 알고 있는 바를 말하자면 이렇다. 우선, 세금 징수원이나 고리대금업자처럼 원성을 사는 직업은 피해야 한다. 임금을 받고 일하는 노동자의 모든 영리활동은 비천하여 자유민에게 어울리지 않는다. 그들은 기술이 아니라 노동력을 팔고, 노예처럼 일한 대가로 임금을 받기 때문이다. 도매상에게 물건을 사서 바로 소매로 파는 자도 비천하게 여겨야 한다. 이들은 거짓말을 하지 않으면 이윤을 남길 수 없는데, 거짓말하고 속이는 것보다 더 추한 일은 없기 때문이다. 기술로 일하는 모든 수공업자도 비천하다. 작업장에서 자유민에게 어울리는 일은 하나도 없다. 감각적 쾌락을 충족시키는 모든 직업도 마찬가지로 비천하다. 테렌티우스는 그 예로 "생선 장수, 도축업자, 요리사, 가금업자, 어부"를 꼽는다.[179] 여기에 향료업자, 무희, 삼류 극단에서 일하는 사람들[180]도 추가할 수 있다.

151 반면에 의술, 건축, 도덕적으로 올바른 것을 가르치는 일과 같이 좀 더 전문적인 기술과 지식이 필요하거나 사람들에게 큰 유익을 가져다주는 직업은 어느 정도 사회적 지위가 있는 이들에게 어울린다. 소규모 장사나 무역은 비천하게 여겨야 하지만, 세계 각지에서 대규모로 물건을 수입하여 많은 사람에게 정직하게 분배하는 경우라면 전적으로 비난할 일은 아니다. 게다가 대규모 무역으로 만족할 만한 재산을 모은 후, 바다에서 항구로 물건을 들여와 모은 그 재산을 이제는 항구에서 농촌으로 가져가 사용한다면, 도리어 최고의 찬사를 받을 만하

---

179 이 인용문은 테렌티우스의 『환관』 257에 나온다.

180 "삼류 극단에서 일하는 사람들"로 번역된 루두스 탈라리우스(ludus talarius)는 직역하면 '주사위 놀이'라는 뜻으로, 저속한 노래와 춤과 만담으로 이루어진 공연을 가리킨다.

다. 그러나 모든 영리활동 중 농사만큼 풍요롭고 즐거우며 자유민에게 어울리는 일은 없다. 농업에 대해서는 내가 『노년론』에서 충분히 다루었으므로, 자세한 내용은 그 책을 보면 알 수 있다.

43 이로써 도덕적 올바름과 관련된 네 가지 부분에서 의무들이 어 152
떻게 도출되는지는 충분히 설명한 듯하구나. 하지만 도덕적으로 올바른 두 가지 중에서 어느 쪽이 더 도덕적으로 올바른지에 대한 논쟁이 일어날 수 있는데, 파나이티오스는 이 문제를 간과했다. 즉 도덕적으로 올바른 모든 것은 네 부분에서 도출되는데, 첫 번째는 지식, 두 번째는 공동체, 세 번째는 고매한 정신, 네 번째는 절제다. 따라서 의무를 결정할 때 이 네 부분에서 도출되는 의무들을 비교해야 할 때가 자주 있다.

그런데 지식에서 비롯된 의무보다는 공동체와 관련해 생기는 의무 153
가 자연과 본성에 더 적합한 것으로 보인다. 이를 확증하는 근거는 다음과 같다. 어떤 현자가 모든 풍요로움을 누리며 생계 걱정을 전혀 하지 않는 가운데 아주 여유롭게, 알 가치가 있는 모든 것을 탐구하고 숙고할 수 있다고 가정해보자. 그러나 외부와 완전히 단절되어 다른 이들을 전혀 만날 수 없다면, 그는 견디지 못하고 죽음에 이를 것이다.

모든 미덕 중에서 최고는 그리스인이 '소피아'라고 부르는 철학적 지혜이지 '프로네시스'라고 부르는 실천적 지혜가 아니다.[181] 무엇을 추구하고 피해야 하는지를 아는 것이 바로 실천적 지혜다. 그런데 내가 최고의 미덕이라고 말한 철학적 지혜는 신과 인간의 일에 관한 지

---

181 "소피아"와 "프로네시스"에 대해서는 제1권 각주 26을 보라.

식을 말한다. 여기에는 신과 인간의 관계 그리고 인간들 사이의 관계에 관한 지식도 포함된다. 철학적 지혜가 최고의 미덕이라면 공동체와 관련된 의무가 가장 중요할 수밖에 없다. 행동으로 이어지지 않는 지식과 탐구는 결함이 있는 미완의 것이기 때문이다. 그러한 행동은 무엇보다 사람들의 이익을 도모함으로써 인류의 결속에 이바지하기 때문에 지식보다 우위에 두는 것이 마땅하다.

154 훌륭한 사람들은 모두 이 원칙이 옳다는 것을 행동으로 보여준다. 그들은 사물의 본질을 꿰뚫어 보고 알아내기 위해 가장 가치 있는 지식을 탐구하는 데 몰두하다가도, 조국이 위기에 처했다는 소식을 들으면 모든 것을 내려놓고 조국을 구하기 위해 기꺼이 나선다. 이는 별을 세고 지구의 크기를 잴 수 있는 능력과 무관하다. 그들은 부모나 친구가 위험에 처한 경우에도 같은 방식으로 행동할 것이다.

155 이러한 점에서 볼 때, 인간의 모든 의무 중에서 가장 중요한 의무, 즉 사람들을 이롭게 하는 정의의 의무가 지식 탐구와 관련된 의무보다 우선한다는 것을 알 수 있다.

44 하지만 사물에 관한 지식 탐구에 일생을 바친 사람들이 인류의 유익과 편의를 증진시키는 일과 거리가 멀었던 것은 아니다. 그들은 많은 사람을 가르쳐 더 선량하고 국가에 더 크게 기여하는 시민들로 길러냈기 때문이다. 예를 들어, 피타고라스학파 철학자 리시스는 테베의 에파미논다스[182]를, 플라톤은 시라쿠사의 디온[183]을 길러냈듯

---

182 "피타고라스학파 철학자 리시스"(기원전 4세기)는 피타고라스학파가 남부 이탈리아의 그리스 식민지 크로톤과 메타폰에서 박해를 받자, 테베로 피신하여 테베의 장군 에파미논다스의 스승이 되었다고 한다. "에파미논다스"(기원전 약 419-362년)는 고대

이 사물에 관한 지식 탐구에 평생을 바친 많은 사람이 공동체에 기여할 수 있는 인재들을 양성했다.

나 역시 국가에 어떤 기여를 한 바가 있다면, 여러 스승의 가르침을 받아 국가에 기여할 준비를 갖춘 후 공직을 맡았기 때문이다. 그들 156
은 이 세상에 살아 있는 동안뿐만 아니라 죽은 후에도 글을 남겨 배우고자 하는 이들에게 계속해서 가르침을 전해준다. 그들은 법률, 관습, 국가 통치와 관련된 어떤 문제도 외면하지 않고 탐구했다. 이처럼 공직을 맡지 않고 연구에 몰두한 이들은 공직을 맡아 일하는 우리 같은 사람들을 도운 셈이다.[184] 따라서 지식과 지혜를 탐구하는 데 헌신하는 사람들의 가장 중요한 임무는 사람들의 유익을 위해 자신의 실천적 지혜와 통찰을 활용하는 것이다. 그런 이유로 실천적 지혜를 담고 있는 말이라면 많이 하는 편이 더 낫다. 아무리 훌륭한 통찰을 가지고 있더라도 사유에만 몰두하고 아무 말도 하지 않는 것보다 낫다는 뜻이다. 사유는 개인 안에 머무는 반면, 말은 공동체로 결속된 사람들을 포용하기 때문이다.

벌들은 벌집을 만들기 위해 모이는 것이 아니라 군집하려는 본성 157

그리스 테베의 장군이자 정치가로, 펠로폰네소스 전쟁 후에 그리스를 장악한 스파르타군을 레욱트라 전투에서 대파하여 테베의 패권 시대를 열었다.

183 "시라쿠사의 디온"(기원전 약 408-354년)은 시라쿠사의 참주 디오니시오스 1세의 동생으로 플라톤의 가르침을 받아 철학자 왕 정치를 실현하려 했다. 그는 조카 디오니시오스 2세를 교육하기 위해 플라톤을 초빙했으나 실패하고, 플라톤과 함께 추방되었다. 이후 기원전 357년, 디오니시오스 2세를 몰아내고 시라쿠사의 지배자가 되어 플라톤의 철학을 현실에서 실현하려 했으나 결국 암살당한다.

184 키케로는 이 문장에서 오티움(otium, '여가')과 네고티움(negotium, '일')을 대비시키는데, '오티움'을 "공직을 맡지 않고"로, '네고티움'을 "공직을 맡아 일하는"으로 번역했다.

이 있기에 벌집을 만든다. 인간도 마찬가지다. 더욱이 인간은 군집하려는 본성이 훨씬 더 강하고, 행동하고 사고하는 능력도 뛰어나다. 따라서 사물에 관한 지식이 사람들을 보호하고 결속시키는 미덕과 아무 상관이 없다면, 그 지식은 현실과 동떨어진 공허한 것일 수밖에 없다. 마찬가지로 정신의 위대함도 인간 공동체의 결속과 동떨어져 있다면, 사납고 잔인하며 야만적인 성향을 띠지 않겠느냐? 그러므로 인간 공동체의 결속이 지식 탐구보다 더 중요하다.

158 어떤 이들은 우리가 타인의 도움 없이는 본성적으로 필요로 하는 것을 구하거나 만들 수 없으므로, 생존의 필요성 때문에 인간 공동체와 사회가 시작되었다고 말한다.[185] 하지만 이는 사실이 아니다. 또한 그들은, 만약 인간이 생계를 유지하고 문화생활을 하는 데 필요한 모든 것을 이른바 마술 지팡이를 통해 얻을 수 있다면, 가장 훌륭하게 태어난 사람들은 모두 하던 일을 그만두고 오직 지식 탐구와 학문에 몰두할 것이라고 주장한다. 그러나 이 역시 사실이 아니다. 사람들이 지식을 함께 탐구할 동료를 구하여 가르치고 배우며, 듣고 말하는 것은 고독에서 벗어나기 위한 것이다. 따라서 사람들을 결속시키고 인간 사회를 유지하는 의무는 지식 탐구와 학문에 필요한 의무보다 우선시되어야 한다.

159 **45** 이제 우리는 인간 본성과 깊이 결합된 공동체를 이루려는 본능이 절제와 염치 같은 미덕보다 우선시되어야 하는지 질문할 필요가

---

185 여기서 "어떤 사람들"은 에피쿠로스학파 사람들을 가리킨다. 이와 같은 내용은 고대 그리스의 역사가 폴리비오스의 『역사』 6.5.4 이하, 에피쿠로스의 추종자인 로마 철학자 루크레티우스의 『만물의 본성론』에 나온다.

있다. 나는 그렇지 않다고 생각한다. 공동체를 위한 행동 중에는 추하거나 부끄러운 것도 있는데, 현자라면 조국을 구하는 일이라도 그런 행동은 하지 않을 테니 말이다. 포시도니오스[186]가 그런 사례들을 모아 열거했는데, 그중에는 너무 충격적이고 혐오스러워 언급하기조차 부끄러운 것도 있다. 따라서 현자들은 국가를 위한다는 명목으로 그런 행동은 하지 않을 것이며, 국가 역시 현자들에게 그런 행동을 요구하지 않을 것이다. 다행히 현자가 국가를 위해 그런 행동을 해야 하는 상황은 결코 벌어지지 않을 것이다.

따라서 이 문제와 관련해 내릴 수 있는 결론은 다음과 같다. 여러 160
의무를 비교하여 선택해야 하는 경우, 인간 사회를 유지하는 데 필요한 의무를 가장 우선순위에 두어야 한다. 심사숙고한 행동에는 지식과 실천적 지혜가 포함되어 있다는 점에서, 숙고하여 행동하는 것이 지식을 탐구하여 실천적 지혜를 얻고도 행동하지 않는 것보다 분명 더 나은 길이다.

이 논의는 여기서 마무리하자. 문제를 충분히 설명했으니 이제 여러 의무가 서로 경합할 때 어떤 의무를 우선해야 하는지 이해하기 어렵지 않을 것이다. 또한 공동체 내에서도 의무들 간에 순위가 정해져 있어 어떤 의무를 우선해야 할지 알 수 있다. 첫째는 불멸의 신들에

---

186 "포시도니오스"(기원전 약 135-51년)는 스토아학파의 철학자이자 천문학자, 점성가, 지리학자, 역사가, 수학자다. 당대에 가장 박식한 인물로 평가받은 그는 아테네에서 파나이티오스에게 배운 후, 여러 해 동안 세계를 여행하며 학문적 탐구에 힘쓰다가 로도스섬에 정착하여 가르치고 저술 활동에 전념했다. 파나이티오스의 뒤를 이어 스토아 철학을 로마에 전파한 중요한 인물로, 젊은 시절에 그의 강의를 들은 키케로는 그를 '나의 스승', '나의 친구'라고 불렀다.

대한 의무, 둘째는 조국에 대한 의무, 셋째는 부모에 대한 의무이며, 나머지 의무들도 순위가 정해져 있다.

161 이 짧은 논의를 통해 우리가 알 수 있는 바는, 사람들은 어떤 행동이 도덕적으로 올바른지, 아니면 추하고 부도덕한지를 잘 알지 못한다는 것이다. 그뿐만 아니라 도덕적으로 올바른 두 가지 행동 중에서 어느 쪽이 더 올바른지도 잘 알지 못하는 경우가 흔하다. 앞서 언급했듯이 파나이티오스는 후자의 경우를 간과했다. 이제 남은 문제로 넘어가도록 하자.

Liber Secundus

제2권

유익함

〈책 읽는 소년 키케로〉(빈첸초 포파, 1464년경)

밀라노의 반코 메디치오(메디치 은행)에서 유일하게 남은 프레스코화다. 이 작품은 고대 로마의 수사학과 인문학적 전통을 상징적으로 표현하며, 학문적 미덕과 지적 탐구의 가치를 예술적으로 형상화하고 있다. 어린 시절의 키케로를 묘사함으로써, 웅변과 학문의 길을 걸었던 그의 삶을 상징적으로 드러낸다.

1 내 아들 마르쿠스야, 나는 제1권에서 도덕적 올바름, 즉 모든 종류의 미덕[1]에서 어떤 의무들이 도출되는지 충분히 설명했다고 생각한다. 다음으로는 문화생활, 사람들이 사용하는 물건들의 획득 수단, 권세, 부와 관련된 다양한 의무들을 살펴보려 한다. 앞서 말했듯이 여기서 우리가 탐구해야 할 것은 두 가지다. 첫째는 무엇이 유익하고 무엇이 유익하지 않은가, 둘째는 유익한 것들 중에서 무엇이 더 유익하며, 무엇이 가장 유익한가 하는 점이다. 먼저 이 글을 쓰게 된 나의 의도와 생각을 간략히 이야기한 후 논의를 시작해보겠다. 1

내가 쓴 책들은 여러 사람에게 책을 읽고 쓰고자 하는 열정을 일으켰다. 그러나 한편으로는, 내가 이 책들에 '철학'이라는 명칭을 붙임으로써 일부 선량한 사람들이 거부감을 갖거나 내가 철학에 지나치게 많은 노력과 시간을 들이는 것을 의아하게 여길까 염려되는구나. 2

국가의 위임을 받은 자들이 국가를 통치하는 동안, 나는 국가를 위해 나의 몸과 마음을 다 바쳤다. 그러나 한 사람[2]이 모든 통치권을 장악해버리면서 나의 조언이나 영향력은 설 자리가 없어졌고, 결국 나

---

1 "모든 종류의 미덕"은 도덕적 올바름에 속한 모든 의무의 원천인 네 종류의 미덕을 가리킨다.

2 "한 사람"은 가이우스 율리우스 카이사르를 가리킨다.

와 함께 공화정을 지키려 했던 훌륭한 동지들[3]마저 잃고 말았다. 내가 이 상황에 맞서 싸우지 않았다면 엄청난 고통과 슬픔에 빠졌을 것이다. 그러나 나는 싸워서 이겨냈다. 당시 나는 학식 있는 사람답지 않게 쾌락에 빠져 살 수도 있었지만 그런 삶을 택하지 않았다.

3 나는 국가가 처음 세워졌을 때처럼 견고하게 유지되기를, 그리고 공화정을 혁신하기보다 전복시키기를 욕망하는 자들의 손에 떨어지지 않기를 간절히 바랐다. 만약 공화정이 계속해서 견고했다면, 나는 여전히 글쓰기보다는 국가를 위해 활동하는 데 전념했을 것이다. 설령 글을 쓴다 해도 지금과 같은 글이 아니라 이전에 했던 것처럼 국가를 위한 연설문을 작성했을 것이다.

그러나 이제 나의 모든 관심과 생각과 활동의 대상이었던 공화정이 더 이상 존재하지 않게 되었고, 한때 광장과 법정, 원로원에서 울
4 려 퍼졌던 나의 연설문도 침묵하게 되었다. 하지만 나의 정신은 아무것도 하지 않고 있을 수 없었다. 나는 일찍이 철학에 심취했기 때문에 다시 철학 연구로 돌아가면 도덕적으로 가장 올바른 방식으로 나의 비통함을 달랠 수 있을 것이라고 생각했다. 젊었을 때 나는 철학을 배우는 데 많은 시간을 보냈으나, 공직을 맡은 이후로는 국정을 돌보는 일에 내 모든 것을 바쳤다. 물론 철학 연구도 계속했지만 친구들과 국가를 돌보고 남은 시간에만 그렇게 했다. 게다가 철학적인 글을 쓸 여유는 전혀 없어 그 시간마저 오로지 철학책을 읽는 데 할애했다.

---

3 그나이우스 폼페이우스와 소 카토라 불리는 마르쿠스 카토 우티켄시스와 같은 사람들을 가리킨다.

2 지금 국가는 엄청난 재난에 직면해 있지만, 그 와중에 나는 우리 5
로마인들이 잘 알지 못하지만 반드시 알아야 할 것에 관한 글을 쓰고
있고, 이것이 선한 일이라고 생각한다. 신들의 이름을 걸고 맹세하건
대, 지혜보다 더 바람직하고 탁월하며 인간에게 유익하고 어울리는
것은 없기 때문이다. 지혜를 추구하는 사람을 철학자라고 부르는데,
철학은 곧 지혜를 향한 끝없는 탐구이다.[4]

옛 철학자들의 정의에 따르면, 지혜는 신과 인간의 일, 그리고 신
과 인간의 일을 둘러싼 원인에 관한 지식이다. 만약 철학 탐구를 폄
하하는 사람이 있다면, 그는 무엇이 칭송받을 만한 일인지 생각해본
적이 없는 것이 틀림없다. 사람이 온갖 괴로움에서 벗어나 마음의 즐 6
거움과 안식을 얻고자 한다면, 무엇이 선하고 행복한 삶을 만들어주
는지 항상 탐구하는 것보다 더 좋은 방법이 어디 있겠느냐? 또한 사
람이 미덕을 갖추고 일관되며 조화로운 삶을 살고자 한다면, 철학 탐
구 외에 다른 방법은 없단다. 그러나 어떤 이들은 깊이 생각하지 않
고 말하며, 가장 중요한 일에서 잘못을 저지른다. 그들은 사소한 것
을 알려주는 학문은 있지만, 가장 중요한 것을 가르쳐주는 학문은 없
다고 주장한다. 그러나 미덕에 대해 가르쳐주는 학문이 있다면, 그것
은 철학뿐이다. 철학에서 배우지 않는다면 어디서 미덕을 찾을 수 있
겠느냐?

---

4 "철학"을 뜻하는 필로소피아(philosophia)는 그리스어를 음역한 단어로, 로마인에게는 외래어다. '필로소피아'는 원래 '지혜에 대한 사랑'을 의미하지만, 키케로는 이를 "지혜에 대한 탐구"(studium sapientiae, '스투디움 사피엔티아이')로 풀이한다. 라틴어에서 철학적 지혜는 사피엔티아(sapientia)로 표현한다(제1권 각주 26을 보라).

나는 철학 탐구를 권하면서 다른 저서[5]에서도 그랬듯이 왜 철학을 탐구해야 하는지 좀 더 꼼꼼하게 설명하는 경향이 있다. 그것은 내가 공직으로 국가에 봉사할 기회를 박탈당한 지금, 철학 탐구에 몰두하게 된 이유를 설명하고자 함이다.

7 그런데도 특히 박식한 자들과 학식 있는 자들은, 우리가 아무것도 확실히 파악할 수 없다고 말하면서도 온갖 주제를 논의하고 지금도 의무에 관한 다양한 원칙들을 집요하게 논의하고 있으니, 앞뒤가 맞지 않는 것 아니냐고 반문하며 우리를 공격한다.

나는 그들이 우리의 입장을 충분히 이해해주기를 바란다. 우리는 정신이 오락가락해 갈피를 못 잡거나 아무런 원칙 없이 일하는 사람들이 아니기 때문이다. 만약 논의하거나 살아가는 데 원칙이 없다면, 그런 사람의 정신과 삶은 어떻게 되겠느냐? 우리는 그런 사람들이 아니다. 다른 사람들이 어떤 것은 확실하고 어떤 것은 불확실하다고 말하는 반면, 우리는 그들과 달리 이것이 더 그럴듯하고 저것이 덜 그럴듯하다고 말할 뿐이다.[6]

---

5 "다른 저서"는 키케로가 기원전 45년에 저술한 『호르텐시우스』를 가리킨다. 이 책은 여가를 최선으로 활용하는 방법을 두고 키케로, 호르텐시우스, 카툴루스, 루쿨루스 네 명이 나누는 대화 형식으로 구성되어 있다. 퀸투스 호르텐시우스 호르탈루스는 유명한 법률가이자 저명한 대중연설가이며 정치가로, 은퇴 후 물고기를 기르며 지냈다. 퀸투스 루타티우스 카툴루스는 정치가로, 기원전 77년에 반란을 일으킨 레피두스에 맞서 도성을 방어하는 공을 세웠다. 루키우스 리키니우스 루쿨루스는 제1권 각주 174를 보라.

6 이 구절은 고대 철학 학파들의 인식론적 입장 차이를 보여준다. '확실성'을 주장하는 학파들로는 소요학파, 스토아학파, 에피쿠로스학파가 있었는데, 이들은 진리에 대한 확실한 지식이 가능하다고 보았다. 반면 '개연성'을 주장하는 아카데미아학파는 절대적 확실성은 불가능하며, 단지 더 그럴듯한 것과 덜 그럴듯한 것을 구분할 수 있을 뿐이라고 주장했다. 흔히 키케로는 스토아학파 철학자로 알려져 있으나, 제3권 20단락에서 그는

우리가 다루는 문제는 다음과 같다. 왜 우리는 그럴듯해 보이는 것 8
은 거부하고, 오히려 그럴듯하지 않은 것을 받아들이는 것일까? 무엇이 우리를 오만함에 가두어, 지혜롭지 못한 성급한 판단을 계속하게 만드는가? 우리가 온갖 주제를 다룬다는 비판이 있지만, 그 이유는 명확하다. 참으로 그럴듯한 것이 무엇인지 규명하기 위해서는 그럴듯한 것과 그렇지 않은 것을 나란히 두고 세심히 살펴볼 수밖에 없기 때문이다.

하지만 이 문제에 대해서는 나의 저서 『아카데미카』[7]에서 충분히 설명했다고 생각한다. 내 아들 키케로야, 지금 너는 가장 오래되고 가장 유명한 철학 학파에서 그 대단한 학파를 창시한 사람들[8]과 비교해도 전혀 손색없는 크라티포스를 스승으로 모시고 철학 탐구에 몰두하고 있기는 하지만, 나는 네가 너희 학파와 밀접한 관계를 맺고 있는 우리 학파에 무지하기를 원치 않는다.

그러면 이제 본론으로 들어가보자.

3 나는 의무 수행과 관련해 고려해야 할 다섯 가지를 제시했다. 그 9
중 두 가지는 적절함과 도덕적 올바름이고, 다른 두 가지는 부, 권세,

자신이 아카데미아학파에 속한다고 밝힌다. 또한 그는 아테네에서 소요학파 크라티포스에게 수학 중인 아들에게 다른 학파인 자신의 의견에도 귀를 기울이라고 당부한다.

7 키케로는 기원전 45년에 저술한 『아카데미카』에서 자신이 소속된 회의주의적 아카데미아학파에 대해 다룬다. 이 학파는 아르케실라오스가 아카데미아학파의 수장이 된 기원전 266년에 시작되어, 키케로의 스승인 아스칼론의 안티오코스가 수장이 된 기원전 90년까지 이어졌다. 회의주의적 아카데미아학파에서는 절대적 진리에 도달할 수 있다고 주장한 스토아학파와는 달리, 진리와 관련해서는 여러 수준의 개연성에만 도달할 수 있다고 가르쳤다.

8 "그 대단한 학파"는 소요학파를, "창시한 사람들"은 아리스토텔레스와 식물학의 창시자이자 『성격론』의 저자 테오프라스토스를 가리킨다. 소요학파는 아카데미아학파에서 갈라져 나왔기 때문에, 키케로는 이 두 학파가 "밀접한 관계"에 있다고 말한다.

재능 같은 생활의 편의성이다. 다섯 번째는 내가 말한 이 다섯 가지가 서로 충돌할 때 어느 것을 선택할지 판단하는 것이다. 도덕적 올바름에 관한 부분은 이미 살펴보았으니 네가 이 부분을 철저하게 익혀두기를 바란다.

이제 우리는 '유익함'이라 부르는 것을 다루고자 한다. 그런데 이 단어는 원래의 뜻에서 벗어나 잘못 사용되고 왜곡되어 점차 도덕적 올바름과 유익함이 서로 분리되었다. 그 결과 사람들은 도덕적으로 올바르더라도 유익하지 않을 수 있고, 도덕적으로 올바르지 않더라도 유익할 수 있다고 생각하는 지경에 이르렀다. 인간의 삶에서 이보다 더 해로운 생각은 있을 수 없다.

10 최고의 권위를 지닌 철학자들[9]은 세 가지 개념을 명확히 구분하여 이렇게 말한다. 정의로운 것은 모두 유익하고, 도덕적으로 올바른 것은 모두 정의롭다. 따라서 도덕적으로 올바른 것은 모두 유익하다는 결론에 이른다. 그러나 이러한 이치를 깨닫지 못한 사람들은 영악하고 능수능란한 자들을 부러워하여 그들이 보이는 악덕을 지혜라고 생각한다. 하지만 그들은 그런 잘못된 생각에서 벗어나 속임수와 악행이 아니라 도덕적으로 올바른 생각과 정의로운 행동을 통해서만 자신이 바라는 목적을 이룰 수 있음을 깨달아야 한다. 그래야만 그들의 막연한 기대가 확실한 희망으로 바뀔 수 있다.

11 인간의 삶을 유지하는 데 필요한 것들 중 일부는 금과 은을 비롯한 땅에서 산출되는 무생물, 즉 생명이 없는 것들이고, 일부는 고유한 본

9 "최고의 권위를 지닌 철학자들"은 스토아학파 철학자들을 가리킨다.

능과 욕망을 지닌 생물, 즉 생명이 있는 존재들이다. 생명이 있는 존
재들 중 일부는 이성이 없고, 일부는 이성을 가지고 있다. 말과 소 같
은 가축이나 벌에는 이성이 없지만, 인간은 이들을 잘 활용하여 삶을
풍요롭게 만든다. 반면, 이성을 사용하는 존재는 신과 인간으로 나눌
수 있다. 신들과 사이좋게 지내려면 신들을 잘 섬기고 경건하게 살아
야 하지만, 인간에게 가장 유익한 존재는 신들과 가장 가깝고 신들에
버금가는 인간일 것이다.

인간에게 해악을 끼치고 방해되는 존재 역시 두 종류로 나눌 수 있 12
다. 그러나 사람들은 신들이 인간에게 해악을 끼치지 않는다고 생각
하기 때문에[10] 신들을 제외하면 인간에게 가장 큰 해악을 끼치는 존재
는 결국 인간이라고 할 수 있다.

생명이 없는 존재들은 대부분 인간의 노동으로 만들어지며, 인간의
손과 기술이 닿지 않았다면 우리는 그것을 가질 수 없었을 것이다. 또
한 인간의 관리와 경영이 없었다면 그것을 활용할 수도 없었을 것이
다. 예를 들어, 건강관리, 항해, 농사, 곡물을 비롯한 각종 작물의 수확
과 저장 등은 모두 인간의 노동이 없었다면 불가능했을 일이다. 만약 13
인간이 이러한 활동을 하지 않았다면, 남는 것을 수출하고 부족한 것

---

10 플라톤은 『국가』 379에서 소크라테스는 "신은 좋은 존재이니, 대다수 사람들의 말과는 달리 모든 인간사의 원인이 될 수 없네. 신은 일부의 원인일 뿐, 모든 것의 원인은 아니라는 뜻이지…. 그러니 좋은 것의 원인은 오직 신뿐이지만, 나쁜 것의 원인은 신이 아닌 다른 곳에서 찾아야만 하네"라고 말하며, 신들이 인간의 길흉화복을 좌지우지한다는 호메로스의 주장을 비판한다. 그러나 소크라테스도 '대다수의 사람'은 신들이 '모든 인간사의 원인'이라고 믿는다는 점을 인정했다. 따라서 키케로는 일반 대중의 생각이 아닌 당시 철학자들의 생각을 말하고 있다.

을 수입하는 일도 이루어지지 않았을 것이다. 또한 인간의 노동과 손길이 없었다면 우리의 생활에 꼭 필요한 돌들을 땅에서 파내지 못했을 것이며, "땅 속 깊이 숨겨져 있는 철과 동과 금과 은"[11]을 캐낼 수 없었을 것이다.

4 인간은 공동생활을 통해 어려운 일이 닥쳤을 때 서로 돕는 법을 배웠다. 만약 이와 같은 협력이 없었다면 인류가 처음 혹독한 추위를 이겨내고 더위를 피하기 위한 집들을 마련할 수 있었겠느냐? 또한 폭풍이나 지진으로 파손되거나 오랜 세월이 지나 허물어진 집들을 수리
14 할 수 있었겠느냐? 더 나아가 인간의 노동이 없었더라면, 우리가 상수도, 운하, 관개 설비, 방파제, 인공 항구 같은 시설들을 갖출 수 있었겠느냐? 이런 예들과 그 외 여러 사례를 보면, 인간의 손길과 노동이 없었다면 우리는 생명이 없는 것들이 주는 생산물과 유익을 분명히 누리지 못했을 것이다.

끝으로, 사람들이 서로 도우며 살지 않았다면 어떻게 짐승들에게서 우리에게 필요하고 이로운 것을 얻을 수 있었겠느냐? 다양한 짐승을 이용할 수 있다는 사실을 알아낸 것도 인간이었다. 지금도 인간의 노동이 없다면 짐승을 먹이거나 길들이거나 보호하지 못했을 것이고, 때맞추어 그들에게서 이로운 것을 얻어내지도 못했을 것이다. 또한 인간은 해로운 짐승들을 죽이고, 이용할 수 있는 짐승들을 포획한다.

15 내가 수많은 기술을 열거하는 이유가 무엇이겠느냐? 기술 없이는

---

11 이 구절은 로마의 비극시인 루키우스 아키우스의 작품 『프로메테우스』에 나오는 것으로 보인다. 그가 쓴 50편의 작품은 대부분 비극으로, '비극의 아버지'라 불리는 그리스의 비극시인 아이스킬로스 등의 작품을 종종 모방하거나 번안했다.

인간의 삶 자체가 불가능하기 때문이다. 수많은 기술이 인간을 보살피지 않았다면, 어떻게 병자들이 건강을 회복하고, 사람들이 건강의 기쁨을 누리며 생활에 필요한 것들을 얻을 수 있었겠느냐? 이러한 기술들 덕분에 인간의 삶은 짐승들이 살아가는 방식과 매우 큰 차이를 보인다.

사람들이 함께 모여 살지 않았다면 많은 사람으로 붐비는 도시들은 결코 세워질 수 없었을 것이다. 도시들이 세워지면서 법과 관습이 생겼고, 그로 인해 권리의 공평한 분배와 확실한 생활 규율도 자리 잡았다. 이러한 질서가 확립되면서 사람들의 마음이 순화되고 염치가 생겼다. 결과적으로 삶은 더 안전해졌고, 재화와 용역을 교환하고 주고받음으로써 부족한 것이 없게 되었다.

5 지금까지 이 문제를 내가 필요 이상으로 길게 다룬 듯하구나. 파 16
나이티오스는 전쟁을 수행하는 장군이든 국내에서 국가를 다스리는 통치자든 사람들의 협력이 없었다면 국가를 위한 위대한 일들을 이룰 수 없었다고 길게 설명한다. 그러나 이것은 당연하고 자명한 사실이 아니냐? 파나이티오스는 테미스토클레스, 페리클레스, 키루스, 아게실라오스, 알렉산드로스[12]가 다른 사람들의 도움 없이 위대한 업적을

---

12 "키루스 2세"(기원전 약 585-529년)는 작은 왕국인 안샨의 왕자로 태어나, 메디아를 멸망시키고 페르시아 제국을 건설한 인물이다. 이어서 리디아, 바빌로니아를 정복하며 당시 세계에서 가장 광대한 제국을 건설해 키루스 대왕으로 불린다. "아게실라오스 2세"(기원전 444-360년)는 펠로폰네소스 전쟁 후 그리스의 패권국으로 부상한 스파르타를 이끈 왕으로, 뛰어난 용기와 절제, 용병술로 높은 평가를 받았다. "알렉산드로스 대왕"(기원전 356-323년)는 그리스와 페르시아, 인도, 이집트를 아우르는 대제국을 건설하여 헬레니즘 세계를 이룩한 마케도니아의 왕이다.

이루어내지 못했다고 상기시킨다. 누구도 이 사실에 의문을 제기하지 않으므로 증명할 필요가 없는데도 그는 굳이 증거들을 제시하며 증명하려 한다.

한편, 사람들이 뜻을 모아 협력함으로써 큰 유익을 얻기도 하지만, 반대로 사람이 사람에게 가하는 재앙보다 더 끔찍한 일도 없단다. 위대한 소요학파 철학자 디카이아르코스[13]는 인간의 파멸에 대해 쓴 책에서 홍수, 전염병, 황폐화, 야생 짐승들의 습격 등 인간을 파멸로 몰아간 다양한 원인을 수집하여 제시한다. 그런 다음 이러한 원인들로 인한 사망자보다 전쟁이나 폭동과 같은 인간 간의 충돌로 인해 죽은 사람이 훨씬 더 많다는 점을 지적한다.

17 이로써 분명해진 사실은 사람에게 가장 큰 유익을 주는 것도 사람이며, 가장 큰 해악을 끼치는 것도 사람이라는 점이다. 나는 미덕의 고유한 기능이 사람들의 마음을 얻어 그들이 우리에게 유익을 가져다줄 수 있도록 행동하게 만드는 것이라고 본다. 생명이 없는 자원을 이용하고 짐승들을 부려 인간의 삶에 유익하게 하려면 기술을 사용하는 노동이 필요하다. 반면, 사람들이 자발적으로 우리의 이익을 증진시키도록 만들려면 뛰어난 사람들의 지혜와 미덕이 필수적이다.

18 모든 미덕은 통상 세 가지로 구성된다. 첫째는 각 상황에서 참되고

---

13 "디카이아르코스"(기원전 약 370-323년)는 소요학파 철학자이자 아리스토텔레스의 제자로, 박학다식함으로 존경받았으며 다양한 분야의 글을 썼다. 대표작으로 그리스 문명사를 다룬 『그리스의 생활』, 영혼 사멸론을 주장한 『영혼론』, 당시 지리학적 세계를 설명한 『세계 일주』, 그리스의 여러 산의 고도를 논한 『산들의 측량』, 스파르타와 아테네의 정치체제를 분석한 『정치체제론』, 바른 삶에 대한 『인생론』 등이 있고, 대규모 사망 사례를 수집하여 서술한 책도 냈다.

온전한 것이 무엇인지, 그에 합당한 것은 무엇인지, 그 결과와 원인
그리고 그것을 유발하는 것까지 꿰뚫어 보는 능력이다. 둘째는 그리
스인들이 '파토스'라고 부르는 정신적 혼란과 동요를 잠재우고, '호르
메'라 부르는 충동을 이성의 통제 아래 두는 것이다.[14] 셋째는 우리와
함께 살아가는 사람들을 적절하고 지혜롭게 활용하여 협력을 통해 우
리의 본성이 필요로 하는 자원을 풍족하게 모으고, 어려움을 극복하
며, 우리에게 해악을 끼치려 하는 자들을 공정과 인륜이 허용하는 범
위 내에서 응징하는 것이다.

6 이제 나는 사람들의 호의를 얻고 유지하는 능력을 얻는 방법에 19
대해 이야기하려 한다. 그러나 본격적으로 논의하기에 앞서 몇 가지
해둘 말이 있다.

누구나 알다시피 운은 성공과 실패에서 모두 큰 역할을 한다. 순풍
이 불면 그 바람을 타고 원하는 목적지에 도달할 수 있지만, 역풍이
불면 난파를 당할 수 있지. 운이 직접 작용하여 여러 재앙을 만들어내
는 경우도 드물기는 하지만 있다. 이러한 재앙에는 무생물에서 오는
태풍, 폭풍우, 난파, 붕괴, 화재 등이 있으며, 짐승에게 차이거나 물리
거나 공격당하는 일도 포함된다. 말했다시피 이런 일들은 드물게 일
어난다. 그러나 최근에 있었던 세 차례의 전군 전멸[15]과 과거에 종종 20

---

14 "파토스"(πάθος)는 일반적으로 한 사람의 정신에 영향을 미치는 '감정'을 뜻하지만, 여기서는 특히 정신을 혼란시켜 이성적인 판단을 어렵게 만드는 '격정'을 뜻한다. 수사학에서 '파토스'는 청중의 감정과 정념에 호소하여 내재된 감정을 끌어내는 것으로, 에토스, 로고스와 더불어 세 가지 설득 방법 중 하나다. 파토스가 내면에 잠재되어 있다가 자극을 받아 표출되어 얼마간 지속되는 감정이나 정서 상태를 가리킨다면, "호르메"(ὁρμή)는 내면에 잠재되어 있다가 급격히 표출되어 의지나 행동을 일으키는 감정을 가리킨다.

일어났던 군대의 패망, 최근에 가장 훌륭한 장군[16]이 전사한 일을 비롯한 여러 장군의 전사, 그리고 대중의 증오로 인한 국가 유공자들의 잦은 추방과 몰락, 도피[17] 같은 일을 생각해보아라. 반대로, 성공한 사례로는 공직이나 군사령관직에 오르거나 전쟁에서 승리한 사례도 떠올려보아라. 이러한 모든 실패와 성공에는 운이 작용하지만, 결국에는 사람들의 도움과 협력이 없었다면 그 어떤 일도 이루어지지 않았을 것이다.

이러한 사실을 염두에 두고, 이제 나는 우리의 유익을 위해 어떻게 사람들의 호의를 얻고 불러일으킬 수 있을지 말하고자 한다. 이 문제에 대해 좀 더 길게 논의하더라도 유익함의 중요성을 감안하면 오히려 짧게 느껴질지도 모르겠구나.

21 사람들이 누군가의 성공이나 출세를 돕는 경우로는 다음과 같은 것들이 있다. 첫째는 단순히 그 사람을 좋아하게 되어 호의로 돕는 경

---

15 기원전 48년 테살리아 남부 파르살루스 전투에서 폼페이우스 군대의 전멸, 기원전 46년 북아프리카의 탑수스 전투에서 카이킬리우스 메텔루스 군대의 전멸, 기원전 45년 이베리아 반도 남부의 문다 전투에서 섹스투스 폼페이우스 군대의 전멸을 가리킨다. 공화정 말기, 평민파 카이사르는 이 세 차례의 전투를 통해 폼페이우스를 비롯한 벌족파를 물리치고 정권을 장악했다.

16 여기서 "가장 훌륭한 장군"은 평민파 지도자 카이사르에 맞서 싸우다가 기원전 48년에 사망한 벌족파 지도자 그나이우스 폼페이우스를 가리킨다.

17 키케로도 기원전 58년부터 57년까지 국외로 추방당했다. 기원전 63년, 평민파 카틸리나는 벌족파의 반대로 집정관이 되지 못하고 대신 키케로가 집정관이 되자, 그를 암살하고 정권을 장악하려는 이른바 '카틸리나 음모'를 꾸몄다. 이 음모는 밀고를 통해 드러났고, 키케로는 원로원에서 카틸리나를 탄핵하는 네 차례의 연설을 했다. 호민관이었던 마르쿠스 카토 우티켄시스는 음모의 주모자 다섯 명을 처형했다. 그러나 기원전 60년에 제1차 삼두정치가 시작되면서 상황이 바뀌어 평민파가 세력을 잡게 되자, 키케로는 이 다섯 명을 불법 처형했다는 죄목으로 1년 6개월 동안 로마에서 추방되었다.

우다. 둘째는 그 사람의 미덕을 존경하여 그가 최고의 행운을 얻을 자
격이 있다고 생각하여 돕는 경우다. 셋째는 그 사람을 신뢰하여 그가
잘되면 자신에게도 이익이 돌아올 것이라 믿고 돕는 경우다. 넷째는
그 사람이 가진 힘이 두려워서 돕는 경우다. 다섯째는 왕이나 대중선
동가들[18]이 후하게 선심을 쓸 때처럼 보답을 기대하며 돕는 경우다.
여섯째는 금전적 이익이나 보상을 약속받고 돕는 경우다. 이 마지막
경우는 그런 약속에 기대는 자들이나 그런 방법을 사용하는 자들 모
두에게 가장 추하고 비열한 일이다. 미덕으로 이루어져야 할 일을 돈 22
으로 해결하려 한다면, 모든 것이 비정상적으로 변질되기 때문이다.
하지만 돈으로 해결해야 할 때도 있으므로, 그런 경우에는 어떻게 해
야 하는지 설명하겠다. 먼저는 미덕에 좀 더 가까운 동기로 사람을 돕
는 경우부터 다루어보겠다.

사람들이 다른 사람의 명령이나 권한에 복종하는 이유는 여러 가지다. 첫째는 호의 때문이고, 둘째는 큰 은혜를 입었기 때문이며, 셋째는 그 사람의 뛰어난 명성 때문이고, 넷째는 복종하면 나중에 이익이 돌아올 것이라는 기대 때문이며, 다섯째는 복종하지 않을 경우에 강요를 당할 것이라는 두려움 때문이고, 여섯째는 대가를 두둑하게 줄 것이라는 약속과 희망 때문이며, 마지막으로는 우리나라에서 자주 보듯이 뇌물을 받았기 때문이다.

---

18 "대중선동가들"로 번역된 원문의 포풀라레스 호미네스(populares homines)는 직역하면 '대중에게 빌붙거나 밀착된 사람들'이라는 뜻이다. 공화정 말기의 사회 불안 속에서 평민파와 원로원 중심의 벌족파는 계속 갈등을 빚었고, 결국 평민파를 이끈 카이사르의 군대가 로마로 진격하면서 내전이 마무리되었다. 평민파는 '포풀라레스'라고 불렸다.

23 **7** 그러나 이러한 이유 중에서도 권력을 유지하고 확고히 하는 데 존경과 사랑보다 더 적합한 것은 없고, 두려움보다 더 부적합한 것도 없단다. 엔니우스가 잘 말했듯이, "사람들은 자신이 두려워하는 자를 증오하고, 자신이 증오하는 그자가 죽기를 바란다."[19] 아무리 막강한 힘이나 권력도 다수의 증오에 맞서 버텨낼 수 없다. 우리가 과거에는 이를 깨닫지 못했더라도 지금은 알 수 있지 않느냐? 저 참주는 군대로 국가의 숨통을 조였고, 사후에도 그 위세를 더욱 떨치고 있기는 하지만, 그가 암살당한 사건은 사람들의 증오가 얼마나 큰 재앙을 초래할 수 있는지를 명확히 보여주었다.[20] 그런 암살을 피하지 못한 다른 참주들의 비극적인 종말 역시 사람들의 증오가 얼마나 큰 재앙을 초래할 수 있는지를 여실히 증명했다. 두려움은 권력을 떠받치는 나쁜 안전장치인 반면, 호의는 권력을 영속적으로 지켜주는 신뢰할 만한 안전장치다.

24 그러나 힘과 명령으로 사람들을 제압하고 다스리는 자는 필요할 때 준엄함을 보여주어야 한다. 예를 들어, 노예주가 다른 방법으로는 노예들을 통제할 수 없을 때 준엄함을 보이는 것이 이에 해당한다. 그

19 이 대사는 엔니우스의 비극 『티에스테스』에 나오는 것으로 보인다. 티에스테스는 미케네 왕 아트레우스의 형제로, 그와 골육상쟁을 벌였던 인물이다. 공화정 시대의 로마 극작가들은 대부분 그리스의 비극과 희극을 번안하여 작품을 썼다.

20 이 말은 가이우스 카이사르가 기원전 49년 군대를 이끌고 로마로 진격하여 공화정을 무너뜨렸지만, 결국 벌족파인 브루투스와 카시우스 롱기누스에 의해 암살된 사건을 가리킨다. 카이사르는 그의 정적이었던 벌족파에 의해 암살되었기 때문에, "다수의 증오"에서 다수는 대중을 의미하지 않는다. 반면, 역사상의 다른 참주들은 처음에는 대중의 지지를 받아 참주가 되었지만, 이후 폭정을 일삼다가 대중의 증오 속에서 암살된 경우가 많다.

러나 자유 국가에서 사람들을 공포에 떨게 하고 자신을 두려운 존재로 만드는 자보다 더 정신 나간 사람은 없다. 비록 권력을 휘둘러 법을 무시하고 협박으로 자유를 억누르더라도, 언젠가 침묵의 판결과 공직 선거를 위한 비밀 투표를 통해 법과 자유는 다시 등장할 것이다. 그때 억압받았던 자유는 이전보다 더욱 강력하게 물어뜯으며 반발할 것이다. 따라서 안전뿐만 아니라 권력과 권한을 가장 확고하게 떠받쳐줄 정책, 즉 사람들에게서 두려움을 없애고 그들을 사랑[21]으로 품는 정책을 대대적으로 펼쳐야 한다. 이렇게 하면 사적이든 공적이든 우리가 원하는 것을 가장 수월하게 이룰 수 있다.

게다가 사람들에게 겁을 주어 자기를 두려워하게 만든 자는 결국 자
신도 그들을 두려워할 수밖에 없단다. 예를 들어, 디오니시오스 1세[22]는 25
두려움에 사로잡혀 극심한 고통을 겪었고, 심지어 면도칼을 두려워하여 숯불로 턱수염을 그슬렀다고 한다.[23] 그의 삶이 어떠했을지 생각해보아라. 또 페라이의 알렉산드로스[24]는 어떤 마음으로 살았겠느냐?

---

21 여기서 "사랑"으로 번역된 카리타스(caritas)는 그리스어 필리아(φιλία)에 해당하며, 남녀 간의 사랑을 제외한 일반적인 의미의 사랑, 즉 형제애, 인류애, 조국애 등을 뜻한다.

22 "디오니시오스 1세"(기원전 약 430-367년)는 시칠리아섬에 위치한 시라쿠사의 참주다. 그의 치세 동안 시라쿠사는 번영을 누렸으며 시칠리아 전역과 남부 이탈리아까지 세력을 확장했지만, 그는 잔인한 최악의 폭군으로 평가된다.

23 그는 암살이 두려워 면도사에게 면도칼을 맡기지 못하고, 직접 숯불로 턱수염을 그슬려 면도를 했다고 전해진다.

24 "페라이의 알렉산드로스"는 대략 기원전 369년부터 356년까지 통치한 참주다. 그의 아내 테베는 전임 참주였던 야손의 딸이고, 두 사람은 배다른 오누이였다고 전해진다. 그리스 역사가 플루타르코스는 알렉산드로스가 자신의 신변 안전을 몹시 염려했으나 결국 아내에게 살해된 과정을 자세히 묘사했다. 트라키아는 그리스 본토와 지금의 튀르키예 사이 지중해 북쪽에 위치한 발칸 반도 지역으로, "트라키아인"은 남녀 모두 문신을 하는 풍습이 있었다.

기록에 따르면, 그는 아내 테베를 매우 사랑했으나, 연회를 마치고 아내의 침실로 갈 때마다 트라키아인처럼 문신한 야만인을 앞세워 칼을 빼들고 갔고, 호위병 일부를 미리 보내 보석함과 옷장을 뒤져 무기가 숨겨져 있는지 확인하게 했다는구나. 아내보다 야만인이자 낙인찍힌 노예를 더 신뢰했으니 얼마나 불행하고 가련한 인생이냐! 하지만 그의 두려움은 전혀 근거가 없지는 않았다. 실제로 그는 첩을 두었다고 의심한 아내에게 살해당했다.

두려움과 억압으로 유지되는 권력은 아무리 강력해도 오래 지속될
26 수 없다. 팔라리스[25]가 그 증인이다. 잔혹하기 짝이 없었던 그는 앞서 언급한 알렉산드로스처럼 개인의 음모에 의해 살해된 것도 아니었고, 우리나라의 독재자처럼[26] 소수에 의해 암살된 것도 아니었다. 그는 아그리겐툼 민중 전체의 공격을 받아 죽음을 맞았다.

또한 마케도니아인들이 데메트리우스를 버리고 피로스에게로 돌아선 이유가 무엇이겠느냐?[27] 라케다이몬인들이 레욱트라 전투[28]에서 재앙을 당했을 때, 동맹국들이 갑자기 등을 돌리고 방관자가 된 것은 그들이 그동안 부당하게 패권을 휘둘렀기 때문이 아니겠느냐?

---

25 "팔라리스"는 기원전 약 570년부터 554년까지 시칠리아의 아그리겐툼(그리스어로 '아크라가스')을 통치한 참주로, 속 빈 청동 황소상 안에 사람을 집어넣고 불로 달구어 죽이는 등 잔인함으로 악명이 높다. 기원전 554년 텔레마코스가 이끈 민중 봉기 때, 팔라리스는 자신이 만든 청동 황소상에서 같은 방식으로 죽음을 맞았다.

26 여기서 "독재자"는 카이사르를 가리킨다.

27 "데메트리우스 폴리오크레테스"(기원전 337-283년)는 마케도니아의 왕으로, 알렉산드로스 대왕이 건설한 대제국을 회복하고자 전쟁을 계속했으나 마케도니아인들은 전쟁보다 평화를 원했다. "피로스"는 제1권 각주 61을 보라.

28 "레욱트라 전투"는 제1권 각주 82를 보라.

8 이와 관련해 내가 비록 외국의 사례를 들었지만, 사실 우리 로마
제국이 부당한 억압이 아니라 선의를 기반으로 유지되고 있을 때, 전
쟁은 오직 동맹국들과 로마를 지키기 위해 수행되었다. 전쟁의 결과
는 관용이거나 꼭 필요한 만큼의 처벌에 그쳤으며, 원로원은 왕들과
부족들 그리고 민족들의 피난항이었다. 당시 우리 로마의 고위 공직 27
자들과 군사령관들이 전쟁에서 열망했던 것은 단 하나, 속주와 동맹
국을 정의와 신의로 수호했을 때 받게 될 최고의 찬사뿐이었다. 따라
서 당시 로마는 세계를 지배하는 제국이라기보다 세계를 보호하는 후
견국이라 불리는 것이 더 적합했다.

이러한 관행과 규율은 술라의 승전 이전에도 조금씩 약화되기는 했지만, 그 후로 완전히 사라지고 말았다. 동맹국에 대한 억압을 부당하게 여기던 시대는 지나갔고, 심지어 로마 시민들조차 잔혹하게 억압당했다. 술라의 승전 자체는 도덕적으로 올바른 것이었지만, 그는 그 승리를 도덕적으로 올바르지 않은 일에 악용했다. 술라는 광장에서 창을 땅에 세워놓고 로마 시민인 선량한 이들과 부자들의 재산을 강탈하여 팔아넘기면서도, "나는 전리품을 팔고 있다"라고 뻔뻔하게 말했다.[29] 술라의 뒤를 이은 자[30]는 더욱 추악하고 가증하게 승리를 악용하여 시민들의 재산을 몰수하는 데서 그치지 않고, 모든 속주와 지역을 한꺼

---

29 기원전 83년, 루키우스 술라는 군대를 이끌고 로마로 진격해 도시를 장악한 후, 시민권을 박탈하고 추방할 자들의 명단을 연이어 발표하며 이들을 살해하는 것을 합법화했다. 정부는 이때 살해된 자들의 재산을 몰수해 광장에서 경매에 붙여 팔았다.

30 "술라의 뒤를 이은 자"는 카이사르를 가리킨다. 이 책에서 키케로는 종종 '카이사르'라는 이름을 명시하지 않는다. 이는 카이사르가 암살된 시점이기는 하지만 그의 영향력이 건재했기 때문일 것이다.

번에 파멸의 길로 몰아넣었다.

28 이렇게 하여 이민족들은 그에게 억압받고 멸망했다. 한 예로 마실리아[31]를 들 수 있다. 과거 로마의 장군들은 마실리아의 도움이 없었다면, 알프스 너머에의 전쟁에서 단 한 차례도 승리를 거두지 못했을 것이다. 그런데도 그가 마실리아를 정복한 후, 그 도시의 주권이 상실되었음을 개선식에서 드러내기 위해 굳이 그 도시의 모형을 만들어 싣고 오는 모습을 보지 않았느냐. 아울러 해 아래에서 벌어진 일들 중 이보다 더 파렴치한 일을 꼽으라면, 로마가 동맹국들에 저지른 수많은 잔혹한 범죄들이 떠오른다. 이 때문에 로마는 마땅한 대가를 치르고 있는 것이다. 로마가 그 같은 범죄를 저지른 많은 자를 내버려두지 않고 적절히 처벌했다면, 무소불위의 권력이 한 사람[32]에게 집중되는 일은 결코 일어나지 않았을 것이다. 그가 죽은 후 그의 재산은 소수에게 상속되었지만, 그의 권력욕은 다수의 사악한 이들에게 계승
29 된 셈이니 말이다. 망할 자들이 저 피로 물든 창을 기억하고 기대하는 한, 내전의 씨앗과 유발 요인은 결코 사라지지 않을 것이다. 자기 친척이 독재관[33]이었을 때부터 창을 휘두르기 시작한 푸블리우스 술라[34]는

---

31 "마실리아"는 지금의 마르세이유에 해당하는 남부 골 지방의 도시로, 내전이 발발하자 폼페이우스와 공화정파를 지지했다. 이에 카이사르는 기원전 49년에 이 도시를 포위, 점령한 후, 기원전 46년에 개선 행렬을 벌였다.

32 "한 사람"은 카이사르를 가리킨다.

33 "독재관"(dictator, '딕타토르')은 비상시국에 공화정을 다스릴 전권을 위임받은 직책으로, 원로원이 임명했다. 이 직위에는 원래 부정적인 의미가 없었으나 루키우스 술라 이후로 부정적인 의미를 갖게 되었다.

34 "푸블리우스 술라"(기원전 약 1세기 초-45년)는 루키우스 술라의 조카로, 정치가다. 그는 기원전 66년에 집정관에 당선되었으나 뇌물 사건에 연루되어 집정관직을 박탈당하고

36년이 지난 후에도 더 사악한 범죄의 창을 휘둘렀다. 그 친척이 독재관이었을 때 서기였던 또 다른 술라는 현재 재무관이 되었다. 이런 보상이 주어지는 한 내전은 결코 끝나지 않을 것임을 명심해야 한다.

이로 인해 아직까지 도시의 성벽들만 건재할 뿐이고, 지금 이 성벽들조차 극악무도한 범죄 앞에서 두려워 떨고 있는 상황을 보건대, 우리는 이미 공화국을 완전히 잃어버렸다. 본론으로 돌아가 살펴보면, 우리는 사랑받는 대상이 아니라 두려움의 대상이 되는 쪽을 선택했기 때문에 이런 파국을 맞은 것이다. 로마의 정의롭지 못한 통치 때문에 로마 시민들이 파국을 맞을 수 있다는 사실을 깨달았다면, 이제 우리 개개인은 무엇을 해야 할지 생각해보아야 하지 않겠느냐? 호의의 힘은 크고 두려움의 힘은 약하다는 것이 명백해졌으니, 이제는 우리가 바라는 존경과 신뢰에 기반한 사랑을 어떻게 하면 가장 쉽게 얻을 수 있을지 고민해야 할 때다.

그러나 우리 모두가 동일한 수준의 사랑을 받을 필요는 없다. 다수 30
에게 사랑을 받아야 하는지, 아니면 소수에게 사랑을 받아도 충분한지는 각자의 사회적 지위에 따라 다르기 때문이다. 다만 한 가지 분명한 것은, 우리를 사랑하고 존중하는 친구들의 우정과 신뢰 확보가 가장 필요하다는 것이다. 이는 높은 지위에 오른 사람이나 평범한 사람이나 매한가지로 절실한 일이다.

모든 사람에게 공직, 명성, 시민의 호의가 동일하게 필요한 것은 아 31

원로원에서 제명되었다. 그러나 키케로의 변호로 무죄 석방된 후, 기원전 49년 카이사르의 편에 서서 승승장구했다. "또 다른 술라"에 대해서는 알려진 바가 없다.

니지만, 그러한 요소를 갖추고 있다면 우정을 얻는 데도 상당한 도움이 된다.

9 그러나 우정에 관해서는 나의 책 『라일리우스』[35]에서 이미 다루었으니 여기서는 명성에 대해 이야기해보겠다. 명성에 대해서도 이미 두 권의 책[36]을 썼지만, 특별히 이 자리에서 다루려는 이유는 더 중요한 일을 행할 때 명성이 매우 큰 도움이 되기 때문이다.

최고의 완벽한 명성은 다음 세 가지 요소에 달려 있다. 첫째, 대중의 사랑을 받아야 한다. 둘째, 대중의 신뢰를 얻어야 한다. 셋째, 칭송받고 공직을 맡을 자격이 있다는 대중의 평가를 받아야 한다. 간단히 말해, 대중에게 이런 반응을 얻으려면 개인을 대하는 방식과 동일하게 대중을 대해야 한다. 또한 대중에게 다가가 모든 사람에게 스며들듯이 단번에 마음을 사로잡는 또 다른 방법도 있다.

32 앞서 말한 세 가지 중 먼저 호의를 얻는 방법을 살펴보자. 사람들의 호의는 무엇보다 호의를 베풀 때 얻을 수 있으며, 실행 여부와 상관없이 호의를 베풀려는 마음만으로도 사람들의 호의를 얻을 수 있다. 그러나 대중의 열렬한 사랑을 불러일으키는 것은 아낌없는 베풂과 호의, 정의, 신뢰는 물론이고, 온화하고 자애로운 인품 그리고 예의바르고 친근한 태도와 같은 온갖 미덕을 갖추고 있다는 평판이다. 도덕적 올바름과 적절함은 본성적으로, 또한 구체적인 표현을 통해 모든 사

---

35 『라일리우스 데 아미키티아』 또는 『우정론』이라고도 불리는 『라일리우스』는 키케로가 기원전 44년에 저술한 책으로, 라일리우스와 그의 두 사위 간의 대화로 구성되어 있다. 라일리우스에 대해서는 제1권 각주 116을 보라.

36 키케로가 기원전 44년에 저술한 『명성론』을 가리킨다.

람의 마음을 기쁘게 하고 감동시킨다. 특히 내가 앞서 언급한 미덕들을 통해 최대로 빛을 발한다. 그래서 우리는 그러한 미덕을 갖추고 있는 듯이 보이는 사람들을 본성적으로 사랑하게 되어 있다. 사람들의 사랑을 받게 해주는 소소한 요소들이 있지만, 인품과 태도에 관한 평판이 가장 중요한 요소임에는 틀림없다.

사람들의 신뢰를 얻는 요소는 두 가지다. 첫 번째는 정의로움과 실 33
천적 지혜를 모두 갖추고 있다는 평가다. 우리는 자신보다 더 잘 알고, 미래를 예측하며 위기 상황에 대처할 계획을 세우고 문제를 해결할 것 같은 사람을 신뢰하기 때문이다. 사람들은 이를 유익하고 참된 실천적 지혜라고 평가한다. 두 번째는 정의롭고 신의가 있는 자들, 즉 선량한 자들을 신뢰한다. 그들은 속임수와 불의를 행하지 않을 것이라고 믿기 때문이다. 그래서 우리는 그들을 안위와 재산, 자녀를 맡길 수 있는 가장 적합한 사람들로 여긴다.

그러나 이 두 가지 요소 중에서 정의로움이 실천적 지혜보다 더 큰 34
신뢰를 얻는다. 정의로움은 실천적 지혜가 없어도 충분히 영향력을 발휘하지만, 실천적 지혜는 정의로움이 없으면 아무 힘도 쓰지 못하기 때문이다. 오히려 선량하고 정직하다는 평판을 잃으면, 영리할수록 더 큰 미움과 불신을 받게 된다. 따라서 정의로움과 분별력이 결합될 때 비로소 원하는 만큼 신뢰를 얻게 될 것이다. 정의로움은 실천적 지혜가 없어도 많은 일을 할 수 있는 반면, 실천적 지혜는 정의로움이 없으면 아무 힘도 발휘하지 못한다.

10 한 가지 미덕을 지닌 자는 모든 미덕을 지니고 있다는 주장에 35
모든 철학자가 동의할 것이고, 나도 종종 그렇게 말했다. 그렇지만 내가 지금 미덕들을 분리하여, 정의로운 자에게 실천적 지혜가 없을 수도 있다는 듯이 말하는 것에 의문을 갖지 않기를 바란다. 철학적 논의에서 진리를 탐구할 때 사용하는 정확한 표현과 용어는 일반 사람들의 생각에 맞추어 사용하는 표현과는 다르기 때문이다. 여기서 내가 어떤 사람은 용기 있고, 어떤 사람은 선량하며, 어떤 사람은 실천적 지혜가 있다고 말하는 것은 일반 사람들을 대상으로 한다. 대중에 대해 말할 때는 그들이 사용하는 친숙한 표현과 용어를 사용하는 것이 마땅하다. 이는 파나이티오스가 채택한 방식이기도 하다. 이제 본론으로 돌아가 보자.

36 명성을 얻게 해주는 세 가지 요소 중 세 번째는, 사람들의 칭송과 존경을 받을 자격이 있다는 평가를 받는 것이다. 일반적으로 사람들은 자신이 생각지 못한 뛰어난 점을 가진 것을 위대하게 여기며 칭송한다. 특히 한 개인에게서 예상치 못한 훌륭한 점을 발견했을 때, 그에게 찬사를 보낸다. 그래서 어떤 사람에게서 탁월하고 독보적인 미덕을 보았다고 생각하면, 그를 우러러보고 칭송한다. 반면에 미덕도, 패기도, 힘도 없다고 여겨지는 사람들은 경멸한다. 그러나 자신이 보기에 악하다고 생각하는 자를 모두 경멸하지는 않는다. 누군가를 부도덕하고, 비방을 일삼고, 사기성이 짙으며, 상습적으로 불의를 저지르는 자로 여긴다 해도, 그를 경멸하기보다는 그저 악하다고 평가할 뿐이다. 앞서 말했듯, 사람들이 경멸하는 자들은 속담에서 이르듯 "자신에게도 다른 사람에게도 아무 쓸모없는" 자들, 즉 일하지 않고 근면하지 않으며 책임감 없이 무위도식하는 사람들이다.

37 반면, 다른 이들보다 뛰어난 미덕을 가지고 있고, 타인이 쉽게 떨

쳐버리지 못하는 온갖 부적절함과 악덕에서 벗어나 있다고 여겨지는 이들은 칭송을 받는다. 사람들은 쾌락이라는 매혹적인 유혹 앞에서는 미덕에서 멀어지기 쉽고, 고통이라는 불길 앞에서는 극도의 두려움에 빠지기 때문이다. 또한 삶과 죽음, 가난과 부유함의 문제 앞에서도 흔들리기 마련이다. 그러나 탁월하고 위대한 정신을 지닌 사람은 쾌락이나 고통을 초래하는 외적인 상황에 아랑곳하지 않고, 전심전력을 다하여 자신에게 주어진 웅대하고 도덕적으로 올바른 목표를 향해 나아간다. 이렇게 찬란하고 아름다운 미덕을 지닌 사람에게 누가 찬사를 보내지 않겠느냐?

11 따라서 대중이 쾌락이나 고통의 상황에 흔들리지 않는 정신을 38
칭송하고, 훌륭한 사람이 반드시 갖추어야 하는 유일한 미덕인 정의로움에 특히 찬사를 보내는 것은 당연하다. 죽음과 고통, 추방, 빈곤을 두려워하거나 이와 반대되는 것들을 정의보다 앞세우는 사람은 결코 정의로울 수 없다. 특히 사람들은 돈 앞에서도 흔들리지 않는 자에게 찬사를 보낸다. 이런 면에서 검증된 사람은 불 시험을 통과했다고 생각하기 때문이다.

결국 명성을 얻게 해주는 세 가지 요소는 모두 정의로움으로 수렴한다. 정의로운 사람은 많은 이에게 유익을 끼치려 하기에 첫 번째 요소인 호의를 지니고 있고, 두 번째 요소인 신의가 있다는 평가를 받는다. 또한 대다수가 열망하는 것을 하찮게 여기고 멸시한다는 점에서 세 번째 요소인 칭송과 존경을 받는다.

인간은 살아가면서 어떤 일을 하든 사람들의 도움이 필요하며, 특 39
히 대화를 나눌 수 있는 친구가 있어야 한다. 그러나 먼저 훌륭한 사람이라는 평가를 받지 못하면, 사람들의 도움을 받거나 친구를 얻기가 쉽지 않다. 정의롭다는 평판은 시골에서 홀로 은거하며 살아가는 이에게도 중요하며, 평범한 삶을 사는 이에게는 더욱 필수적이다. 정의롭다는 평판을 얻지 못하거나 불의하다는 평판을 듣는 자는 자신을 보호해줄 울타리를 얻지 못하고, 이런저런 부당한 일을 많이 겪게 된다.

40 물건을 사고 파는 사람, 고용주와 피고용인, 상거래 종사자들에게도 정의로움은 필수적이다. 나쁜 짓과 범죄로 먹고사는 자들도 최소한의 정의로움이 없다면 살아갈 수 없을 정도로 정의로움은 큰 힘을 지니고 있다.[37] 해적이 동료의 물건을 훔치거나 강탈한다면 그들 사이에서도 함께 살아갈 수 없게 된다. 또한 해적 두목이 약탈한 물건을 공정하게 나누지 않는다면 부하에게 살해되거나 버림받을 것이다. 그러니 해적이나 강도들 사이에도 지켜야 할 법이 있다고 하는 것이다. 테오폼포스[38]의 글에 따르면, 일리리아의 강도 바르딜리스[39]는 약탈한 물건을 공평하게 분배하여 큰 세력을 이루었고, 루시타니아의 비리아투스[40]

---

37 플라톤의 『국가』 351c에서 소크라테스는 이렇게 말한다. "국가든 군대든 강도 집단이든 도둑 떼든 어떤 집단이 함께 불의를 저지른다고 가정해보게. 한 집단 내에서 서로에게 불의를 저지르는 경우에도, 그 집단이 하려는 일을 해낼 수 있다고 생각하는가?"

38 "테오폼포스"(기원전 약 380-315년)는 키오스 출신의 그리스 역사가로, 아테네의 유명한 대중연설가이자 소피스트인 이소크라테스의 제자였다. 그는 고대 그리스 역사가 투키디데스의 『펠로폰네소스 전쟁사』 후속편으로 기원전 411년부터 394년까지를 다룬 『그리스의 역사』와 마케도니아의 왕 필리포스 2세를 다룬 『필리피카』를 집필했다.

39 "일리리아"는 발칸반도 서부 지역을 지칭하며, "바르딜리스"(기원전 약 448-358년)는 일리리아 남부의 많은 부족을 통합하여 왕국을 건설한 후, 마케도니아와 몰로시아를 여러 차례 격파하고 이 지역을 지배했다. 그러나 기원전 358년 마케도니아의 필리포스 2세에게 죽임을 당했다.

40 "루시타니아"는 현재 포르투갈이 위치한 이베리아반도의 지역이다. "비리아투스"(기원전 2세기 초-139년)는 확장 정책을 펴던 로마에 저항한 목자 출신의 인물로, 루스타니

는 더 큰 세력을 형성했다. 비리아투스는 심지어 우리 로마의 군대와 장군들에게까지 도전장을 내밀었다. 하지만 '사피엔스'(현자)라 불리던 가이우스 라일리우스가 정무관으로 있을 때, 그의 세력을 격파하여 사나운 기세를 꺾어놓았고, 그 덕분에 후임자들이 쉽게 전쟁을 끝낼 수 있었다.

이렇게 정의의 힘은 강도단조차 크고 강한 세력을 형성할 수 있게 할 만큼 대단하다. 그렇다면 법과 법정에서, 입헌 국가에서 정의의 힘이 얼마나 클지 생각해보아야 하지 않겠느냐?

12 헤로도토스는 메디아인들[41]이 정의를 위해 도덕적으로 훌륭한 41
인물을 왕으로 추대했다고 기록했는데, 우리 선조들도 마찬가지였던 것 같다. 힘없는 백성은 자신보다 더 강한 자들에게 억압을 받으면, 탁월한 미덕을 지닌 한 사람에게 도움을 요청했다. 그러면 그 사람은 약자들이 부당한 대우를 받지 않게 막아주고, 공평한 법을 만들어 가장 높은 자나 가장 비천한 자나 모두에게 동등한 권리를 부여했다. 법을 제정하는 이유는 왕을 세우는 이유와 다르지 않았다.[42] 사람들은 42
언제나 공평한 권리를 추구해왔다. 그들은 공평하지 않은 권리는 권

아인들의 가장 중요한 지도자였다. 그는 기원전 147년과 139년 사이에 로마군에 맞서 여러 차례 승리를 거두었다. 독일의 역사가 테오도르 몸센은 그를 "호메로스의 영웅들 중 한 명이 다시 나타난 것 같다"고 평가했다.

41 메디아는 현재 이란의 서부와 북부에 걸쳐 위치했던 고대 이란인의 국가로, 수도는 엑바타나였다. "메디아인들"은 기원전 1000년경 이란 고원에 정착했으며, 이란계 페르시아인은 이란 고원의 남서부에 자리를 잡았다. 메디아는 페르시아 제국을 건설한 키루스 2세에게 멸망하기 전까지 신바빌로니아 제국과 함께 강력한 국가였다. 본문의 이야기는 고대 그리스 역사가 헤로도토스의 『역사』 1.96 이하에 기록되어 있다.

42 "법"과 "왕" 모두 정의를 실현하기 위한 수단이라는 의미다.

리가 아니라고 여겼다. 정의롭고 훌륭한 한 인물이 공평한 권리를 보장해주면 사람들은 그것에 만족했다. 그러나 그런 방법으로 공평한 권리를 확보하기가 어려울 때, 사람들은 누구에게나 동일한 목소리로 말하는 법률을 고안했다.

그러므로 대중은 정의롭다고 여겨지는 인물을 국가의 최고 통치자로 선택하는 것이 분명하다. 만약 그 인물이 실천적 지혜까지 갖추고 있다면, 그의 지도 아래 이루어내지 못할 일이 없다고 믿을 것이다. 따라서 우리는 모든 방법을 동원하여 정의를 함양하고 유지해야 한다. 이는 정의 그 자체를 위해서이고(정의롭고자 한다면 이는 필수다) 동시에 우리의 명예와 명성을 위해서이기도 하다.

하지만 생필품을 마련하고 자유민으로서 문화생활을 누리기 위해
지속적으로 돈을 벌고 투자하는 것처럼 명성을 얻기 위해서도 투자가
43 필요하다. 소크라테스는 명성을 얻는 가장 빠른 방법, 즉 지름길은 남
들이 자신을 어떻게 보기를 원하는지 생각한 후, 마치 그런 사람인 양
행동하는 것이라는 매우 훌륭한 말을 했다.[43] 그러나 훌륭한 사람의
언행을 겉으로만 비슷하게, 가식적으로 흉내 내어 영속적인 명성을
얻으려 한다면, 이는 큰 착각일 뿐이다. 진정한 명성은 깊이 뿌리내리
고 널리 퍼져나가는 반면, 거짓과 속임수로 만들어낸 명성은 작은 꽃
처럼 금세 시들어 땅에 떨어지고 말기 때문이다. 거짓과 속임수로 이
루어진 것은 오래갈 수 없다. 참된 명성과 거짓된 명성이 결국 어떻게
끝나는지 보여주는 증거는 많지만, 간단히 한 가문을 예로 들어보겠

---

43 크세노폰의 『소크라테스의 추억』 2.6.39에 나오는 내용이다.

다. 푸블리우스의 아들 티베리우스 그라쿠스[44]는 로마가 기억되는 한 칭송받을 인물이다. 반면, 그의 아들들은 생전에 훌륭한 사람들에게 인정받지 못했고, 죽어서도 멸시받아 마땅한 자들로 기억될 것이다.

13 그러므로 진정한 명성을 얻고자 한다면, 정의에 따른 의무를 빠짐없이 수행해야 한다. 이 의무들이 무엇인지는 제1권에서 이미 다루었다.

중요한 것은, 남들이 자신을 어떻게 보기를 바라는지 생각하고 그 44
에 맞게 행동하는 것이다. 이를 위해 몇 가지 쉬운 방법을 제안한다. 내
아들 키케로야, 너처럼 아버지에게 물려받거나 어떤 기회나 행운 덕분
에 어릴 때부터 유명인사가 된 경우에 사람들의 시선이 항상 집중되어
있어, 그가 무엇을 하며 어떻게 살아가는지 모두가 밝은 빛 아래에서
보듯 낱낱이 드러난단다. 따라서 그의 말이나 행동은 숨길 수 없게 된
다. 반면, 미천한 집안에서 태어나 무명으로 시작한 사람은 청년이 되 45
자마자 위대한 포부를 품고 이를 이루기 위해 온 힘을 다해야 한다. 이
런 사람은 청년 시절에 좀 더 편안하고 확고한 마음으로 목표를 이루
기 위해 노력할 수 있다. 대개 사람들은 젊은이들에게 관대하며 호의
를 베풀기 때문이다. 따라서 명성을 얻고자 하는 청년에게 가장 먼저
추천하는 것은, 많은 선조가 그랬듯 전장에 나가 명성을 쌓는 것이다.

---

44 여기서 "티베리우스 셈프로니우스 그라쿠스"(기원전 약 217-154년)는 농지 개혁을 시도한 그라쿠스 형제의 아버지를 말한다. 기원전 177년과 163년에 집정관을 역임한 로마 공화정 시기의 유력한 정치가이자 군인이었다. 동명의 큰아들 티베리우스 셈프로니우스 그라쿠스는 제1권 각주 102를 보라. 작은 아들 가이우스 셈프로니우스 그라쿠스는 제2권 각주 81을 보라.

당시에는 전쟁이 거의 끊이지 않았다. 너의 청년기에도 내전이 일어났는데, 한쪽은 너무 많은 악행을 저질렀고, 다른 한쪽은 운이 거의 따라주지 않았다. 이 내전에서 폼페이우스가 너를 기병대의 일원으로 임명했을 때, 너는 말타기와 창던지기에서 두각을 나타냈고, 군 생활의 모든 힘든 일을 잘 견뎌냈다. 그 덕분에 너는 그 위대한 인물과 군대로부터 크게 칭송받지 않았느냐. 그럼에도 공화정의 몰락으로 너의 명성도 땅에 떨어지고 말았구나.

하지만 지금 나는 너의 개인사가 아니라 명성에 대해 전반적으로 다루고 있으니 계속해서 이 주제를 살펴보자.

46 모든 일에서 정신노동이 육체노동보다 훨씬 더 중요하기 때문에, 단순히 육체적 활동만 하기보다는 타고난 재능과 이성을 활용하여 일할 때, 사람들에게 더 큰 인정을 받게 된다. 따라서 명성을 얻고자 하는 청년들에게 나는 먼저 언행을 조심하고, 부모를 공경하며, 친척과 지인들에게 호의를 가지고 잘 대하라고 권하고 싶구나.

그러나 청년이 사람들에게 인정받을 수 있는 가장 쉽고 바람직한 방법은 다음과 같다. 공무를 성실히 수행하는 훌륭하고 지혜로운 사람들과 어울리면서 가능한 한 자주 그들과 함께하고, 본받고 싶은 사람들을 선택하여 교류하며, 앞으로 자신도 그들과 같은 인물이 되겠
47 다는 의사를 대중에게 드러내는 것이다. 푸블리우스 루틸리우스[45]는 푸블리우스 무키우스의 집을 자주 드나들었고, 이를 통해 법률 지식

45 "푸블리우스 루틸리우스 루푸스"(기원전 약 158-78년)는 대중연설가이자 정치가로, 파나이티오스에게서 스토아철학을 배웠으며, 기원전 105년에 집정관으로 선출되었다.

과 훌륭한 인품을 갖춘 청년이라는 평판을 얻었다. 반면, 루키우스 크라수스[46]는 아주 어린 나이에 다른 사람의 도움 없이 자기 능력만으로 유명하고 뛰어난 고발 연설을 하여 최고의 찬사를 받았다. 남들은, 심지어 데모스테네스조차 대중연설가로 인정받기 위해 연습해야 할 나이에, 즉 집에서의 연습만으로도 충분히 칭찬받을 나이에 루키우스 크라수스는 이미 법정에서 최고의 연설을 보여주었다.

14 말하는 방식에는 두 가지가 있는데, 하나는 대화이고, 다른 하 48
나는 연설이다. 명성을 얻는 데 있어 연설이 더 큰 힘을 발휘한다는 것은 의심의 여지가 없다. 우리는 이 힘을 설득력이라 부른다. 그러나 사람의 마음을 얻는 데 있어 예의 바르고 상냥한 대화가 지닌 힘은 이루 말할 수 없이 크다. 필리포스가 알렉산드로스에게, 안티파테르가 카산드로스에게,[47] 안티고노스[48]가 필리포스에게 보낸 서신들이 지금도 남아 있는데, 잘 알다시피 이 세 사람은 실천적 지혜에서 가장 뛰어난 인물들이었다. 그들은 서신에서 인자하고 상냥한 말로 대중의 호의를 이끌어내고, 매혹적으로 호소하는 말로 군인들의 마음을 달래고 사

---

46 "루키우스 크라수스"는 제1권 각주 133을 보라. 그는 21세의 나이에 집정관 대행이었던 가이우스 카르보를 고발하는 연설로 명성을 얻었으며, 로마에서 가장 뛰어난 연설가 중 한 명으로 인정받았다. 이 사건에서 카르보는 유죄 판결을 피할 수 없음을 알고 자결했다.

47 "안티파테르"(기원전 397-319년)는 마케도니아의 장군이며, 필리포스 2세의 부관으로 기원전 347-346년에 마케도니아와 아테네 간의 평화조약을 중재하는 데 기여했다. 필리포스 2세가 죽은 후, 알렉산드로스 대왕이 동방 원정을 떠난 동안 마케도니아를 다스렸다. 알렉산드로스 대왕이 죽은 후, 마케도니아를 통치해온 아르고스 왕조가 무너지자 그의 아들 "카산드로스"가 왕위에 올랐다.

48 "안티고노스 1세"(기원전 약 382-310년)는 알렉산드로스 대왕의 장군 중 한 명으로, 대왕이 죽은 후 제국을 통합하려고 애썼지만 실패하고, 기원전 301년 입소스 전투에서 그의 아들 데메트리오스와 함께 전사했다.

로잡으라고 가르친다. 반면, 대중 앞에서 말로 하는 연설은 종종 모든 사람으로부터 명성을 얻는 수단이 된다. 사람들은 유창하고 지혜롭게 연설하는 자들이 그렇지 않은 자들보다 명석하고 현명하다고[49] 여기며, 그런 사람들에게 큰 찬사를 보낸다. 연설이 절제되어 있을 뿐만 아니라 무게까지 있다면, 그보다 더 찬사를 받을 수는 없을 것이다. 더욱이 청년이 그런 연설을 했다면 그 찬사는 더욱 커진다.

49 연설이 필요한 곳은 많다. 우리나라에서도 많은 청년이 법정, 대중 집회, 원로원에서 연설하여 찬사를 받았지만, 그중에서도 법정에서의 연설이 가장 큰 찬사를 받는다.

법정 연설은 크게 두 가지로 나뉘는데, 하나는 고발을 위한 연설이고, 다른 하나는 변론을 위한 연설이다. 그중에서 변론 연설이 더 찬사를 받을 만하지만, 고발 연설로 인정받는 경우도 적지 않다. 앞서 예를 든 크라수스처럼 마르쿠스 안토니우스[50]도 청년 시절에 고발 연설로 명성을 얻었다. 푸블리우스 술피키우스[51] 역시 폭동을 부추긴 백

---

49 "명석하고 현명하다"의 라틴어 원문은 인텔레게레(intellegere)와 사페레(sapere)다. '인텔레게레'는 사물과 일의 본질을 잘 깨닫고 이해하는 것을 의미하고, '사페레'는 모든 상황을 잘 분별하여 지혜롭게 행동하는 것을 뜻한다.

50 "마르쿠스 안토니우스"(기원전 143-87년)는 로마의 대중연설가이자 정치가로, 기원전 99년에 집정관에 올랐다. 키케로는 그를 당대 가장 위대한 대중연설가로 꼽았으며, 크라수스 다음으로 높이 평가했다. 그는 정치 활동 중에도 로마 법정에서 지속적으로 변론 연설과 고발 연설을 수행했으며, 키케로가 쓴 『연설가론』에 등장하는 주요 인물 중 한 명이다.

51 "푸블리우스 술피키우스"(기원전 124-88년)는 로마의 대중연설가이자 정치가로, 당대의 유명한 대중연설가인 루키우스 크라수스에게 연설을 배웠다. 기원전 95년, 그는 전임 호민관인 가이우스 노르바누스를 고발하는 연설로 주목받았다. 평민파인 마리우스의 편에 섰으나 로마로 진격한 술라에게 죽임을 당했다.

해무익한 가이우스 노르바누스[52]를 법정에서 고발한 연설로 유명해졌다. 그러나 고발 연설은 국가를 위하거나, 루쿨루스 형제[53]처럼 복 50
수를 위하거나, 내가 시쿨루스인들을 위한 일[54]처럼, 혹은 율리우스가 사르디니아인들을 위해 알부키우스[55]를 고발한 것처럼 속주의 후견인으로서 하는 경우가 아니라면 자주 해서는 안 된다. 물론 루키우스 푸피우스가 마니우스 아퀼리우스[56]를 고발한 연설은 널리 인정받았

---

52 "가이우스 노르바누스"(기원전 82년 사망)는 로마의 정치가로, 기원전 83년에 집정관을 지냈다. 술라와 마리우스 간의 내전에서 평민파였던 그는 마리우스의 편에 섰다가 패배하여 로도스로 피신했다. 그러나 로도스의 유력 인사들이 그를 술라에게 넘기려 한다는 사실을 알아차리고 자결했다.

53 "루쿨루스 형제"는 루키우스 루쿨루스와 그의 동생 마르쿠스 루쿨루스를 가리킨다. 이들 형제는 기원전 90년대 초, 자기 아버지를 고발하여 추방당하게 만든 세르빌리우스를 고발했다.

54 "시쿨루스인들"은 티베르강 연안에 살다가 쫓겨나 시칠리아섬에 정착한 고대 이탈리아 부족인 시칠리아인들을 말한다. 여기서 키케로가 그들을 위해 한 일이란, 기원전 70년에 시칠리아인들을 대신하여 가이우스 베레스를 고발한 사건을 가리킨다. 키케로는 기원전 75년에 서부 시칠리아에서 재무관으로 일하면서 정직하고 청렴한 태도로 시칠리아인들에게 신뢰를 받았다. 이에 시칠리아인들이 그들을 착취하는 시칠리아 총독 가이우스 베레스를 고발해달라고 요청했다. 이 소송에서 이긴 키케로는 로마에서 가장 위대한 대중연설가로 명성을 얻었다.

55 여기서 "율리우스"는 가이우스 율리우스 카이사르 스트라보 보피스쿠스를 말한다. "사르디니아"는 이탈리아반도 서쪽 해상에 위치한, 지중해에서 두 번째로 큰 섬이다. "알부키우스"(기원전 2세기)는 기원전 105년에 사르디니아에서 재무관으로 재직했으나, 로마로 돌아와 율리우스에게 고발당해 아테네로 추방되었다.

56 "마니우스 아퀼리우스"(기원전 88년 사망)는 로마의 정치가이자 장군으로, 기원전 129년에 집정관을 지냈다. 그는 가이우스 마리우스의 열렬한 추종자로 함께 종군했고, 시칠리아의 노예 반란으로 야기된 기근 때문에 로마가 위기에 처하자 시칠리아로 파견되어 반란을 진압했다. 로마의 대중연설가였던 "루키우스 푸피우스"에 의해 기원전 98년 시칠리아에서 자행한 전쟁 범죄 혐의로 고발되었지만, 유명한 대중연설가인 마르쿠스 안토니우스와 가이우스 마리우스의 도움을 받아 유죄의 증거가 충분했음에도 전공을 인정받아 무죄 방면되었다.

다. 그러나 고발 연설은 평생 한두 번 정도로 충분하며, 자주 하면 좋지 않다. 고발 연설을 자주 하고 싶다면, 국가를 위한 경우에 하거라. 국가의 적을 고발하여 처벌받게 하는 일이라면 자주 하더라도 비난받지 않을 것이다. 그러나 이 경우에도 정도껏 해야 한다. 많은 사람을 고발하여 사형 선고를 받게 하면 냉혈한, 아니 인간 이하의 취급을 받을 수 있다. 고발자로 소문이 나면 자기 자신에게 위험이 초래될 뿐만 아니라 명성에도 해가 된다. 최고 명문가 출신으로 시민법 일인자의 아들로 태어난 마르쿠스 브루투스[57]가 그러한 경우다.

51 또한 주의 깊게 지켜야 할 또 하나의 의무 원칙이 있다. 죄 없는 자를 사형에 해당하는 죄목으로 고발해서는 안 된다는 것이다. 그것은 어떤 경우든 극악무도한 범죄일 수밖에 없다. 연설은 사람들을 안전하게 보호하기 위해 자연이 인간에게 준 것이기에, 이를 선량한 사람들을 죽이고 파멸시키는 데 사용한다면 이보다 비인간적인 일도 없을 것이다. 죄 없는 자를 사형에 해당하는 죄목으로 고발해서도 안 되지만, 흉악범을 제외하고는 범죄자를 변호하는 데 거리낌을 가질 필요도 없다. 이는 대중이 원하고, 관습이 용인하며, 인간성도 요구하는 일이기 때문이다. 재판에서 진실을 찾는 것은 항상 재판장의 일이고, 변호사는 종종 진실에 미치지 못하더라도 진실일 수 있는 것[58]을 찾아

---

57 "마르쿠스 유니우스 브루투스"(기원전 약 85-42년)는 대중연설가이자 정치가로, 카이사르를 암살한 인물로 잘 알려져 있다. 그의 아버지도 같은 이름을 가지고 있으며, 기원전 83년에 호민관을 지냈다. 다른 문헌에서는 다루지 않지만, 키케로는 그의 아버지를 로마법의 공법과 사법 분야에 정통한 인물로 묘사한다.

58 "진실에 미치지 못하더라도 진실일 수 있는 것"으로 번역된 라틴어 원문은 "베리 시밀레, 에티암시 미누스 시트 베룸"(veri simile, etiamsi minus sit verum)이다. '미누스 시트

변호해야 한다. 만약 스토아학파의 철학자들 중에서도 가장 엄격한 파나이티오스가 철학에 관한 글에서 이 점을 인정하지 않았다면, 나 역시 감히 이런 말을 할 엄두를 내지 못했을 것이다. 변론 연설이야말로 최고의 명성과 인정을 얻게 해준다. 특히 권력자의 압박을 받는 사람을 돕는 경우에 그 명성이 더욱 커진다. 나 역시 그런 변론 연설을 자주 했지만, 젊은 시절에 국가 통치자 루키우스 술라의 권력에 맞서 섹스투스 로스키우스 아메리누스[59]를 위해 행한 변론 연설은 너도 알다시피 지금까지 전해지고 있다.

15 지금까지 청년이 명성을 얻기 위해 해야 할 의무에 관해 설명 52
했으니, 이제는 호의를 베푸는 것과 후히 나누어 주는 것에 대해 살펴보겠다. 이렇게 할 수 있는 방법에는 두 가지가 있다. 하나는 필요한 이들에게 봉사하는 것이고, 다른 하나는 금전적으로 지원하는 것이다. 후자인 금전적 지원이 더 쉽고, 특히 부자들에게는 더욱 쉽다. 반면에 봉사는 더 고귀하고 훌륭한 방법이며, 힘 있고 유명한 사람에게 더욱 어울린다. 두 가지 방법 모두 호의를 베풀고자 하는 의지가 포함

베룸'은 '시트'가 가정법으로 쓰였기 때문에 '진실이라고 확신할 수 없지만 진실일 수도 있는 것'을 가리킨다. '베리 시밀레'는 '진실처럼 보이는 것, 진실을 닮은 것, 진실과 비슷한 것'을 뜻한다. 키케로는 재판장의 임무가 진실을 찾는 것이라면, 변호사의 임무는 진실일 가능성이 있는 모든 것을 찾아 변호하는 것이라고 말한다. 그러나 이 가정에서 의도적인 거짓이 섞여 있어서는 안 된다는 점을 분명히 한다.

59 기원전 80년, 술라가 종신 독재관으로 있던 시기에 "섹스투스 로스키우스 아메리누스"가 부친 살해 혐의로 기소되었을 때, 27세였던 키케로는 그의 변호를 맡았다. 키케로는 변론에서 술라의 측근이자 악명 높은 크리소고누스가 진범임을 밝혀냈다. 이는 술라의 측근을 겨냥한 것이었기에 술라에 대한 적대 행위로 여겨질 수 있어 목숨을 건 변론이었다. 결국 키케로의 변론 덕분에 로스키우스는 무죄 선고를 받았다.

되어 있지만, 돈은 금고에서 나오는 반면 봉사는 미덕에서 나오기 때문이다. 가산에서 후하게 베풀고 나누어 주다 보면 호의를 베풀 수 있는 자원이 고갈될 수 있다. 따라서 호의를 베풀수록 여력이 줄어들어 더 많은 사람에게 베풀려 할수록 오히려 점점 더 베풀 수 없게 된다.
53 반면에 자신의 능력을 활용하고 근면 성실한 봉사를 통해 호의를 베풀고 후하게 나누어 주는 사람은, 첫째로 더 많은 사람에게 도움을 줄수록 그 일을 돕는 사람들을 더 많이 얻게 된다. 둘째로는 호의를 베푸는 습관을 들임으로써 더 준비되고 훈련되어 많은 사람에게 호의를 더 잘 베풀 수 있게 된다.

필리포스는 아들 알렉산드로스에게 보낸 서신에서, 재물을 나누어 주는 선심 공세로 마케도니아인의 호의를 얻고자 한 일을 이렇게 책망했다. “어찌하여 너는 돈으로 타락시킨 자들이 네게 신의를 다할 거라고 기대했느냐? 마케도니아인들이 너를 왕이 아니라 시종이자 물주라고 여기게 만들 작정이냐?”

필리포스가 “시종이자 물주”라는 표현으로 잘 지적했듯이, 이는 왕에게 수치스럽고 치욕적인 일이다. 또한 재물을 나누어 주는 선심 공세를 ‘타락시키는 행위’라고 나무란 것은 더욱 적절했다. 이런 선심을 받은 자들은 더 타락하고, 계속해서 받기를 기대하기 때문이다.

54 필리포스의 말은 사실 모든 사람에게 주는 교훈이 아니겠느냐?

그러므로 봉사와 근면으로 호의를 베푸는 것이 도덕적으로 더 올바르고, 더 널리 행해진다면 분명히 더 많은 사람에게 도움이 될 것이다. 그렇지만 재물로 호의를 베풀어야 하는 경우도 있으므로 이를 완전히 배제할 수는 없다. 가난한 사람들 중 꼭 필요한 자들에게는 때때로 재물을 나누어 줄 필요가 있다. 하지만 이것도 적당한 수준에서 신중하게 해야 한다. 마구잡이로 재물을 나누어 주다가 가산을 탕진하는 사람도 많기 때문이다. 기꺼이 하고 싶은 일을 오랫동안 지속적으로 할 수 없게 된다면 이보다 더 어리석은 일이 어디 있겠느냐? 무분별하게 재물을 나누어 주다가 결국 자신의 재산이 고갈되면 남의 것을 빼앗게 될 위험이 있다. 자신의 것을 퍼주다가 남의 재물에 손을 대게 마련이다. 사람들에게 호의를 얻기 위해 호의를 베풀었지만, 이렇게 해서 얻은 호의보다 그에게 재물을 빼앗긴 자들이 품는 증오가 더 커지게 된다.

그러므로 가산을 지나치게 아껴서 호의를 전혀 베풀지 않거나, 반 55
대로 모든 사람에게 재산을 전부 개방해서도 안 된다. 각자의 재력을
고려하여 한도를 정해야 한다. 우리나라 사람들이 자주 사용하는, "한
번 베풀기 시작하면 끝이 없다"는 격언을 꼭 기억해라. 남의 재물을
받는 데 익숙한 자들은 다른 이들에게도 계속해서 받기를 바라는데,
거기에 끝이 있겠느냐?

16 재물을 베푸는 사람들은 일반적으로 두 부류로 나뉜다. 하나는
마구잡이로 베푸는 자들이고, 다른 하나는 후히 나누어 주는 자들이
다. 마구잡이로 베푸는 자들은 연회, 고기 분배, 검투사 시합, 경기대
회 등 잠시 기억되거나 아예 기억에서 사라질 일들에 돈을 펑펑 쓴다.
반면, 후히 나누어 주는 자들은 해적에게 붙잡힌 포로들의 몸값을 치 56
르고 그들을 다시 사오거나, 친구들의 빚을 대신 갚아주거나, 친구의
딸이 결혼할 때 지참금을 마련해주거나, 친구들이 재산을 모으고 불
리는 데 도움을 준다. 그래서 나는 테오프라스토스가 무슨 생각으로

부에 관한 책을 썼는지 의문이 든다. 그 책에는 훌륭한 내용이 많이 수록되어 있지만, 대중 경기대회를 장엄하고 화려하게 준비하는 일에 부자들이 막대한 재물을 낭비하는 것을 찬양한 점은 납득하기 어렵구나. 반면, 내가 앞서 언급한 예시들은 이러한 특권이 훨씬 더 가치 있게 쓰일 수 있음을 보여준다.

대중을 즐겁게 하는 데 돈을 쏟아붓는 것을 크게 문제 삼지 않는 세
태를 꾸짖은 아리스토텔레스의 말은 얼마나 무게 있고 진실한가! 그
는 이렇게 말했다. "적군에 포위된 자들이 1섹스타리우스의 물을 1미
나를 주고 사먹는다면,[60] 처음에는 믿기 어려워 경악하겠지만 상황을
이해하고 나면 그럴 수밖에 없음을 수긍할 것이다. 그런데 생필품 조
달에 도움이 되지 않고 인간의 존엄과 가치를 높이지도 않으며, 대중
중에서도 가장 경박한 자들에게 순간의 즐거움을 줄 뿐인, 그것도 채
만족되기도 전에 사라져버리는 쾌락을 위해 엄청난 돈을 쏟아붓는 것
57 에는 우리가 그다지 놀라지 않는다." 그의 결론도 훌륭하다. "이런 일
들은 어린아이, 여자, 노예, 자유민이면서도 노예나 다름없는 자들에
게는 즐거움을 줄 수 있지만, 숙고를 통해 정확한 판단을 내리는 진지
한 사람들에게는 전혀 통하지 않는다."

그럼에도 우리나라에서는, 좋은 시절에 가장 훌륭한 이들이 조영관[61]이 되었을 때조차 그 기념으로 화려한 대중 유흥 행사를 기대하

60 "1섹스타리우스"(sextarius)는 대략 3리터에 해당한다. "미나"(mina)는 고대 문명에서 쓰인 무게 단위이자 화폐 단위로, 당시 로마에서는 노예 한 명의 가격이 20미나였으며, 30미나면 집을 살 수 있었다.

61 "조영관"(aedilis, '아이딜리스')은 로마 공화정에서 공공건물의 관리와 대중 축제의 주관

는 것이 오랜 관행이 되어버렸다. 예를 들어, '부자'라는 의미가 이름에 들어가고 실제로도 부자였던 푸블리우스 크라수스[62]는 조영관이 되었을 때 아주 성대한 대중 행사를 열었으며, 얼마 지나지 않아 가장 검소했던 퀸투스 무키우스와 함께 조영관이 된 루키우스 크라수스도 대중 행사를 크게 열었다. 이후에도 아피우스의 아들 가이우스 클라우디스,[63] 루쿨루스 형제, 호르텐시우스,[64] 실라누스[65] 모두 이와 같은 행사를 열었다. 그중에서도 가장 성대하게 대중 행사를 연 사람은 내가 집정관으로 있을 때 조영관이 된 푸블리우스 렌툴루스[66]였으며, 스카우루스[67]도 그를 따라했다. 사실 내 친구 폼페이우스도 두 번째로 집정관이 되었을 때, 성대한 행사를 열었다. 이 모든 대중 행사를 내가 어떻게 생각하는지는 네가 잘 알 것이다.

을 담당하는 고위직이었다.

62 "푸블리우스 크라수스 디베스"(기원전 87년 사망)는 로마의 장군이자 정치가로, 저명한 대중연설가 마르쿠스 크라수스의 아버지다. 그는 기원전 120년경에는 조영관을, 기원전 97년에는 집정관을 역임했다. 그의 성(姓)에 포함되어 있는 디베스(Dives)는 '부자'라는 뜻이다.

63 "가이우스 클라우디스"(기원전 167년 사망)는 로마의 정치가로, 기원전 99년에 조영관이 되었으며, 기원전 92년에는 집정관에 올랐다.

64 "퀸투스 호르텐시우스"(기원전 114-50년)는 로마의 대중연설가이자 정치가로, 키케로가 등장하기 전까지 로마에서 가장 유명한 대중연설가였다. 기원전 75년에 조영관이 되었고, 기원전 69년에는 집정관이 되었다. 그가 맡은 변론의 상당수는 속주에서 착취와 약탈을 자행한 죄목으로 고발된 총독들을 변호하는 일이었다.

65 "실라누스"(기원전 약 107-62년)는 로마의 정치가로, 기원전 70년에 조영관에 선출되었다. 이듬해에는 집정관에 출마했으며, 카틸리나 음모 관련자들의 처벌 문제를 두고 원로원에서 키케로와 논쟁을 벌였다.

66 "푸블리우스 렌툴루스"(기원전 1세기)는 로마의 정치가로, 기원전 63년에 조영관을, 기원전 57년에 집정관을 역임했다. 그는 키케로의 열렬한 지지자였으며, 집정관으로 재임할 때 추방된 키케로를 다시 로마로 불러오자고 주장했다.

67 "스카우루스"(기원전 1세기)는 제1권 각주 173을 보라.

58 **17** 그러나 인색하다는 인상을 주어서는 안 된다. 마메르쿠스[68]는 큰 부자였음에도 조영관이 되었을 때 성대한 행사를 열지 않은 탓에 집정관 선거에서 다른 사람에게 밀려났다. 그러므로 대중이 기대하는 경우, 훌륭한 사람이라면 내키지 않더라도 이에 동의해야 한다. 대중에게 재물을 후하게 써서 더 중요하고 유익한 것을 얻을 수 있다면, 내가 그랬던 것처럼 재력의 한도 내에서 그런 행사도 열어야 한다.

예를 들어, 오레스테스[69]는 최근에 수입의 10분의 1을 신께 바친다는 명목으로 길에서 사람들에게 식사를 대접하여 큰 영예를 얻었다. 마르쿠스 세이우스[70]도 곡물 가격이 비쌀 때 1모디우스에 1아스[71]를 받고 대중에게 곡물을 제공하여 아무에게도 비난받지 않았고, 도리어 대중의 해묵은 좋지 않은 평판에서 벗어났다. 그 정도 가격이면 조영관이라는 지위에 부끄럽지 않을 정도였고, 크게 손해를 보는 가격도 아니었다. 하지만 이러한 일과 관련해 최근에 가장 큰 영예를 얻은 인물은 내 친구 밀로[72]다. 그는 국가를 위해 사비를 들여 검투사들을 고

---

68 "마메르쿠스"(기원전 62년경 사망)는 로마의 정치가이자 군대 지휘관으로, 집정관 선거에서 한 번 낙선했으나 기원전 77년에 가이우스 쿠리오의 양보로 집정관에 당선되었다.

69 "오레스테스"(기원전 1세기)는 로마의 정치가로, 기원전 79년에 조영관을, 기원전 77년에 정무관을, 기원전 71년에 집정관을 역임했다. 키케로에 따르면, 오레스테스는 조영관으로 있을 때 성대한 유흥 행사를 열었고, 이를 계기로 출세 가도를 달린다.

70 "마르쿠스 세이우스"(기원전 1세기)는 로마의 정치가이자 키케로의 친구였다. 기원전 74년 조영관 재임 시 해적 때문에 곡물 부족이 심각해지자, 당시 곡물 가격의 6분의 1도 되지 않는 가격에 곡물을 대중에게 나누어 주었다.

71 "1모디우스"(modius)는 로마의 계량 단위에서 8.73리터에 해당한다. "1아스"(as)는 로마에서 가장 가치가 낮은 청동 주화로, 현재의 1페니보다도 적은 금액이었다.

72 "밀로"(기원전 48년 사망)는 로마의 정치가로, 기원전 57년 호민관 재임 시 사비로 검투사들을 동원하여 폭력배들을 이끌고 로마로 돌아오던 클로디우스를 죽임으로써 오랜 숙적 관계를 끝냈다. 이 사건으로 폼페이우스는 밀로를 살인 혐의로 기소했으며,

용하여 푸블리우스 클로디우스[73]의 온갖 음모와 광기를 제압했으며, 이는 나의 안위와도 직결된 일이었다.

그러므로 꼭 필요하거나 유익한 경우에는 재물을 후하게 쓰는 것이 당연하다. 그런데 이때에도 중용을 지키는 것이 최선이다. 천부적 59
재능을 타고난 것으로 유명한 퀸투스의 아들 루키우스 필리푸스는 자기는 큰돈을 들여 대중적 유흥 행사를 열지 않고도 최고의 직위에 올랐다고 자랑하곤 했다. 코타와 쿠리오[74]도 동일한 말을 했다. 그 점에서 나도 어느 정도 자랑할 만하다. 나 역시 조영관이 되었을 때, 대중 행사에 돈을 얼마 쓰지 않고도 다른 이들보다 훨씬 어린 나이에 여러 최고 직위에 만장일치로 선출되었기 때문이다. 이는 내가 앞서 말한 사람들 중 누구도 해내지 못한 일이었다.

성벽, 부두, 항구, 상수도 등 국가를 위한 모든 일에 재물을 쓰는 것 60
이 더 바람직하다. 물론 당장 사람들에게 직접 돈을 쥐어 주면 더 큰 호응을 얻겠지만, 국가를 위해 재물을 사용하면 후손들로부터 감사를

키케로는 무장 군인들의 삼엄한 감시 가운데 법정에서 그를 변호했다. 결국 밀로는 유죄 판결을 받고 추방되었다.

73 "푸블리우스 클로디우스"(기원전 약 93-52년)는 로마의 평민파 정치가였다. 그는 키케로가 자신의 정치적 행위와 부도덕한 사생활을 폭로하는 글을 쓴 데 분노하여, 기원전 61년 호민관이 되자마자 카틸리나 음모 사건에서 재판 없이 사람들을 처형했다는 혐의로 키케로를 추방했다. 이후 클로디우스는 폭력배들을 동원하여 로마를 공포로 몰아넣었다.

74 "코타"(기원전 약 124-73년)는 로마의 대중연설가이자 정치가로, 기원전 75년에 집정관으로 선출되었다. 키케로는 당시 그를 뛰어난 젊은 대중연설가로 평가했다. "쿠리오"(기원전 1세기-53년)는 로마의 정치가로, 술라의 동방 원정에 참여했으며 술라가 로마로 진격했을 때 그의 지휘 아래 있었다. 술라의 명령에 따라 많은 사람의 재산이 몰수되는 상황을 이용하여 상당한 부를 축적했다. 그는 카이사르에 대항했고, 키케로와는 친구였다.

받을 것이다. 나는 폼페이우스를 존중하기 때문에 그가 막대한 재정을 들여 극장과 회랑, 새로운 신전을 건축한 일에 대해 논평을 삼가지만, 학식이 깊은 사람들은 그의 이러한 행태를 좋게 보지 않는다. 예를 들어, 나는 내 책들에서 파나이티오스의 글을 그대로 옮기지는 않더라도 많이 참고했는데, 그 역시 폼페이우스의 행동을 좋게 보지 않은 사람들 중 한 명이다. 팔레론의 데메트리오스는 그리스의 최고 통치자인 페리클레스가 화려하고 웅장한 프로필라이아[75] 건축에 엄청난 돈을 쏟아부었다고 비난했다. 이와 관련된 모든 주제는 내가 공화국에 관해 쓴 책들[76]에서 이미 자세히 다루었다.

결론적으로, 대중적 유흥 행사에 막대한 재물을 쓰는 것은 옳지 않으므로 꼭 필요한 경우에만 쓰되 그럴 때에도 재력에 맞게 적절한 수준에서 해야 한다.

61 **18** 후히 나누어 주는 행위의 두 번째 종류에 대해서는 각각의 상황에 따라 다르게 접근해야 한다. 재난을 당한 사람을 돕는 방식과, 어려운 일은 없지만 더 나은 것을 추구하고 있는 사람을 돕는 방식은
62 다르기 때문이다. 재난을 당한 자들이 그런 일을 당해도 마땅한 자들이 아니라면, 그들을 돕는 일에 더 적극적으로 나서야 한다. 그러나 재난이 아닌 더 나은 단계로 올라가기 위해 도움을 청하는 자들도 결코 외면해서는 안 된다. 다만 이러한 경우에는 주의 깊게 살피고 숙고

75 "프로필라이아"는 아테네의 아크로폴리스 입구 역할을 한 건축물로, 페리클레스가 기원전 437년경에 아테네에서 벌인 대건축 역사의 일부였다.

76 키케로는 기원전 51년에 『국가론』을 집필했다. 대화로 이루어진 이 여섯 권의 책은 로마 공화정에 대한 깊은 통찰과 함께 정치 철학의 기초를 제공한다.

하여 적합한 대상자를 선정해야 한다. 이와 관련해 “잘못된 곳에서 행한 선행은 악행이다”라고 한 엔니우스의 말은 매우 적절하다.

도움을 받을 자격이 있는 선량한 사람에게 도움을 주면 당사자뿐 63
만 아니라 다른 이들도 기뻐한다. 적합한 대상자를 선정하여 후히 나누어 주는 것은 마구잡이로 베푸는 선심과 전혀 다르다. 훌륭한 사람의 선량함은 어려울 때 의지할 수 있는 피난처와 같아 대다수는 그러한 후한 나눔을 더욱 열렬히 칭송한다. 따라서 우리는 가능한 한 많은 사람에게 그러한 호의를 베풀어야 한다. 그러면 그들의 자녀들과 후손들이 그 호의를 기억하고 배은망덕한 행동을 피할 것이다. 사람들은 누구나 배은망덕을 불의라고 여기는데, 이는 후히 나누어 주는 자들로 하여금 나눔을 꺼리게 만들기 때문이다. 그래서 배은망덕한 자는 가난한 자들의 공동의 적으로 간주되어 미움을 받는다.

포로로 잡혀 노예가 된 자의 몸값을 지불하고 그들을 되찾아오거나 가난한 자를 부자가 되게 해주는 것도 국가에 유익하다. 크라수스의 연설문[77]은 이러한 후한 나눔이 원로원 의원들이 전통적으로 해온 일임을 충분히 보여준다. 나는 이런 방식의 나눔이 대중 행사를 통해 마구잡이로 선심을 쓰는 것보다 훨씬 낫다고 생각한다. 전자는 위대하고 훌륭한 사람들이 하는 일인 반면, 후자는 쾌락을 제공하여 대중의 경박함을 부추기는 아첨꾼의 행동에 불과하다.

---

77 여기에 언급된 루키우스 크라수스의 “연설문”은 기원전 106년에 이루어진 것으로, 당시 집정관 세르비우스가 제안한 법안을 지지하기 위한 것이었다. 세르비우스법의 핵심은 ‘에퀴테스’(기사 계급)의 배심원 독점을 폐지하고, 원로원 의원의 배심원 참여를 확대하는 것이었다.

64 또한 줄 때는 후하게 주고, 받을 때는 가혹하지 않으며, 매매나 고용, 임대, 이웃과의 경계 문제 등의 모든 거래에서 공정하고 깐깐하지 않으며, 자신의 권리를 다른 사람들에게 양보하고, 약간의 손해를 보더라도 가능한 한 소송을 피하는 것이 바람직하다. 자신의 권리를 얼마간 양보하는 것은 관대한 일일 뿐만 아니라 종종 이익이 되기도 하기 때문이다. 가산을 탕진하는 것은 부끄러운 일이므로 재산을 잘 관리해야 하지만, 그렇다고 해서 인색하거나 탐욕스러운 인상을 주어서는 안 된다. 가산을 탕진하지 않으면서도 후히 나누어 줄 수 있다면, 그것이야말로 재물이 주는 최고의 기쁨일 것이다.

테오프라스토스가 사람들에게 숙소를 제공하고 대접하는 자를 칭송한 것은 매우 적절해 보인다. 유명인들이 외국의 저명인사들에게 집을 개방하는 것은 아주 바람직한 일이다. 외국인들이 우리 도시에 와서 이러한 후한 대접을 받는다면, 우리나라의 국격도 높아질 것이다. 도덕적으로 올바른 방법으로 명성을 얻고자 하는 이들에게는 외국인에게 숙소를 제공하고 대접하는 것이 그들과 친분을 쌓고 영향력을 높일 수 있는 좋은 기회가 된다. 테오프라스토스는 아테네인 키몬[78]이 자신이 사는 라키아다이 구역[79]의 주민들에게도 자기 집을 개방하여 대접했다고 말한다. 키몬은 자신의 저택에 머무는 라키아다이 주민들

78 "키몬"(기원전 약 510-449년)은 아테네의 장군이자 정치가로, 기원전 476-463년까지 델로스 동맹의 거의 모든 군사 작전을 지휘했으며, 민중파에 맞서 귀족파를 이끌었다. 그리스 역사가 플루타르코스는 그를 소박하고 가식 없으며 용기 있고 활달하며 금전에 결백하고 도량이 넓은 인물이라고 높이 평가했다. 키몬에 관한 이 이야기는 플루타르코스가 쓴 『키몬』 10에 나온다.

79 "라키아다이 구역"은 약 150개로 나뉜 아테네의 행정구역('데모스') 중 하나였다.

이 모든 편의를 누릴 수 있도록 하녀들을 교육하고 지시했다고 한다.

19 후한 나눔이 아니라 봉사를 통해 호의를 베푸는 것은 국가 전체 65
뿐만 아니라 개별 시민을 대상으로 할 수 있다. 법률 상담을 통해 권리를 보호해주는 것처럼 법률 지식을 활용하여 가능한 한 많은 사람에게 유익을 끼친다면, 이는 영향력과 대중의 호의를 얻는 데 매우 유리하다.

선조들의 수많은 훌륭한 점 중 하나는, 잘 정비된 시민법을 연구하고 해석하는 일을 가장 영예롭게 여겼다는 것이다. 현재의 혼란기 이전까지 이 일은 국가의 가장 뛰어난 인물들이 담당했다. 그러나 지금은 이러한 인물들이 모든 영예로운 관직에서 물러나면서 법률 지식이 지니던 영광도 함께 사라져버렸다. 더 통탄할 점은 법률 지식에 있어 모든 사람을 능가한 한 인물[80]이 살아 있는 동안 이러한 일이 일어났고, 그가 평범한 공직을 맡게 된 것이다. 어쨌든 이러한 봉사를 통해 호의를 베풀면 많은 사람의 사랑을 받고 끈끈한 관계를 다지기에 적합하다.

법률 지식과 쌍벽을 이루는 것이 바로 연설 능력이다. 연설 능력을 66
통해 더 큰 무게를 지니고 대중의 사랑과 칭송을 받을 수 있다. 청중에게는 감탄을, 어려운 상황에 처한 사람들에게는 희망을, 변호를 받은 사람들에게는 감사를 불러일으키는 일에서 연설보다 더 뛰어난 것

---

80 여기서 "한 인물"은 세르비우스 술피키우스 루푸스(기원전 약 106-43년)를 말한다. 그는 로마의 대중연설가이자 법률가로, 기원전 51년에 집정관이 되었다. 기원전 78년경 키케로와 함께 로도스로 가서 수사학을 공부했지만, 이후에는 방향을 전환하여 법률가가 되었다. 그의 법 해석은 명확했고, 시민법과 자연법 원칙들에 대한 이해가 깊었으며, 표현력도 뛰어났다.

이 있겠느냐? 그래서 선조들은 시민의 직업 중에서 대중연설가를 최고로 여겼다. 선조들의 전통에 따라 보수를 받지 않고 도움이 필요한 사람들을 변호하기를 마다하지 않는 자들에게는, 변호를 통해 사람들에게 보호와 호의를 베풀 기회가 열려 있다.

67 이러한 말을 하다 보니 이 자리에서 또다시 연설의 전통이 끊어진 것을 통탄하지 않을 수 없구나. 연설의 전통이 완전히 사라졌다고까지 말하고 싶진 않지만, 누군가는 내가 연설의 전통이 끊어지면서 큰 타격을 입어 이렇게 말한다고 할지도 모르겠다. 그러나 결코 그렇지 않다. 능력 있는 대중연설가들은 죽었고, 이제 연설가들에게 희망은 거의 남아 있지 않다. 연설 능력을 갖춘 사람이 거의 없으며, 그나마 남아 있는 연설가들 중에도 실력은 없고 허세만 가득한 자들이 많다는 사실을 우리는 알고 있다. 그러나 모든 사람, 아니 많은 사람이 법률을 잘 알거나 연설을 잘할 수는 없다. 따라서 법률가와 대중연설가는 공직 후보자를 위해 선거 운동을 돕거나, 배심원과 공직자 앞에서 사람들을 대변해주거나, 누군가의 이해관계가 침해되지 않도록 세심하게 살피거나, 적절한 법률 상담가와 변호인을 연결해주거나 하는 방식으로 많은 사람에게 유익을 주고 호의를 베풀 수 있다. 이를 통해 깊은 감사를 받고 활동의 폭도 넓어지게 된다.

68 당연한 이야기지만 한 가지 조언을 덧붙이자면, 특정인을 도울 때 다른 사람에게 피해가 가지 않도록 주의해야 한다. 종종 사람들을 돕는 과정에서 애먼 이들에게 피해를 입히는 경우가 있다. 그런 줄 몰랐다면 부주의한 것이고, 알고도 그랬다면 무모하고 경솔한 처사다. 본의 아니게 피해를 주었다면 그럴 수밖에 없었던 이유를 설명하고, 피

해에 대해서는 어떤 식으로든 보상해야 한다.

20 사람을 도울 때는 보통 그 사람의 인품이나 재산을 고려하게 69
된다. 일반적으로 인품을 기준으로 누구를 도울지 결정하기가 쉽고, 도덕적으로도 올바르다고 말한다. 그러나 인품이 아무리 훌륭해도 가난한 사람보다는 재산과 권력이 있는 사람을 도와 그의 호의를 얻고 싶지 않은 사람이 어디 있겠느냐? 더 빠르고 확실하게 보답을 기대할 수 있는 쪽으로 마음이 기울게 마련이다.

그러나 이 문제의 본질을 세심하게 살펴볼 필요가 있다. 가난한 사람은 비록 재물로 갚을 수는 없지만, 진심 어린 감사와 호의로 보답할 수 있다. "돈으로 갚는 사람은 돈을 갚고 나면 다 끝났다고 여기지만, 감사로 갚는 사람은 이미 보답을 다 했음에도 여전히 감사의 마음을 간직한다"는 말도 있지 않느냐.

반면, 자신이 부유하고 사회적으로 존경과 축복을 받았다고 생각하는 사람들은 남의 호의를 부담스럽게 여기며 바라지 않는다. 심지어 호의를 받았을 때조차 오히려 자신이 그 사람에게 호의를 베풀었다고 생각하거나, 그 사람이 어떤 기대나 요구를 가지고 베푼 것은 아닌지 의심한다. 또한 자신이 보호를 받거나 피후견인이라 불리는 것을 죽기보다 더 싫어한다.

가난한 사람은 도움을 받으면 상대가 자신의 재산이 아니라 됨됨이 70
를 보고 도와주었다고 믿는다. 그리고 도움을 준 사람에게 감사할 뿐 아니라 도움을 기대할 수 있는 모든 이에게 감사의 마음을 보여주려고 애쓴다. 앞으로도 도움을 받아야 하기 때문이다. 그들은 보답할 기회가 주어졌을 때에도 자신의 노력을 과장하지 않고 다만 소소한 일을

했을 뿐이라고 겸손하게 말한다. 만약 재력가를 변호해준다면, 고마워
할 사람은 당사자와 그의 자녀들뿐일 것이다. 그러나 가난하지만 선량
하고 겸손한 사람을 변호해준다면, 너는 가난한 사람들 중에서도 대부
71 분의 선량한 사람들에게 보호자로 여겨질 것이다. 그래서 나는 재력가
가 아니라 선량한 사람에게 호의를 베푸는 편이 더 낫다고 생각한다.

우리는 다양한 부류의 사람에게 적절히 호의를 베풀기 위해 노력해야 한다. 하지만 어떻게 해야 할지 모르는 상황에 처했을 때는 확실히 테미스토클레스의 조언을 따라야 한다. 선량하지만 가난한 사람과 선량하지는 않지만 부유한 사람 중에 누구에게 딸을 시집보낼지 묻자, 그는 이렇게 대답했다. "나라면 사람 없는 돈보다 돈 없는 사람을 택하겠소."

오늘날 도덕이 부패하고 타락한 시대에는 사람들이 부를 찬양한다. 그러나 누가 부자인지 아닌지가 우리와 무슨 상관이 있겠느냐? 부가 당사자에게 도움이 될 수도 있지만, 반드시 그런 것도 아니다. 그렇다고 가정하더라도, 부자는 더 많은 돈을 쓸 수 있을 뿐이지 도덕적으로 더 올바른 사람이 되는 것은 아니다. 물론 부자이면서 선량한 사람이라면 그의 재산을 보고 도와서는 안 되겠지만, 재산이 걸림돌이 되어 돕기를 꺼려서도 안 된다. 도움을 줄지 말지 결정할 때는 그 사람의 재력이 아니라 됨됨이를 기준으로 삼아야 한다!

호의를 베풀거나 봉사할 때 가장 중요한 원칙은 공평에 어긋나거나 불의한 일을 피하는 것이다. 지속적인 찬사와 명성의 기반은 정의이며, 정의가 없으면 그 무엇도 찬사를 받을 수 없다.

72 **21** 이제 개인에게 호의를 베푸는 것에 대한 논의를 마쳤으니, 시

민 전체와 국가를 대상으로 호의를 베푸는 것에 대해 살펴보자. 시민과 국가를 위한 호의에는 시민 전체와 관련된 것과 개개인과 관련된 것이 있는데, 후자가 더 큰 감사를 불러일으킨다. 가능하다면 두 가지 모두에 힘써야 한다. 개개인에 대한 호의를 소홀히 해서는 안 되지만, 그것이 국익에 도움이 되어야 하고, 적어도 국익을 해쳐서는 안 된다. 가이우스 그라쿠스[81]는 대규모 곡물 배급으로 국고를 고갈시켰지만, 마르쿠스 옥타비우스[82]는 국가가 감당할 만한 수준에서 평민들에게 꼭 필요한 만큼만 곡물을 배급하여 시민과 국가 모두에게 이익이 돌아가게 했다.

국가 경영자가 가장 유념해야 할 점은 각자가 자신의 재산을 지킬 73
수 있게 하고, 국가는 사유재산을 침해해서는 안 된다는 것이다. 필리푸스[83]는 호민관 시절에 위험천만하게도 농지 법안을 발의했으나, 법안이 부결되자 결과를 수용하며 겸양의 태도를 보였다. 그러나 이후에는 대중선동가다운 면모를 보였으며, "이 나라에서 재산을 소유

---

81 "가이우스 셈프로니우스 그라쿠스"(기원전 약 154-121년)는 로마의 정치가로, 그라쿠스 형제 중 동생이다. 그는 기원전 123년부터 122년까지 호민관직을 수행하면서 많은 법률들을 제안하고 통과시켰다. 그중 하나는 국가가 일정량의 밀을 사들여 시가보다 싼 값에 빈민에게 나누어 주도록 한 곡물법이다. 기원전 121년에 하급 관리 한 명이 그라쿠스 일파에 의해 살해되는 사건이 일어나자, 집정관이었던 루피우스 오피미우스와 원로원은 그라쿠스 일파를 공화국의 적으로 규정하고 계엄령을 선포한 후, 그라쿠스를 비롯한 일파를 학살했다.

82 "마르쿠스 옥타비우스"(기원전 2세기)는 로마의 정치가로, 기원전 133년에 호민관이 되었다. 그는 그라쿠스 형제 중 형인 티베리우스 그라쿠스의 정적이었으며, 그라쿠스가 발의한 농지 개혁 법안에 거부권을 행사했다.

83 "루키우스 필리푸스"는 제1권 각주 134를 보라. 그는 기원전 104년 호민관으로 있을 때, 대중의 인기를 얻기 위해 농지 법안을 발의하면서 여기에 인용된 말을 했다.

한 사람은 2천 명이 채 되지 않는다"는 부정적인 발언을 하기도 했다. 모든 사람의 재산을 균등하게 나누자는 것은 사형에 해당하는 범죄다. 이보다 더 파국을 부를 말이 또 있겠느냐? 국가와 시민 공동체의 궁극적인 목적은 각자의 재산을 지키는 데 있다. 사람들은 본성적으로 공동체를 이루어 살아가지만, 그 밑바탕에는 국가와 시민 공동체가 자신의 재산을 보호해줄 것이라는 기대가 있다.

74 우리 선조들은 국고가 바닥나고 전쟁이 지속되는 상황에서도 자주 재산세를 징수했다. 그러나 국가 경영자는 재산세 징수를 피하고, 그 필요성이 생기기 훨씬 전에 미리 대비해야 한다. 어느 나라든 국민에게 재산세를 부과할 상황이 온다면(나는 지금 모든 나라에 대해 논의하고 있으며, 우리나라에 그런 조짐이 있다는 오해를 피하기 위해 "어느 나라든"이라는 표현을 썼다), 국가와 국민이 무사하려면 어쩔 수 없는 선택임을 모두가 이해해야 한다. 또한 국가라는 배를 모는 국민이 필요한 물품을 충분히 확보할 수 있도록 세심하게 관리해야 한다. 생필품의 공급 방식과 절차는 명백하므로 별도의 논의를 할 필요는 없겠구나. 이 문제는 언급해두는 것만으로 충분하다.

75 모든 행정 업무와 공무를 수행할 때 가장 중요한 것은, 사리사욕을 추구한다는 의심을 조금도 받지 않는 것이다. 삼니움의 가이우스 폰티우스[84]는 "운명의 여신이 나를 로마인들이 뇌물을 받기 시작할 즈음에 태어나게 하셨더라면 얼마나 좋았을까! 그랬다면 그들의 패권

---

84 "가이우스 폰티우스"(기원전 4세기)는 로마의 집정관에 해당하는 삼니움의 최고 행정관 '메딕스'였으며, 제2차 삼니움 전쟁 때 카우디네 협곡에서 벌어진 카우디움 전투에서 로마군을 항복시켰다.

이 오래가지 못했을 것이다"라고 말했다. 그러나 그가 그런 소원을 이루기 위해서는 여러 세대를 기다려야 했을 것이다. 뇌물을 받는 악습이 최근에야 로마에 침투했기 때문이다. 폰티우스가 정말 로마를 쉽게 무너뜨릴 힘이 있었다면, 나는 그가 지금이 아니라 당시에 태어나 다행이라고 생각한다. 뇌물 수수의 악습이 시작된 후 110년이 지나서야 뇌물로 부당하게 취득한 재산을 몰수하는 루키우스 피소[85]의 법이 제정되었다. 이전에는 그러한 법이 전무했다. 이후 갈수록 더 가혹한 처벌이 규정된 수많은 법이 제정되었고, 수많은 사람이 재판을 받고 유죄 판결을 받았다. 이에 처벌을 두려워한 자들이 이탈리아 전쟁[86]을 일으켰고, 그 결과 법률과 법정이 무력화된 동안 동맹국들이 마구잡이로 약탈당했다. 이는 로마가 강해서 잘 지내는 것이 아니라 다른 나라들이 약해서 그렇다는 사실을 보여준다.

22 파나이티오스는 아프리카누스[87]가 뇌물을 받지 않고 사리사욕 76
을 챙기지 않은 점[88]을 높이 평가했다. 하지만 그를 칭찬하지 않을 사람이 과연 있겠느냐? 아프리카누스는 다른 점에서도 더 큰 찬사를 받

---

85 "루키우스 칼푸르니우스 피소"(기원전 약 180-112년)는 평민 출신의 정치가이자 역사가로, 기원전 133년에 집정관을 지냈다. 기원전 149년 호민관으로 있을 때, 총독들이 자신의 통치 지역에서 착취 같은 불법행위를 저지를 경우, 이를 재판할 법원을 최초로 설치하는 내용을 담은 '칼푸르니우스 법'을 발의하여 통과시켰다.

86 여기서 "이탈리아 전쟁"은 기원전 91년부터 87년까지 이탈리아 내의 몇몇 동맹시가 로마에 반기를 들고 일어난 동맹시 전쟁을 가리킨다.

87 여기서 "아프리카누스"는 '소 아프리카누스' 아이밀리아누스 아프리카누스를 말한다.

88 "뇌물을 받지 않고 사리사욕을 챙기지 않은 점"으로 번역된 라틴어 원문은 압스티넨티아(abstinentia)다. '압스티넨티아'는 어떤 것을 삼가한다는 폭넓은 개념을 지닌 추상명사로, 여기서는 청렴함의 소극적인 측면을 표현하고 있다.

아야 마땅하다. 뇌물을 받지 않고 사리사욕을 챙기지 않았다는 칭찬은 아프리카누스뿐만 아니라 그 시대 전체에 돌아가야 하기 때문이다. 파울루스[89]는 마케도니아의 거대한 왕실 금고를 손에 넣었을 때, 그것을 로마의 국고로 귀속시켰다. 그 결과 장군 한 사람의 전리품 덕분에 로마는 전쟁세를 거둘 필요가 없게 되었다. 그러나 파울루스가 집에 가져다준 것은 불멸의 명성을 제외하면 아무것도 없었다. 아프리카누스 역시 아버지를 본받아 카르타고를 정복한 후에도 전리품으로 재산을 늘리지 않았다. 감찰관이었던 동료 루키우스 뭄미우스[90]는 어떻게 했는 줄 아느냐? 그도 가장 부유한 도시였던 코린토스를 멸망시키고도 전리품으로 재산을 늘리지 않았으며, 전리품을 자신의 집이 아닌 이탈리아를 장식하는 데 사용했다. 그러나 이는 곧 그의 집을 아름답게 장식한 것이나 다름없었다.

77 본론으로 돌아가자면, 특히 국가 지도자들에게 탐욕만큼 혐오스러운 악덕은 없다. 사리사욕을 위해 국가를 이용하는 것은 단순히 추한 행위를 넘어 사악하고 불경스러운 범죄다. 스파르타가 탐욕 때문에

---

89 소 아프리카누스는 대 아프리카누스 아들의 양자로 들어갔지만, 그의 생부는 "루키우스 아이밀리우스 파울루스 마케도니쿠스"(기원전 약 229-160년)다. 파울루스는 로마의 장군이자 정치가로, 기원전 182년과 168년에 집정관을 역임했다. 그는 기원전 168년에 중부 마케도니아의 피드나에서 벌어진 결전에서 마케도니아의 페르세우스왕을 상대로 대승을 거두어 제3차 마케도니아 전쟁을 종결지었다. 이후 많은 전리품을 가지고 로마로 돌아왔지만, 집으로 가져간 것은 페르세우스왕의 장서뿐이었다.

90 "루키우스 뭄미우스"(기원전 2세기)는 로마의 장군이자 정치가로, 기원전 146년에 집정관으로 선출되어 군대를 이끌고 펠로폰네소스반도 원정에 나섰다. 그는 아카이아 동맹을 격파하고, 코린토스를 완전히 파괴하여 아카이쿠스(Achaicus)라는 별칭을 얻었다. 이로 인해 그리스는 로마의 지배를 받는 아카이아 속주가 되었다. 기원전 142년, 그는 소 아프리카누스와 함께 감찰관으로 선출되었다.

멸망할 것이라는 피티아의 아폴론 신탁[91]은 라케다이몬인뿐만 아니라 모든 부유한 국가의 시민에게 주는 경고라고 할 수 있다. 국가 지도자들이 대중의 호의를 얻는 방법 중 뇌물을 받지 않고 사리사욕을 챙기지 않는 것보다 쉬운 길은 없다.

반면, 대중선동가가 되어 토지 소유자들의 농지를 빼앗거나 채무 78
자들의 빚을 탕감해주는 방식으로 인기를 얻고자 하는 자들은 국가의 토대를 뒤흔드는 것이다. 먼저, 한 시민의 재산을 빼앗아 다른 시민에게 준다면 사회의 화합은 불가능하다. 또한 각자가 자신의 재산을 소유할 수 없게 된다면 공정은 완전히 무너진다. 앞서 언급했듯이, 국가와 도시의 본래 역할은 각자가 자신의 것을 방해받지 않고 소유할 수 있도록 보장하는 데 있기 때문이다.

이처럼 국가를 파멸로 몰아가면서도 정작 그들이 기대했던 대중의 79
호의는 얻지 못한다. 재산을 빼앗긴 사람들은 적이 되고, 재산을 얻은 사람들은 마치 그 재산을 원치 않았다는 듯이 행동하기 때문이다. 특히 채무를 탕감받은 사람은 채무를 갚을 능력이 없었다는 인상을 피하기 위해 기쁨을 드러내지 않고, 반대로 재산을 부당하게 빼앗긴 사람들은 그 고통을 공개적으로 드러내기 때문이다. 또한 옳지 않은 방법으로 재산을 얻게 된 사람들이 부당하게 재산을 빼앗긴 사람들보다 수가 많다 해도, 다수의 영향력이 항상 더 크지는 않다. 영향력은 단

---

91 "피티아"는 그리스 중부 포키스 지방에 위치한 델포이의 아폴론 신전에서 활동하던 여사제를 가리킨다. 태양신 아폴론은 그리스 신화에서 올림포스 12신 중 하나로, 음악과 시, 예언, 의술, 궁술을 관장한다. 델포이의 "아폴론 신탁"은 고대의 신탁 중에서 독보적으로 유명하고 권위가 있었다.

순히 숫자가 아니라 그들의 중요성이나 영향의 무게로 결정되기 때문이다. 오랜 세월 동안, 혹은 대대로 토지를 소유해온 사람이 그 토지를 빼앗기고, 이전에는 토지를 소유하지 않았던 사람이 그 토지를 가지게 되는 것을 어떻게 공정하다고 말할 수 있겠느냐?

80 **23** 라케다이몬인들이 감독관[92] 리산드로스를 축출하고, 역사적으로 한 번도 왕을 죽인 적이 없던 그들이 아기스왕[93]을 살해한 이유는, 리산드로스와 아기스왕이 그런 불의를 저질렀기 때문이다. 이후로 불화가 끊임없이 일어났고, 참주들이 출현하고 귀족들이 추방되었으며, 한때 훌륭하게 수립되었던 그들의 국가는 결국 와해되고 말았다. 이러한 종류의 불의로 몰락한 것은 라케다이몬만이 아니었다. 라케다이몬에서 시작된 이 악행은 점점 더 널리 퍼져 나가며 그리스의 다른 국가들도 물들여 결국 와해시켰다. 우리의 그라쿠스 형제는 어떠했느냐? 매우 훌륭한 인물인 티베리우스 그라쿠스의 아들이자 아프리카누스의 손자였던 그들[94]도 농지 개혁을 하려고 애쓰다가 몰락하지 않았느냐?

---

92 "감독관"으로 번역된 에포루스(ephorus)는 그리스어 에포로스(ἔφορος)의 라틴어 음역이다. 고대 스파르타는 다섯 명의 감독관과 두 명의 왕이 다스리는 체제였다. 시민들이 선출한 감독관들이 내정의 실권을 쥐고 있었으며, 왕들은 종교와 전쟁에 대한 권한을 가지고 있었다.

93 "아기스 4세"(기원전 약 265-241년)는 귀족들은 사치스러운 생활을 하는 반면 대다수 시민은 빈곤에 허덕이는 현실을 보고 농지 개혁을 추진했다. 그는 스파르타의 전설적인 입법자 리쿠르고스가 제정한 법체계로 돌아가고자 했으며, 민중의 열렬한 지지를 받았다. 그러나 농지 재분배가 지연되면서 시민들의 반감을 샀고, 기원전 241년 감독관들의 지시로 폐위되어 처형당했다.

94 아버지와 이름이 같은 형 티베리우스 그라쿠스와 동생 가이우스 그라쿠스를 가리킨다. 이들의 어머니 코르넬리아는 대 스키피오 아프리카누스의 딸이었다.

반면, 시키온의 아라토스[95]는 찬사를 받을 만한 인물이었다. 참주 81
들이 50년 동안 시키온을 장악하자 아라토스는 아르고스에서 출발해 시키온으로 잠입하여 도시를 점령하고, 참주 니코클레스를 기습하여 제압한 후, 한때 나라에서 가장 부유했던 600명의 추방자를 복권시켜 돌아오게 했다. 그의 등장으로 국가는 해방을 맞이할 수 있었다.

그러나 아라토스는 재산의 소유권 문제에서 큰 난관에 부딪혔다. 그는 한편으로는 복권된 이들이 예전의 재산을 찾지 못하고 궁핍하게 사는 것이 매우 불공정하다고 생각했다. 반면, 50년 동안 유지해온 재산 소유권을 갑자기 바꾸는 것도 공정하지 않다고 여겼다. 시간이 지나면서 원 소유자의 재산이 상속이나 매매, 결혼 지참금 등으로 다른 사람들에게 합법적으로 넘어갔기 때문이다. 아라토스는 현 소유주의 재산을 빼앗는 것도, 원 소유주에게 재산을 돌려주는 것도 합당하지
않다고 판단했다. 이 문제를 해결하려면 자금이 필요하다는 결론을 내 82
린 아라토스는 알렉산드리아를 다녀오기로 결심했다.

그는 자신의 귀국 때까지 문제 해결을 잠시 보류하라고 지시한 후, 알렉산드리아를 건설하고 제2대 왕으로 통치하고 있던 친구[96] 프톨레

95 "시키온"은 펠로폰네소스반도 북부 코린토스와 아카이아 사이에 위치한 도시국가다. "아라토스"(기원전 271-213년)는 아버지인 참주 파세아스가 쿠데타로 살해된 후, 반도 동남부의 고대 도시 아르고스로 추방되었다. 그는 기원전 251년에 추방된 자들을 규합하여 참주 니코클레스를 몰아내고 시키온을 통일한 후, 아카이아 연맹에 합류했다. 이후 아라토스는 이 동맹의 지도자가 되어 17차례나 아카이아 동맹군을 이끄는 장군으로 활약했다.

96 "친구"로 번역된 호스페스(hospes)는 어느 곳을 방문해 대접받으며 친분을 쌓아 친해진 사람을 의미한다. 고대에는 외국이나 타지에서 온 사람들을 맞이하여 대접하는 관습이 있었다.

마이오스[97]를 급히 찾아갔다. 아라토스는 조국을 해방하려는 뜻을 친구에게 설명하며 상황을 호소했다. 이 부유한 왕은 누구보다 훌륭한 인물이었던 아라토스를 위해 흔쾌히 거액의 자금을 지원했다. 그 돈을 들고 시키온으로 돌아온 아라토스는 직접 15명의 지도자급 인물로 위원회를 구성했고, 그들과 함께 타인의 재산을 소유한 경우와 자신의 재산을 잃은 경우를 조사하여 재산의 가치를 평가했다. 그런 후 어떤 사람에게는 재산을 포기하고 현금을 받는 쪽을 선택하도록 설득했고, 또 어떤 사람에게는 자신의 재산을 되찾는 대신 그 재산 가치에 해당하는 현금을 받는 것이 더 유리하다고 설득했다. 이와 같은 방식으로 문제를 해결하여 당사자들은 모두 화합을 이루고 불평 없이 상황을 마무리할 수 있었다.

83 우리나라에 태어났다면 참 좋았을 위대한 인물이다! 이처럼 시민들을 대하는 것이 공정하다. 앞서 두 차례 언급했듯이 광장에 창을 세워놓고 사람들을 시켜 시민들의 재산을 경매에 부치는 것은 공정하지 않다. 현명하고 훌륭한 인물답게 행동한 그리스인 아라토스는 모든 시민을 배려해야 한다고 생각했다. 그는 시민들을 이해관계로 분열시키지 않고, 모두를 공평하게 대하며 하나로 결속시키는 것이 국가를 이끄는 한 선량한 시민이 보여줄 수 있는 최고의 이성이자 지혜라고

97 "알렉산드리아"는 기원전 331년경 알렉산드로스 대왕이 북아프리카 지중해 연안에 건설한 도시다. "프톨레마이오스 2세"(기원전 309-246년)는 이집트의 왕으로, 그의 치세 동안 알렉산드리아 궁정은 물질적 부와 문화의 전성기를 맞이했다. 이 시기에 세워진 파로스섬 등대와 도서관이 특히 유명하다. 그의 아버지 프톨레마이오스 1세는 마케도니아 알렉산드로스 대왕의 장군으로, 대왕이 죽은 후 프톨레마이오스 왕조를 창건하여 이집트를 통치했다.

보았다. "다른 사람의 집에 세를 내지 않고 거주할 수 있게 하라."[98] 왜 그렇게 해야 한단 말이냐? 내가 땅을 사서 집을 짓고 유지하는 데 돈을 썼는데, 내 뜻에 반해 다른 사람이 내 집에 들어와 산다면, 이는 한 사람의 재산을 빼앗아 다른 사람에게 주는 것과 무엇이 다르냐? 장부 84
를 새로 써서 부채를 탕감해준다는 것은 결국 다른 사람이 내 돈을 빌려 농장을 소유하고, 나는 그 돈을 돌려받지 못한다는 뜻이다.

24 그러므로 국가에 해를 끼칠 정도로 부채가 생기지 않도록 예방해야 한다. 만약 그런 부채가 생겼다면, 여러 가지 합리적 방법을 동원하여 부자들이 재산을 잃거나 채무자들이 다른 이의 재산을 차지하는 일이 없도록 조치를 취해야 한다. 국가를 떠받치는 요소 중 신의보다 중요한 것은 없기 때문이다. 채무 관계가 법에 따라 정상적으로 청산되지 않으면 신의는 존재할 수 없다.

내가 집정관이었을 때, 부채 탕감 법안이 봇물처럼 쏟아졌단다. 각계각층의 사람들이 무기를 들고 군영을 세워 이 요구를 관철시키고자 했으나,[99] 나는 그에 맞서 싸워 그러한 악습을 나라에서 완전히 근절

---

98 이 말은 로마 공화정 말기에 평민파가 주장했던 것과 관련이 있다. 평민파의 지도자였던 로마의 장군이자 정치가 가이우스 카이사르는 『내란기』 3.20-21에서 자신이 소작농들의 1년치 주거세를 면제해주었다고 말한다.

99 기원전 63년, 키케로가 집정관 재임 시 카틸리나 음모 사건이 일어났다. 이 음모의 주동자였던 카틸리나는 몰락한 귀족 가문 출신으로, 그해 집정관 선거에서 '부채 전액 탕감'을 공약으로 내걸고 출마했으나 키케로와 가이우스 안토니우스에게 패배했다. 이에 좌절한 카틸리나는 부채 탕감을 원하는 지지자들을 모아 공화정에 맞서 무장 봉기를 계획했다. 키케로는 이 음모를 미리 알아차리고, 주모자 다섯 명을 재판 없이 처형했으며, 이 사건으로 나중에 잠시 국외로 추방되기도 했다. 기원전 62년, 정규 로마군 3만 명이 반란군 3천여 명을 토벌하며 카틸리나 봉기는 진압되었다.

했다. 부채는 더 이상 늘어나지 않았고, 부채 청산 절차도 요행을 바랄 수 없게 되었다. 채무를 탕감받아 타인의 재산을 가로챌 수 있다는 희망은 사라졌다. 모든 채무 관계를 법적 테두리 안에서 해결하도록 했기 때문이다. 당시에는 패배했으나 현재는 승자가 된 자가, 한때 자신과 이해관계가 있었으나 이제는 무관한 그 법안을 통과시켰다.[100] 지금은 자신과 아무 관련이 없음에도 불구하고, 그가 그렇게 한 것은 그의 성정이 단지 잘못을 저지르는 것 자체를 즐기기 때문이다.

85 따라서 국가를 돌볼 책임이 있는 자들은 한 사람에게서 빼앗아 다른 사람에게 주는 식의 선심 쓰기를 지양해야 한다. 그들이 무엇보다 신경 써야 하는 일은, 법률과 재판이 공정하게 시행되어 각자가 자신의 것을 소유할 수 있게 하고, 가난한 사람들은 그들의 낮은 신분으로 인해 억압받지 않으며, 부자들이 자기 것을 소유하거나 되찾는 데 있어 가난한 자들의 시기심이 장애가 되지 않도록 하는 것이다. 또한 전시든 평시든 모든 방법을 동원하여 국력과 영토, 세수를 늘려 국가를 부강하게 만들어야 한다. 이것은 위대한 인물들이 하는 일이며, 우리 선조들은 자주 그렇게 해왔다. 이런 종류의 의무를 수행하여 국익에 크게 기여하는 사람들은 자연히 큰 인망과 명성을 얻게 될 것이다.

86 티로스 출신으로 아테네에서 활동하다가 죽은 안티파테르[101]는 유

---

100 가이우스 카이사르는 기원전 59년에 집정관이 되자, 이전에 그라쿠스 형제가 제안했던 것과 거의 동일한 농지법, 즉 국유지를 평민들에게 분배하는 것이 주요 내용인 법안을 발의했지만 실패했다. 그러나 내전을 통해 전권을 장악한 기원전 46년, 그는 10년 임기의 독재관으로 취임하여 이후 2년간 광범위한 개혁을 단행했다. 그 일환으로 전역한 군인 1만 5천여 명에게 국유지를 분배하는 정책을 실시했다.

101 "티로스"는 지중해 동부 연안에 있는 페니키아인의 도시다. "안티파테르"(기원전 1세기)

익함에 관한 가르침에서 파나이티오스가 건강과 돈 문제를 간과했다고 평가한다. 최고의 철학자인 파나이티오스가 이 두 가지 문제를 쉽게 보고 간과한 것이 아닌가 싶다. 그러나 건강과 돈이 유익한 것임은 분명하다. 자기 몸을 잘 알고, 무엇이 몸에 좋고 나쁜지 세심히 관찰하며, 감각적인 쾌락을 멀리하고, 몸에 필요한 영양분을 적절히 공급하며, 건강 전문가들의 의술에 도움을 받는 것이야말로 건강을 유지하는 길이다.

도덕적으로 악하지 않은 일로 가산을 모으고, 근면과 절약으로 그 87
것을 지키고 늘리는 것이 중요하다. 소크라테스의 제자 크세노폰은 그의 저서 『가정론』에서 이 문제를 적절하게 다루었으며, 나는 지금 네 나이였을 즈음에 이 책을 라틴어로 번역했다. 재산을 모으고 지키는 것(나는 여기에 돈을 쓰는 문제도 포함시켰으면 한다)에 관해서는 특정 학파나 철학자의 논의보다도 야누스 신전 앞 중앙에 앉아 있는 노련한 사람들[102]의 논의가 더 유익하다고 본다. 그들의 논의는 제2권에서 다루는 유익함과 관련이 있으니 그에 대해 알아야 할 필요가 있다.

25 유익함의 정도를 서로 비교하는 것도 파나이티오스가 간과한 88
네 번째 주제지만, 우리는 일상에서 끊임없이 이러한 비교의 문제에

는 스토아학파 철학자로, 키케로의 친구였다.

102 야누스는 두 얼굴을 지닌 고대 로마의 신으로, 집이나 도시의 출입구 같은 문을 지키는 수호신이자 모든 일과 계절의 처음과 끝을 주관하는 신으로 숭배되었다. 여기에 언급된 "야누스 신전"은 로마의 두 번째 왕 누마 폼필리우스가 로마 광장에 세운 '야누스 게미누스'(두 얼굴의 야누스)로, 야누스 상을 중심으로 양쪽으로 담처럼 생긴 구조물과 두 개의 문이 있는 작은 신전이었다. 야누스는 전쟁과 평화를 주관하는 신으로 여겨졌기에 평소에는 문이 닫혀 있었고, 전시에만 문을 열고 제사를 지냈다. 중앙의 아치형 구조물 아래서는 대금업을 하는 사람들이 앉아 영업을 했다.

직면한다. 신체적 이점을 신체 외적인 이점과 비교하고, 신체 외적인 이점을 신체적 이점과 비교하는 것이다. 신체적 이점들을 서로 비교하는가 하면, 신체 외적인 이점들을 서로 비교하기도 한다.

건강하게 사는 것이 부자로 사는 것보다 낫다고 말한다면, 이는 신체적 이점과 신체 외적인 이점을 비교하는 것이다. 반면, 부유하게 사는 것이 최고의 체력을 가지고 사는 것보다 낫다고 말하면 신체 외적인 이점을 신체적 이점과 비교하는 것이다. 건강이 쾌락보다 낫다거나 체력이 민첩성보다 낫다고 말한다면 신체적 이점들을 서로 비교하는 것이며, 명성이 부유함보다 낫다거나 도시 수입이 시골 수입보다 낫다고 말하는 것은 신체 외적인 이점들을 서로 비교하는 것이다.

89 대 카토의 일화는 이런 종류의 유익함을 비교하는 좋은 예를 보여준다. 그는 가산을 늘리는 가장 좋은 방법이 무엇이냐는 질문에 "가축을 아주 잘 기르는 것이오"라고 대답했다. 두 번째로 좋은 방법이 무엇이냐는 질문에는 "가축을 꽤 잘 기르는 것이오"라고 대답했다. 세 번째로 좋은 방법을 묻는 질문에는 "가축을 그럭저럭 기르는 것이오"라고 대답했다. 네 번째로 좋은 방법을 묻는 질문에는 "농사를 짓는 것이오"라고 대답했다. 마지막으로, "대금업은 어떻습니까"라고 묻자, 카토는 "사람을 죽이는 것은 어떻소?"라고 반문했다.

이 예와 다른 많은 예들을 통해 우리는 유익함의 정도를 서로 비교하는 일이 종종 필요함을 알 수 있으며, 따라서 의무에 관한 논의에서 이 주제를 네 번째 탐구 대상에 추가하는 것이 타당하다는 점을 깨달아야 한다.

이제 나머지 문제들을 살펴보자.

Liber Tertius

제3권

도덕적 올바름과 유익함의 상충

〈아르키메데스의 무덤을 발견한 키케로〉(벤저민 웨스트, 1804년)
고대 그리스의 자연과학자 아르키메데스를 존경해온 키케로는 기원전 75년 시칠리아의 재무관으로 있을 때 관목으로 덮여 있던 아르키메데스의 무덤을 찾아냈다.

1 내 아들 마르쿠스야, 아프리카누스라는 칭호를 최초로 받은 푸 I
블리우스 스키피오[1]와 거의 같은 시대를 살았던 카토의 글에 따르면, 스키피오는 "여가가 생겨도 한가한 적이 없었고, 혼자 있을 때에도 결코 고독하지 않았다"[2]고 말했다. 위대하고 현명한 인물에게 참으로 걸맞은 말이지 않느냐? 이는 그가 여가 중에도 나랏일을 생각했고, 혼자 있을 때에도 자기 자신과 대화를 나누었다는 뜻이니 말이다. 실제로 그는 국가를 위한 일을 머릿속에서 한 번도 내려놓은 적이 없었고, 종종 다른 사람과 대화하지 않고도 잘 지냈다는구나. 여가와 고독의 시간이 다른 이들에게는 게으름을 초래할지 몰라도, 스키피오에게는 오히려 분발할 수 있는 계기가 되었던 것이다.

나도 스키피오와 같은 말을 할 수 있다면 좋겠구나. 비록 그의 인품만큼 훌륭하지는 못할지라도 최소한 그를 닮아가고 싶다는 열망은 항상 있단다. 현재 나는 사악한 무장 세력으로 인해 더 이상 국정을 돌

---

1 "푸블리우스 스키피오"는 제2차 포에니 전쟁 중 아프리카의 자마에서 한니발을 무찌르고 전쟁을 종결한 공로로 대 아프리카누스라는 별칭을 얻은 푸블리우스 코르넬리우스 스키피오 아프리카누스(기원전 236-184년)를 말한다.

2 여기에 언급된 내용은 대 카토(마르쿠스 포르키우스 카토, 기원전 234-149년)가 수집해 펴낸 『경구집』에 나오는 이야기로 보인다.

보거나 법정에서 일할 수 없게 되어 로마를 떠나 시골을 전전하며 여가를 보내고 있고, 종종 혼자 있을 때도 있다.

2 그러나 나의 여가를 아프리카누스의 여가와 비교해서는 안 된다. 나의 고독의 시간을 아프리카누스의 고독의 시간과 비교해서도 안 된다. 그는 영광스럽게도 국가를 위한 일에 헌신하다가 잠시 휴식을 취하는 것이고, 쉴 새 없이 사람들을 만나다가 안식처를 찾아 가끔 혼자 있곤 했지만, 나는 자의가 아니라 타의로 이전의 일을 할 수 없게 되어 어쩔 수 없이 여가를 보내고 있기 때문이다. 원로원은 해산되었고 법정도 폐쇄된 마당에 내가 할 만한 일을 어디서 찾을 수 있겠느냐?

3 한때 많은 사람들 속에서 시민들의 주목을 받으며 살았던 나는, 지금은 사방에 도사린 악당들의 눈을 피하기 위해 되도록 사람들과의 접촉을 피하고 있어 종종 고독하단다. 그러나 학식 있는 사람들에게서 배운 바가 있으니, 곧 나쁜 상황 속에서도 최선의 선택을 해야 하고,[3] 그 안에 내재된 좋은 면을 이끌어내고자 노력해야 한다는 것이다. 그래서 비록 국가에 여가를 가져다준 공로자가 누리는 여가는 아니지만, 나에게 주어진 이 시간을 최대한 즐기려 하고 있다. 비록 자발적으로 혼자 있는 것은 아니지만, 이 시간을 헛되이 보내지 않기 위해 애쓰고 있다.

4 그런데 내 생각에 아프리카누스는 자신이 받을 찬사보다 더 많은 찬사를 받은 것 같다. 그는 여가를 활용하여 글을 쓸 수도 있었겠지만, 실제로 그의 재능을 보여주는 저작은 현존하지 않으니 말이다.

---

3 이 내용은 아리스토텔레스의 『니코마코스 윤리학』 1109a33에 나온다.

이로 미루어 짐작하건대, 그가 고민하는 문제들이 많았고, 그 해법을 찾기 위해 여가 중에도 결코 한가할 수 없었고, 혼자 있을 때에도 결코 고독하지 않았던 것이 분명하다. 하지만 나는 조용한 사색만으로는 고독에서 벗어날 정도로 충분히 강하지 못하기에, 이러한 저술 활동에 온 힘과 관심을 쏟아왔다. 그 결과, 공화정이 건재했던 긴 세월 동안 쓴 글보다 공화정이 무너진 이 짧은 기간에 더 많은 글을 쓰게 되었구나.

2 내 아들 키케로야, 철학의 모든 분야가 활발하게 연구되고 있으 5
며 소홀히 다뤄지는 영역이 없지만, 그중에서도 의무론이 가장 활발
히 연구되고 풍성한 결실을 맺고 있단다. 도덕적으로 올바른 삶을 일
관되게 살아가기 위한 원칙들이 의무론에서 도출되기 때문이다. 나는
네가 내 친구이자 이 시대의 최고 철학자인 크라티포스로부터 이런
의무론의 원칙들을 열심히 배우고 받아들이고 있으리라 믿는다. 그럼
에도 나는 네가 모든 진영에서 가르치는 의무론의 원칙들에만 귀를
기울이고, 그 외 다른 것들은 가급적 멀리하기를 바란다. 도덕적으로 6
올바르게 살고자 하는 사람이라면 모두 이러한 자세가 필요하지만,
나는 특히 네가 더욱 그래야 한다고 생각한다. 많은 사람이 네가 나
의 근면 성실함을 닮아 결국 높은 공직에 올라 나처럼 이름을 떨칠 것
이라는 기대를 가지고 있기 때문이다. 또한 너는 아테네와 크라티포
스를 욕되게 해서는 안 된다는 무거운 짐도 지고 있다. 네가 아테네에
지식을 얻으러 간 것이니만큼, 혹여 빈손으로 돌아오면 아테네의 명
성과 네 스승의 권위를 실추시키게 될 테니 말이다. 그러므로 배움이
즐거움이 아니라 고된 노동이라 할지라도 최선을 다하고 온 힘을 기

울여 반드시 이루어내기를 바란다. 내가 필요한 모든 지원을 아끼지 않았는데도, 네가 부족해서 이루지 못했다는 말은 듣고 싶지 않구나.

네게 권고하는 편지를 자주 써왔으니, 이 정도로 이야기해도 내 뜻을 충분히 알리라고 생각한다. 이제 우리가 다루는 주제 중 아직 언급하지 않은 부분으로 돌아가보자.

7 파나이티오스가 의무론을 가장 주의 깊게 다루었다는 점에는 논란
의 여지가 없다. 그래서 나는 약간 수정하기는 했지만 최대한 그의 견
해를 따랐다. 그는 의무에 관해 숙고하고 논의할 때 제기되는 문제를
세 가지로 구분했다. 첫째는 어떤 행동이 도덕적으로 올바른가 아니
면 부끄러운가, 둘째는 어떤 행동이 유익한가 유익하지 않은가, 셋째
는 도덕적으로 올바르게 보이는 것과 유익하게 보이는 것이 상충할
때 어떤 결정을 내려야 하는가의 문제다. 그런데 파나이티오스는 앞
의 두 문제에 대해서는 세 권의 책에서 설명했으면서도, 세 번째 문제
8 에 대해서는 나중에 다루겠다고 했으나 약속을 지키지 않았다. 파나
이티오스가 이 세 권의 책을 출간하고 나서 30년이나 더 살았다고 그
의 제자인 포시도니오스가 쓴 바 있기에, 나는 더욱 의아하지 않을 수
없구나. 포시도니오스가 철학 전체에서 반드시 다루어야 하는 주제는
의무론이라고 해놓고도 정작 이 주제를 짧고 간단하게 언급한 것 또
한 이상하다.

9 어떤 이들은 유익함과 도덕적 올바름은 상충할 수 없으므로 이 문제를 다룰 필요가 없다고 주장하며, 파나이티오스가 이 문제를 의도적으로 생략했다고 말한다. 하지만 나는 그 견해를 받아들일 수 없다. 파나이티오스가 의무론을 구분하면서 세 번째로 제시한 유익함과 도

덕적 올바름의 상충 문제를 논의에 포함시켜야 하는지, 아니면 완전
히 배제해야 하는지에 대해서는 논의의 여지가 있을 수 있다. 그러나
그가 세 번째 문제를 나중에 다루기로 했고, 결국 그것을 남겨두었다
는 사실만큼은 확실하다. 누군가가 어떤 주제를 세 부분으로 나누고,
그중 두 부분에 대한 논의를 마쳤다면, 나머지 부분은 이후에 다루기
위해 남겨두었다고 보는 것이 타당하기 때문이다. 게다가 그는 제3권
말미에서 세 번째 부분을 나중에 쓰겠다고 분명히 약속했다. 포시도 10
니오스의 글에는 이러한 사실을 뒷받침하는 증언이 다수 있다. 그의
한 서신에 따르면, 파나이티오스의 제자들 중 한 명인 푸블리우스 루
틸리우스 루푸스는 파나이티오스가 미완성으로 남겨둔 의무론이 너
무 걸작이어서 그 글을 완성하기 위해 감히 나서는 사람이 없었다고
말했다. 이는 아펠레스[4]의 미완성작인 코스의 베누스 여신 초상화가
너무나 아름답고 훌륭해 어떤 화가도 남은 부분을 완성할 엄두를 내
지 못한 것과 같은 상황이다.

3 그러므로 파나이티오스가 세 번째 부분을 쓰고자 했다는 점에 11
대해서는 의심의 여지가 없다. 다만 의무론을 논의할 때 이 부분을 포함시키는 것이 적절한지에 대해서는 얼마든지 논의할 수 있다. 스토아학파에서는 도덕적으로 올바른 것만이 선하다고 말하며, 소요학파에서는 도덕적으로 올바른 것이 최고선이므로 도덕적으로 올바르

---

4 "아펠레스"(기원전 4세기)는 코스 출신의 유명한 화가로, 마케도니아의 왕 필리포스 2세와 알렉산드로스 대왕의 초상화도 그렸다. "코스"는 소아시아 서부 에게해 남동부에 위치한 그리스 식민지 섬이다. "베누스 여신"은 그리스 신화에 나오는 미와 사랑의 여신 아프로디테에 해당한다.

지 않은 것은 모두 선과 비슷한 구석조차 거의 없다고 주장한다. 따라서 두 견해 중 어느 쪽을 따르더라도 유익함과 도덕적 올바름은 상충할 수 없다는 결론에 이른다. 알다시피 소크라테스는 본래 하나로 결합된 것을 처음으로 개념적으로 분리한 자들을 비판했다. 스토아학파는 소크라테스의 생각에 동의하여 도덕적으로 올바른 것은 무엇이든 유익하고, 도덕적으로 올바르지 않은 것은 무엇이든 유익하지 않다고 평가한다.

12 그러나 어떤 이들은 평가 기준을 쾌락이나 고통이 없는 상태로 두고,[5] 미덕이 유익함을 만들어내므로 장려해야 한다고 주장한다. 만약 파나이티오스가 이러한 부류였다면, 그는 유익함과 도덕적 올바름이 종종 상충할 수 있다고 말했을 것이다. 하지만 파나이티오스는 도덕적으로 올바른 것만이 참으로 선한 것이고, 도덕적 올바름과 상충하는 것은 설령 유익하게 보이더라도 실제로는 삶을 나아지게 하지 않으며, 그런 것이 없다고 해서 삶이 더 나빠지지도 않는다고 판단했다. 따라서 파나이티오스가 유익해 보이는 것과 도덕적으로 올
13 바른 것을 비교하는 논의를 전개했을 가능성은 희박하다. 사실 스토아학파에서는 자연과 본성에 부합한 삶이 최선이라고 말한다. 내 생각에 이는 언제나 미덕에 맞게 살아야 하며, 자연과 본성에 부합하는 다른 일들 중에서도 미덕과 상충하지 않는 것을 선택해야 한다는 의미다. 그래서 일부 사람들은 도덕적 올바름과 유익함을 비교하는 논

---

5 여기서 "어떤 이들"은 에피쿠로스학파 철학자들을 가리킨다. 이들은 가장 큰 쾌락을 "고통이 없는 상태"라고 보고, 이를 가장 큰 행복이자 삶의 목표로 여겼다. 미덕은 그 자체로 바람직한 것이 아니라 쾌락이라는 유익을 만들어낼 때만 가치가 있다고 주장했다.

의가 적절하지 않으며, 이 문제에 대한 원칙을 제시할 필요가 없다고 생각한다.

그러나 진정한 의미에서 도덕적 올바름은 오직 현자들의 전유물
이며, 미덕과 불가분의 관계에 있다. 완전한 지혜를 갖지 못한 사람들
은 도덕적으로 완전한 올바름을 가질 수 없고, 단지 그에 근접한 것만
을 가질 뿐이다. 내가 이 책에서 다루는 의무는 스토아학파에서는 '평 14
균적 의무'라고 부르는 것이다. 이 의무는 보편적이고 널리 적용되기
에 많은 사람이 타고난 선량한 성품과 배움의 진보를 통해 실천할 수
있다. 반면, 스토아학파에서 말하는 '완전한 의무'는 모든 면에서 완벽
하고 절대적이어서 현자들 외에는 아무도 실천할 수 없다. 설령 평균 15
적 의무에 해당하는 어떤 행동을 했더라도, 대중의 눈에는 그것이 완
전한 의무처럼 보일 것이다. 대중은 그 행동이 완전한 의무와 얼마나
거리가 먼지 알지 못하기 때문이다. 그래서 완전함에서 조금도 결여
된 것이 없는 의무를 행한 줄로 착각한다. 이와 같은 현상은 시나 그
림 그리고 다른 많은 작품을 감상할 때도 나타난다. 대중은 칭찬할 만
한 작품과 그렇지 않은 작품을 잘 구별하지 못해 엉뚱한 작품을 좋아
하고 찬사를 보내기도 한다. 이는 그 작품에 어떤 훌륭한 점이 있더라
도, 각각의 작품에 있는 결점을 찾아내어 판단할 능력이 없기 때문이
다. 그래서 전문가에게 배운 사람들은 자신이 이전에 가지고 있던 견
해를 쉽게 버리게 된다.

4 내가 이 책에서 다루는 의무는 스토아학파에서 '이차적 도덕적
올바름'이라고 칭하는 의무들이다. 즉 현자에게만 해당되지 않고 인
류 전체에 공통으로 해당되는 의무들이다. 따라서 이러한 미덕들은 16

선천적으로 미덕에 이끌리는 모든 사람에게 영향을 미친다. 예를 들어, 데키우스 부자나 스키피오 형제[6]는 용기 있는 사람들로 기억되고, 파브리키우스나 아리스티데스[7]는 의인으로 불리지만, 전자가 보여준 용기의 모범이나 후자가 보여준 정의로움의 모범은 현자의 모범에는 미치지 못한다. 이들 중 누구도 우리가 현자라고 인정할 만큼 충분히 현명하지 않았으며, 심지어 현자로 인정받았고 그렇게 불렸던 마르쿠스 카토[8]와 가이우스 라일리우스[9]도 실은 완전한 현자가 아니었다. 저 일곱 현인[10]조차 진정한 의미의 현자가 아니었으며, 다만 평균적 의무를 꾸준히 실천하여 현자와 비슷한 면모를 지니게 되었을 뿐이다.

17 그러므로 진정한 도덕적 올바름이 유익함과 상충된다고 여기며 비교하는 것은 옳지 않다. 또한 훌륭한 인물이라고 평가받기를 원하는 사람들이 추구하는, 즉 일반적으로 도덕적 올바름이자 명예로움이라고 불리는 것을 금전적 이득과 비교해서도 안 된다. 그러나 현자들이 고유한 의미의 진정한 도덕적 올바름을 살피고 지켜야 하는 것처럼,

6 이들의 이야기는 제1권 각주 83을 보라.

7 "파브리키우스"는 제1권 각주 69를 보라. "아리스티데스"(기원전 530-468년)는 아테네의 정치가이자 장군으로, 제2차 페르시아 전쟁 때는 마라톤 전투에서, 제3차 페르시아 전쟁 때는 살라미스 해전에서 테미스토클레스와 함께 페르시아군을 격퇴했고, 델로스 동맹을 설계하기도 했다. 그리스 역사가 헤로도토스는 그를 "아테네에서 가장 훌륭하고 존경할 만한 인물"이라고 평가했고, 플라톤의 여러 대화편에서 소크라테스도 그를 비슷하게 평가했다.

8 키케로는 『노년론』에서 대 카토인 마르쿠스 카토를 "현자"라고 불렀다.

9 "가이우스 라일리우스"는 키케로의 저작인 『국가론』, 『노년론』, 『우정론』의 주요 등장인물이다. 또한 『우정론』에서 키케로는 그를 "현자"라고 불렀다.

10 고대 그리스의 "일곱 현인"이 누구인지는 문헌에 따라 다르지만 탈레스, 비아스, 피타코스, 솔론, 이 네 명은 항상 포함된다.

우리도 우리가 이해하고 알 수 있는 수준에서 도덕적 올바름을 살피고 지켜야 한다. 그렇지 않으면 인류가 미덕을 통해 이루어온 진보를 이어나갈 수 없게 된다. 이 진보는 의무를 지킴으로써 훌륭한 인물로 평가받는 사람들을 통해 지속된다.

반면에 금전적 이득과 자신의 편익을 기준으로 모든 것을 평가하 18
며, 도덕적 올바름이 그보다 우월하거나 중요하다고 인정하지 않는
사람들은 도덕적인 올바름을 유익하다고 여겨지는 것과 비교하고 저
울질한다. 그러나 훌륭한 사람들은 그렇게 하지 않는다. 파나이티오
스가 말했듯이, 도덕적 올바름과 유익함이 상충할 때, 사람들은 그 둘
을 비교하고 저울질하게 되는데, 이것은 "그래야 한다"가 아니라 단지
"그러곤 한다"는 의미일 뿐이다. 도덕적인 올바름보다 유익함을 우선
시하는 것만이 도덕적으로 부끄러운 일이 아니다. 그 둘을 비교하고
저울질하며 어떻게 할지 주저하는 것도 부끄러운 일이다.

그렇다면 왜 사람들이 이런 의문을 가지고 저울질한다고 생각하느
냐? 사람들은 자신이 하려는 행동의 성격에 의문이 들 때, 이를 비교
하고 저울질하게 된다고 나는 믿는다. 일반적으로는 도덕적으로 부끄 19
럽게 여겨지는 행동이 어떤 상황에서는 그렇지 않은 것으로 드러날
때가 종종 있다. 이를 좀 더 폭넓게 적용할 예를 들어보겠다. 예를 들
어 살인, 특히 가까운 사람을 죽이는 것보다 더 큰 악행이 있겠느냐?
하지만 자신과 가까운 참주를 죽였다면, 그가 과연 악행을 저질렀다
고 죄책감을 느끼겠느냐? 분명 그렇지 않을 것이다. 로마인들은 모든
고귀한 행위 중에서도 참주를 처단하는 것을 최고로 평가하기 때문이
다. 그렇다면 이 경우에 유익함이 도덕적 올바름을 압도한 것이냐? 결

코 그렇지 않다. 도덕적인 올바름이 유익함을 수반했을 뿐이다.

따라서 도덕적인 올바름과 우리가 말하는 유익함이 상충하는 것처
럼 보일 때, 잘못된 판단을 하지 않으려면 기준을 마련해야 한다. 각
상황에서 이 기준을 따라 판단한다면, 의무를 실천하는 길에서 벗어
20 나지 않을 수 있다. 그 기준은 스토아학파의 철학 체계와 가르침과 가
장 잘 부합한다. 내가 이 책에서 스토아학파의 가르침을 따르는 것도
이런 이유 때문이다. 구 아카데미아학파[11]와 한때 아카데미아학파와
같은 길을 걸었던 너희 소요학파는 도덕적인 올바름을 유익함보다 더
우위에 두지 않느냐? 하지만 이 문제를 가장 훌륭하게 논의할 수 있
는 사람들은 도덕적으로 올바른 것이라 해도 유익하지 않을 수 있고,
유익한 것이라 해도 도덕적으로 올바르지 않을 수 있다고 말하는 사
람들이 아니라, 도덕적으로 올바른 것은 무엇이든 유익하고, 도덕적
으로 올바르지 않은 것은 무엇이든 유익하지 않다고 말하는 사람들
이다.[12] 우리 아카데미아학파가 내게 재량권을 많이 주었기에, 나는 내
게 지극히 옳다고 판단하는 것이라면 무엇이든 옹호할 수 있는 권한

---

11 키케로는 "아카데미아학파"를 "구 아카데미아학파"(기원전 약 387-266년)와 신 아카데미아학파(기원전 약 267-84년)로 구분했다. 구 아카데미아학파는 플라톤 철학을 충실히 따라 절대적 진리를 추구했지만, 신 아카데미아학파는 회의주의적 경향을 보이면서 절대적 진리는 알 수 없다고 여겼다. 기원전 90년경, 이 학파의 마지막 공식 학장이었던 필로의 제자 아스칼론의 안티오코스가 회의주의를 거부하고, 스토아학파 철학을 지지하는 새로운 플라톤 철학을 가르치기 시작했다. 키케로는 자신이 신 아카데미아학파에 속한다고 말한다.

12 여기서 전자는 구 아카데미아학파와 소요학파를, 후자는 스토아학파를 가리킨다. 키케로 당시의 신 아카데미아학파는 주로 회의주의적이었으나, 스토아학파적 경향도 존재했던 것으로 보인다.

을 가지고 있다. 이제 앞서 말한 기준으로 다시 돌아가보자.

5 타인의 재산을 빼앗거나 자신의 이익을 증대시키기 위해 다른 21
사람에게 손해를 끼친다면, 이는 죽음과 빈곤, 고통을 비롯해 신체나
신체 외부에서 일어날 수 있는 어떤 일보다 더 자연과 본성을 거스르
는 것이다. 무엇보다 그런 행위는 사람들의 유대와 결속을 훼손한다.
개인의 이익을 위해 타인의 것을 빼앗거나 침해하는 일이 만연하면,
자연과 본성에 가장 부합하는 인류 사회는 와해될 수밖에 없다. 우리 22
신체의 각 부위가 인접한 다른 부위의 힘을 가져오면 더 강해질 것이
라고 생각하여 실제로 그렇게 한다면, 신체 전체가 약해지고 결국 죽
음에 이를 수밖에 없다. 마찬가지로 우리가 개인의 이익을 위해 타인
의 모든 것을 최대한 빼앗으려 한다면, 인간의 결속과 공동체는 무너
질 수밖에 없다. 물론 자신을 위해 생존에 필요한 기본적인 것들을 남
들보다 먼저 확보하려는 것은 자연과 본성을 거스르지 않으며, 도리
어 부합하는 행위다. 그러나 타인의 것을 빼앗아 자신의 재력과 부와
권력을 늘리는 일은 자연과 본성이 용납하지 않는다.

자신의 편익을 위해 타인에게 손해를 끼쳐서는 안 된다는 원칙은, 23
만민법인 자연과 본성뿐만 아니라 각 국가의 국가 유지를 위한 법률
로 확고히 제정되어 있다. 이러한 법률의 목적과 의도는 시민들 간의
결속을 안전하게 지키는 데 있다. 따라서 이러한 결속을 훼손하는 자
에게는 사형이나 추방, 투옥, 벌금을 선고함으로써 그러한 행위를 억
제한다.

신과 인간의 법인 본성적 이성은 사람들이 이 원칙을 지키는 데 훨씬 더 큰 힘을 발휘한다. 자연과 본성에 따라 살아가고자 하는 사람들

은 이성에 복종하게 마련이다. 이성에 복종하는 자는 타인의 소유를
24 탐내지 않으며, 남의 것을 빼앗아 자기 것으로 만들지도 않는다. 또한 정신의 고매함과 위대함, 공손함과 정의로움과 후한 나눔은 쾌락이나 생존이나 부보다 자연과 본성에 더욱 부합한다. 반면, 자신의 편익을 위해 타인의 소유를 빼앗는 행위는 죽음이나 고통 등보다 더 자연과 본성을 거스른다.

25 마찬가지로 헤르쿨레스를 본받아 온갖 노고와 고통을 감내하면서 최선을 다해 인류를 보호하고 돕는[13] 삶은 다른 사람들보다 더 탁월한 아름다움과 힘을 가지고 있으면서도 아무런 고통 없이 차고 넘치는 부유함 속에서 최대한 쾌락을 누리며 혼자 살아가는 삶보다 자연과 본성에 더욱 부합한다. 사람들은 헤르쿨레스의 영웅적인 노고를 기리며, 그를 신의 반열에 올려 하늘 신들의 모임에 한 자리를 마련해주었다.

그렇기 때문에 가장 위대하고 훌륭한 성품을 가진 사람은 누구나 쾌락의 삶보다 봉사의 삶을 훨씬 더 우위에 둔다. 이를 통해 우리는 자연과 본성에 복종하는 사람은 다른 사람을 결코 해롭게 할 수 없다는 결론을 도출할 수 있다.

26 다음으로, 자신의 편익을 도모하기 위해 다른 사람을 해치는 자는 자신이 자연과 본성을 전혀 거슬렀다고 생각하지 않고, 죽음이나 빈곤, 고통을 피하며, 자녀와 친척과 친구를 잃기보다는 다른 사람에게 불의를 행하는 편이 더 낫다고 여긴다. 다른 사람을 해치고서도 자연

13 로마 신화에서 영웅 헤르쿨레스(헤라클레스)는 장차 로마가 될 지역인 아벤티누스 언덕에 살던 거인 카쿠스를 물리쳐 사람들을 공포에서 해방시켜주었다.

과 본성을 거스르지 않았다고 생각한다면, 인간성을 결여한 그런 사람과 무슨 논의를 할 수 있겠느냐? 훨씬 더 나쁜 죽음이나 빈곤, 고통을 피하기 위해서는 어쩔 수 없이 그런 행위를 해야 한다고 여기는 사람은 신체와 재산의 손실을 정신적 해악보다 더 중대하게 평가한다는 점에서 잘못된 생각을 하고 있다.

6 따라서 우리 모두는 모든 사람에게 유익한 것이 각자에게도 유익하다는 원칙을 고수해야 한다. 저마다 자신의 이익만을 추구한다면, 사회의 결속은 파괴될 것이기 때문이다.

또한 모든 사람은 평등하므로 누구나 다른 사람을 배려하는 것이 27
자연과 본성이 정한 바라고 할 수 있으며, 공동의 유익은 자연과 본성
에 부합할 수밖에 없다. 이 전제가 참이라면, 우리는 모두 동일한 자
연법 아래 있는 것이다. 그리고 이것이 사실이라면, 다른 사람을 해
치는 행위는 분명히 자연법이 금지하는 바다. 전제가 참이라면 결론
도 참일 수밖에 없다. 그러므로 자신의 편익을 위해 부모나 형제의 것 28
은 빼앗지 않으면서, 다른 시민들에 대해서는 예외를 두는 것은 이치
에 맞지 않는다. 그렇게 말하는 사람들은 법적 의무와 사회적 유대에
따라 다른 시민들과 공동의 이익을 추구해야 한다는 근본적인 원칙을
부정하며, 이와 같은 사고방식은 시민들의 모든 결속을 파괴한다.

자국민은 배려하되 외국인에게는 그럴 필요가 없다고 주장하는 자들은 인류 전체의 결속을 허무는 것이다. 인류 전체의 결속이 무너지면 호의, 후한 나눔, 선량함, 정의로움은 모두 사라질 것이다. 이러한 파괴를 일으키는 자들은 신들이 세워놓은 사람들 간의 결속을 무너뜨린다는 점에서 불멸의 신들에 맞서는 불경한 자들이라고 보아야 한

다. 자신의 유익을 위해 타인의 것을 빼앗는 행위가 신체 외적, 신체적, 심지어 정신적 불이익 등 정의가 결여된 모든 불이익을 감수하는 것보다 더욱 자연과 본성을 거스른다고 여기는 것, 이것이 신들이 인간 간의 결속을 위해 준 가장 견고한 끈이기 때문이다. 이 하나의 미덕이 모든 미덕의 주인이자 왕이다.

29 아마도 누군가는 "현자가 굶어 죽게 생겼다면, 아무 쓸모없는 다른 사람의 음식을 빼앗지 않겠는가?"라고 말하겠지만, 결코 그렇지 않다. 나의 편익을 위해 다른 사람을 해치지 않는다는 정신을 지키는 것이 나에게는 목숨을 부지하는 것보다 더 유익하기 때문이다. 그렇다면 이런 경우는 어떠하겠느냐? 훌륭한 사람이 얼어 죽게 생겼을 때, 잔인하고 비인간적인 참주 팔라리스의 옷을 빼앗아 입을 수 있다면, 그렇게 하지 않겠느냐?

30 이러한 경우들은 판단하기가 어렵지 않다. 오로지 자신의 이익을
위해 아무 쓸모없는 자의 소유를 빼앗는 것은 자연법을 어기는 비인
도적인 행위다. 그러나 그런 행위를 통해 살아남아 국가와 인간 사회
에 큰 유익을 가져다줄 수 있다면, 이는 비난의 대상이 아닐 수 있다.
그렇지 않은 경우라면, 자신의 손해를 감수하는 것이 다른 사람의 편
익을 빼앗는 것보다 낫다. 따라서 질병이나 빈곤보다 더 자연과 본성
을 거스르는 것은 다른 사람의 소유를 빼앗고 탐내며 공동의 이익을
31 무시하는 행위다. 이것이 바로 불의다. 그러므로 인간의 이익을 지키
고 유지하기 위한 자연법은, 현자가 살아남기 위해 꼭 필요한 경우에
게으르고 쓸모없는 자의 소유를 가져다 쓰라고 판결할 것이 분명하
다. 현명하고 선하며 용기 있는 사람의 죽음은 공동체에 큰 손실이 될

테니 말이다. 하지만 선하지도 근면 성실하지도 않은 자가 자신을 그런 사람이라고 착각하여 그렇게 하는 것은 불의일 뿐이다. 내가 자주 말했듯이, 현명하고 선하며 용기 있는 자는 언제나 사람들의 이익과 결속을 고려하여 의무를 수행할 것이다.

팔라리스와 관련된 문제는 판단하기가 아주 쉽다. 우리와 참주 사 32
이에는 어떤 결속도 없고, 오히려 극단적인 대립만이 존재한다. 그러므로 그를 제거하는 것은 결코 자연과 본성을 거스르지 않으며, 오히려 도덕적으로 올바르다고 할 수 있다. 신체의 한 부분이 괴사하면 전체가 손상되므로 그 부분을 도려내야 하듯이, 인간의 외양을 하고 있지만 실제로는 짐승처럼 잔인하고 야만적인 자들은 인간 공동체라는 몸에서 분리시켜야 한다.

이와 같은 모든 문제는 각각의 상황에서 우리가 수행해야 할 의무가 무엇인지 신중하게 살펴보고 결정해야 할 사안이다.

7 따라서 파나이티오스에게 어떤 사건이나 일이 생겨 부득이하게 33
계획이 어그러지지 않았더라면, 그는 이러한 문제들을 계속해서 다루었을 것이다. 그럼에도 그는 이미 저술한 책들에서 이와 같은 문제들을 충분히 숙고하고 많은 가르침을 제시하고 있다. 그의 책을 읽어 보면 도덕적으로 부끄러워서 피해야 할 것과 그렇지 않은 것이 무엇인지 명확히 알 수 있다.

하지만 그의 작업이 미완성으로 남아 있기에, 나는 마치 거의 완공된 집에 지붕을 얹듯이 그의 작업을 완성하고자 한다. 기하학자들이 모든 것을 설명하려 들지 않고, 핵심적인 개념의 이해를 위해 몇 가지 공리만 받아들이도록 하는 것처럼, 내 아들 키케로야, 너도 도덕적 올바름 외에는 그 자체로 추구해야 할 것은 없다는 내 말을 받아들이기를 바란다. 네 스승인 크라티포스가 이를 허락하지 않는다면, 적어도 도덕적 올바름이 그 자체로 추구해야 할 것들 중에서 가장 중요하다는 사실만큼은 반드시 받아들여라. 나로서는 어느 쪽이든 만족스럽다. 이 두 가지는 충분히 수긍할 만하지만, 그 외에는 어떤 주장도 받아들이기 어렵기 때문이다.

34 먼저 파나이티오스를 변호하자면, 그는 '유익한 것'이 도덕적으로 올바른 것과 상충할 수 있다고 말한 적이 없다. 그는 이 주장이 틀렸다고 생각했기 때문이다. 대신 그는 '유익해 보이는' 것이 도덕적으로 올바른 것과 상충할 수 있다고 말했다. 또한 도덕적으로 올바르지 않은 것은 결코 유익하지 않으며, 유익하지 않은 것은 도덕적으로 올바르지 않다고 자주 언급했다. 인간의 삶에 들어온 전염병 중 이 둘을 분리하는 견해보다 더 해로운 것은 없다고도 말했다.

유익해 보이는 것이 도덕적으로 올바른 것과 상충할 수 있다고 파나이티오스가 말한 것은, 경우에 따라 유익함이 도덕적 올바름보다 우선해야 한다고 주장하려는 의도가 아니다. 실제로 이 둘이 상충하는 경우는 없지만, 마치 상충하는 것 같은 일이 벌어졌을 때 혼동하지 않고 신중하게 판단하라는 의미였다. 그래서 나는 파나이티오스가 남겨둔 이 부분을 어떤 도움도 받지 않고, 속담에서 말하듯 "내 방식으로 싸워서" 완성할 것이다. 파나이티오스 이후에 이 주제에 대해 설명한 글들 중 내가 접한 것들은 모두 만족스럽지 않기 때문이다.

35 **8** 사람은 누구나 유익해 보이는 것을 접하면 마음이 흔들릴 수 있다. 하지만 정신을 차리고 보면 유익해 보이는 것 이면에 있는 도덕적

부끄러움이 보일 것이고, 그럴 때는 그것을 포기해야 한다. 이는 유익한 것을 포기하는 것이 아니다. 도덕적으로 부끄러운 것에는 진정한 유익함이 존재할 수 없음을 알기에 그것이 유익하지 않다는 사실을 깨닫고 포기하는 것이다. 자연과 본성은 올바름과 조화, 일관성을 요구하고, 그 반대되는 것을 배척한다. 그런 점에서 도덕적 부끄러움보다 더 자연과 본성을 거스르는 것이 없고, 유익함보다 더 자연과 본성에 부합하는 것도 없다. 따라서 유익함과 도덕적 부끄러움은 결코 양립할 수 없다.

우리는 도덕적 올바름을 추구하기 위해 태어났으며, 이는 제논[14]의 주장처럼 우리가 추구해야 할 유일한 가치일 수 있고, 아리스토텔레스의 주장처럼 다른 모든 가치를 압도하는 무한히 중요한 덕목일 수도 있다. 어느 쪽이든 도덕적 올바름은 유일한 선이거나 최고의 선일 수밖에 없다. 그리고 선한 것은 분명 유익하므로 도덕적으로 올바른 것은 필연적으로 유익하다.

따라서 선하지도 정직하지도 않은 사람들이 유익함과 도덕적 올바 36
름을 망설임 없이 분리하고, 그들의 눈에 유익해 보이는 것을 선택하는 것은 잘못된 일이다. 이러한 잘못된 판단에서 암살자의 비수, 독이 든 잔, 위증이 생겨나며, 절도, 공금 횡령, 동맹국과 시민들의 재산 강

---

14 "제논"(기원전 약 335-263년)은 키프로스의 키티움 출신이며 스토아학파의 시조다. 그는 견유학파의 도덕적 이상을 토대로 여러 철학 학파들의 가르침을 종합해, 절제와 인내를 통해 자연과 본성에 부합하는 미덕의 삶을 살아갈 때 선과 평정심을 얻을 수 있으며, 이를 통해 행복에 이른다고 가르쳤다. 그의 철학은 윤리학이 중심이었고, 인생의 목표인 행복은 우주를 지배하는 신의 이성인 로고스를 따르는 데 있다고 주장했다.

탈, 지나친 부에 대한 탐욕과 용인하기 힘든 권력욕이 생겨난다. 결국 인간이 생각할 수 있는 가장 가증하고 추악하며 무서운 것, 즉 자유민의 국가에서 왕으로 군림하려는 야망까지 나타나게 된다. 그들은 잘못된 분별력과 판단으로 이득만을 좇느라 형벌은 보지 못한다. 여기서 말하는 형벌은 법에 의한 것이 아니다. 그런 자들은 법적 처벌을 쉽게 피할 수 있다. 그러나 가장 혹독한 형벌은 바로 도덕적으로 부끄럽고 추악하게 되는 것[15]이며, 이 형벌은 피할 수 없다.

37 그러므로 도덕적으로 올바르게 행동할지, 아니면 악행인 줄 뻔히 알면서도 악행으로 자신을 더럽힐지를 고민하는 사람들은 모두 사악하고 불경하므로 우리 사회에서 추방해야 한다. 그들이 실제로 악행을 저지르지 않았더라도 그러한 고민 자체가 악행이기 때문이다. 이와 같은 고민은 그 자체가 도덕적으로 부끄러운 것이므로 아예 해서는 안 된다.

또한 무엇을 생각하든 자신의 행동을 숨기고 은폐할 수 있다는 희망이나 기대를 버려야 한다. 철학에서 어느 정도 진전을 이룬 사람이라면 모든 신과 인간의 눈을 피해 행동할 수 있다 할지라도, 탐욕과 불의, 욕망과 무절제로는 아무것도 성취할 수 없음을 깊이 인식해야 한다.

38 **9** 이를 설명하기 위해 플라톤은 기게스[16]의 이야기를 들려준다. 이

---

15 지금까지 '도덕적인 부끄러움'으로 번역한 투르피투도(turpitudo)를 여기서는 추악함을 강조하기 위해 "도덕적으로 부끄럽고 추악하게 되는 것"으로 옮겼다.

16 플라톤의 『국가』 359a-360d에 나오는 이야기다. "기게스"는 소아시아 서부에 위치한 리디아의 왕으로, 메름나다이 왕조의 창시자다. 이 전설에 따르면, 그는 리디아 왕 칸다울레스의 왕비이자 절세 미녀 로도페와 공모하여 왕을 살해하고 왕위에 오른다.

이야기에 따르면, 어느 날 큰 비가 내려 땅이 갈라지자 기게스는 갈라진 틈을 통해 땅 밑으로 내려가 청동으로 된 말을 보게 되었다. 그 말의 옆구리에는 문이 나 있었다. 그 문을 열자 거인의 시체가 놓여 있었으며, 손가락에는 한 번도 본 적 없는 신기한 반지가 끼워져 있었다. 왕의 목동이었던 기게스는 그 반지를 빼서 자신의 손가락에 끼고 목동들이 있는 곳으로 돌아왔다. 기게스는 그 반지의 보석이 박힌 부분을 손바닥 쪽으로 돌리면 자신이 사람들의 시야에서 사라지지만, 자신은 여전히 모든 것을 볼 수 있다는 사실을 알았다. 반지를 원래 상태로 돌리면 그는 다시 이들의 눈에 보였다. 그는 이 반지를 이용하여 기회를 엿보다가 왕비를 범했고, 왕비의 도움을 받아 왕을 살해한 후 자신에게 방해가 되는 자들을 모두 제거했다. 그러나 아무도 그의 죄를 보지 못했다. 그리하여 기게스는 반지 덕분에 졸지에 리디아의 왕이 되었다.

그렇다면 만약, 현자가 이 반지를 갖게 되었다면 어떠하겠느냐? 그는 반지를 갖고 있지 않을 때와 마찬가지로 범죄의 유혹에 빠지지 않았을 것이다. 선량한 사람은 어떠한 숨김도 없이 도덕적으로 올바른 것만 추구하기 때문이다.

악의적이지는 않지만 통찰력이 다소 부족한 어떤 철학자들은, 플라 39
톤이 허구의 이야기를 마치 현실에서 가능한 일로 실제 사건처럼 옹
호했다고 주장한다. 그러나 플라톤이 이 반지 이야기를 예로 든 의도
는 다음과 같다. 즉 부나 권력, 통치권, 욕망의 충족을 위해 어떤 행동
을 하더라도 아무도 이를 알지 못하고 의심도 하지 않으며, 신과 인간
이 영원히 알지 못한다면, 과연 그런 행동을 하겠느냐고 묻는 것이다.

앞서 언급한 철학자들은 이런 일이 불가능하다고 주장한다. 물론 그런 일은 결코 일어날 수 없다. 다만 나는 실제로는 불가능한 일이 가능하다고 가정한다면, 사람들이 어떻게 할지를 묻는 것이다. 그런데도 이 철학자들은 그런 일은 불가능하다는 말만 되풀이하며, "그런 일이 가능하다면"이라는 가정의 의미를 깊이 생각해보려 하지 않는다. 이 질문의 핵심은, 그들이 들키지 않고 그런 일을 할 수 있다면 어떻게 행동할지를 묻는 것이지 그런 일이 가능한지를 묻는 것이 아니다. 이는 마치 내가 어떤 사람을 형틀에 앉혀놓고 어떤 범죄를 저질렀어도 형벌을 면제해주겠다고 제안했을 때, 그가 뭐라고 대답하는지 지켜보는 것과 같다. 만약 그가 자신에게 이익이 되는 일을 하겠다고 대답한다면, 그는 자신이 언제든 악행을 저지를 수 있는 사람임을 인정하는 셈이다. 반대로, 이익이 되더라도 악행을 저지르지 않겠다고 대답한다면, 그는 도덕적으로 부끄러운 일은 무엇이든 피해야 한다는 것을 인정하는 셈이다.

이제 본론으로 돌아가보자.

40 **10** 우리는 많은 경우 유익해 보이는 것 때문에 혼란에 빠지곤 한다. 이때 중요한 것은 유익이 크기 때문에 도덕적 올바름을 포기할지 고민하는 것이 아니라, 도덕적으로 부끄러운 행위를 하지 않으면서도 유익해 보이는 일을 할 수 있는 방법을 찾는 것이다. 도덕적 올바름을 저버리는 것은 분명히 옳지 않기 때문이다. 브루투스[17]가 집정관직을

17 여기에 언급된 "브루투스"는 카이사르를 암살한 인물이 아니라, 기원전 6세기 로마 공화정을 창시한 전설적인 인물들 중 한 사람이다. 그는 자신의 삼촌이었던 로마의 왕 타르퀴니우스 수페르부스를 축출하고 로마의 왕정을 끝낸 후, 기원전 509년에 최초로

함께 맡고 있던 콜라니투스[18]의 직위를 박탈한 사건은 부당해 보일 수 있다. 콜라니투스는 브루투스와 힘을 합쳐 왕을 몰아낸 인물이었기 때문이다. 그러나 국가 지도부가 수페르부스의 친족들과 타르퀴니우스라는 이름과 왕정에 관한 모든 기억을 제거하기로 결정했을 때, 조국을 위한 그 결정은 유익할 뿐만 아니라 도덕적으로도 올바른 것이었다. 따라서 콜라니투스도 이를 받아들여야 했다. 이처럼 도덕적으로 올바른 것만이 유익을 가져올 수 있으며, 도덕적 올바름이 없는 유익함은 존재할 수 없다.

그러나 도시를 건설한 왕[19]은 그렇지 못했다. 그는 유익해 보이는
것에 마음을 빼앗겼다. 그는 동생과 함께 통치하기보다 혼자 통치하 41
는 것이 유익하다고 생각하여 동생을 죽였다. 그가 인륜과 인간성을 저버린 것은 단지 유익해 보일 뿐 실제로는 유익하지 않은 것을 이루기 위해서였다. 그는 동생이 성벽을 뛰어넘는 불경스러운 행동을 했기 때문에 처형했다고 변명했지만, 그러한 변명은 도덕적으로 올바른 것처럼 보였을 뿐 설득력이 없고 타당하지도 않았다. 따라서 그가 신

선출된 두 명의 집정관 중 한 명이 되었다.

18 "루키우스 타르퀴니우스 콜라니투스"는 브루투스와 함께 왕을 축출하고 기원전 509년에 집정관이 되었지만, 타르퀴니우스 왕가에 증오를 품고 있던 사람들의 반감을 사 집정관직을 사임하고, 로마에서 약 30킬로미터쯤 떨어진 라누비움으로 유배되었다.

19 여기서 "도시"는 로마를, "왕"은 로물루스를 가리킨다. 로물루스는 기원전 753년에 쌍둥이 동생 레무스와 함께 로마를 건설해 초대 왕이 된 전설적인 인물이다. 신들의 신탁에 따라 그는 팔라티누스 언덕에 로마를 건설하기 위해 흙으로 성벽을 쌓기 시작했다. 신들의 선택을 받지 못해 화가 난 동생 레무스는 아직 완성되지 않은 성벽을 넘어 다니며, 이렇게 허술한 벽으로 어떻게 도시를 지킬 수 있겠느냐고 로물루스를 비웃었다. 이에 분노한 로물루스는 단칼에 레무스를 죽였다.

이 되어 퀴리누스[20]라는 이름을 얻게 되었든, 여전히 로물루스라고 불리든 그의 죄는 명백하다.

42 그러나 개인의 이익을 포기하거나 자신에게 필요한 것을 다른 사람에게 넘겨주어야 하는 것은 아니다. 다른 사람에게 해를 끼치지 않는 한도 내에서 자신의 이익을 추구해야 한다. 크리시포스[21]는 이와 관련해 다른 많은 경우에서 그랬듯이 훌륭한 말을 남겼다. "경기장의 선수는 승리를 위해 최선을 다해 달려야 하지만, 경쟁 선수의 발을 걸어 넘어뜨리거나 손으로 밀어서는 안 된다. 마찬가지로 삶에서도 각자가 자신의 이익을 추구하는 것은 정당하지만, 다른 사람의 것을 빼앗는 행위는 부당하다."

43 의무에서 가장 큰 혼란을 일으키는 것은 우정과 관련된 문제다. 도덕적으로 올바른 일인데도 우정 때문에 회피하거나, 도덕적으로 올바르지 않은 일인데도 우정 때문에 자행한다면, 이는 의무를 저버리는 것이다. 그러나 모든 경우에 쉽게 적용할 수 있는 간단한 원칙이 있다. 공직, 부, 쾌락 등 겉으로 유익해 보이는 것이라 하더라도 우정보다 우선시해서는 안 된다는 것이다. 반면, 선량한 사람이라면 친구

---

20 로물루스는 33년 동안 로마를 통치하며 발전시켜 '조국의 아버지'라는 칭호를 얻었다. 그가 마르스 평원에서 군대를 사열하던 중, 갑작스럽게 일식과 함께 심한 폭풍우가 몰아쳤다. 폭풍이 지나간 후 로물루스는 사라졌고, 사람들은 그가 신이 되었다고 믿었다. "퀴리누스"는 원래 로마 신화에서 유피테르, 마르스와 함께 3대 주신(主神)으로 숭배되었으나 후에 로물루스와 동일시되었다.

21 "크리시포스"(기원전 약 279-206년)는 아테네에서 스토아학파의 창시자 제논의 제자인 클레안테스에게서 배워, 이후 제3대 학장이 된 인물이다. 그는 스토아 철학을 최초로 체계화하여 "크리시포스가 없었다면 스토아 철학도 없었을 것"이라는 평가를 받았다. 700여 권의 책을 저술했으나 대부분은 고전을 인용한 내용들이다.

때문에 국익을 해치거나, 맹세를 어기거나, 신의를 저버리지 않을 것
이다. 이는 친구의 재판에서 재판관을 맡더라도 마찬가지다. 재판관
직을 수행할 때는 친구로서의 역할은 내려놓고, 친구의 재판이 공정
하게 이루어지기를 바라며, 법의 한도 내에서 친구를 변호하는 정도
로만 우정을 표현해야 한다. 맹세 후 판결을 내릴 때는 신을 증인으 44
로 세우고 있음을 명심해야 한다. 여기서 신을 증인으로 세운다는 것
은 곧 자신의 양심을 증인으로 세운 것이라고 나는 생각한다. 신이 인
간에게 준 가장 신성한 선물이 바로 양심이기 때문이다. 따라서 "재판
관은 올바른 신의에 입각하여 모든 직무를 수행해야 한다"는 원칙을
고수한다면, 소송을 제기하여 재판관에게 판결을 구하는 행위는 우리
선조들이 물려준 훌륭한 관습이다. 공정한 재판이 이루어지려면, 내
가 조금 전에 말한 대로 재판관이 친구를 위해 할 수 있는 도덕적으로
올바른 행동을 반드시 지켜야 한다. 만약 재판관이 친구가 바라는 대
로 모든 일을 처리해야 한다면, 그것은 우정이 아니라 범죄 공모로 간
주해야 한다. 그러나 여기서 내가 언급하는 것은 일반적인 우정의 양 45
상이며, 지혜로운 사람들의 완전한 우정에서 범죄 공모는 결코 일어
날 수 없다.

피타고라스학파의 철학자 다몬과 핀티아스는 그러한 이상적 우정을 보여준 사례로 알려져 있다.[22] 참주 디오니시오스는 이 두 친구 중

---

22 "피타고라스학파"는 고대 그리스의 저명한 수학자이자 철학자인 피타고라스가 창시한 학파로, 기원전 6세기에서 4세기에 걸쳐 남부 이탈리아의 그리스 식민지들을 중심으로 활동했다. '수'(數)를 만물의 근원으로 여겨 철학의 중심에 두었으며, 신비주의적인 종교적 결사의 성격도 띠고 있었다. "다몬과 핀티아스" 이야기는 피타고라스학파가 추구

한 명에게 사형을 언도하고 집행 날짜를 정했다. 그러자 사형 선고를 받은 이가 가족을 다른 사람들에게 부탁하기 위해 집에 다녀올 수 있도록 며칠만 말미를 달라고 요청했고, 대신 다른 친구가 볼모로 잡혀 있게 되었다. 만약 돌아오지 않으면 볼모가 대신 처형될 상황이었다. 그러나 약속한 날짜에 그 친구가 돌아오자 참주는 그들의 신의에 감탄하며 자신을 그들의 세 번째 친구로 받아들여달라고 간청했다.

46 따라서 우정과 관련해 유익해 보이는 것과 도덕적으로 올바른 것을 비교하고 선택할 때는 유익해 보이는 것을 포기하고 도덕적으로 올바른 것을 선택해야 한다. 우정이라는 미명 하에 도덕적으로 올바르지 않은 일을 요구받을 때는 양심과 신의를 우정보다 우선해야 한다. 그래야 지금 우리가 논의하는 문제, 즉 의무들이 상충할 때 어떤 선택을 해야 하는가의 문제를 해결할 수 있다.

11 국가 간의 관계에서도 유익해 보이는 것을 추구하다가 잘못을 저지르는 경우가 허다하다. 우리 로마가 코린토스를 멸망시킨 것이 그 대표적인 예다. 더 잔인한 예로는, 아테네인이 아이기나인의 해군력을 두려워한 나머지 그들의 엄지손가락을 자르기로 결정한 일을 들 수 있다. 그 결정은 아테네인에게 유익해 보였는데, 아이기나가 페이라이에우스 가까이에 있어 큰 위협이 되었기 때문이다.[23] 그러나 잔

한 우정의 본보기를 잘 보여준다. 여기서 언급된 "디오니시오스 2세"는 아버지 디오니시오스 1세의 뒤를 이어 기원전 367년부터 344년까지 시라쿠사의 참주로 있었다. 플라톤은 그를 이상적인 철학자 왕으로 육성하려 했지만 실패했다.

23 "아이기나"는 그리스 남부 사로니카만에 있는 섬으로, 아테네에서 27킬로쯤 떨어져 있다. "페이라이에우스"는 아테네의 통치구역 안에 있던 외항이다.

인한 행동은 결코 유익할 수 없다. 잔인함은 우리가 따라야 하는 인간
본성에 가장 상반되기 때문이다. 또한 외국인들이 도시의 편의를 누 47
리지 못하게 하거나 그들을 추방하는 것이 국익에 도움이 된다고 착각하여 잘못을 저지르는 국가들도 있다. 우리 선조들 중에서는 펜누스가, 최근에는 파피우스가 그런 잘못을 했다.[24] 물론 시민이 아닌 자에게 시민의 권리를 허용할 수는 없다. 그래서 가장 지혜로운 집정관들인 크라수스와 스카이볼라가 이미 이를 금지하는 법[25]을 제정한 바 있다. 그러나 외국인들이 타국의 도시에 살며 편의를 누리는 것까지 금지하는 것은 비인도적인 처사다.

도덕적 올바름을 겉으로 드러난 국익보다 우선시한 훌륭한 사례들도 있다. 우리나라에는 그런 사례가 많은데, 제2차 포에니 전쟁 때 일어난 사건이 그 대표적인 예다. 칸나이 전투[26]에서 패했다는 소식을 접한 우리 로마는 오히려 승전했던 이전의 어느 때보다도 더 큰 기백을 보여주었다. 누구도 두려움을 보이거나 평화 조약을 맺어야 한다

---

24 "펜누스"(기원전 2세기)는 기원전 126년에 호민관으로 있을 때, 시민이 아닌 자들이 로마의 도시들에 거주하는 것을 금지하고, 이미 거주하고 있는 자들을 추방하는 법안을 통과시켰다. "파피우스"(기원전 1세기)는 기원전 65년에 호민관으로 있을 때, 이탈리아인이 아닌 외국인을 로마에서 추방했다.

25 '루키우스 무키우스 법'을 가리킨다. 이에 대해서는 제1권 각주 133을 보라.

26 제2차 포에니 전쟁 동안, 방어에 치중한 지연작전을 펼친 집정관 파비우스 막시무스는 로마인 사이에서 불만을 샀다. 이때 불만을 품은 로마인들이 바로를 집정관으로 선출하여 카르타고군과 맞붙게 한 것이 "칸나이 전투"였다. 이탈리아 중부 칸나이 평원에서 벌어진 이 전투에서 로마군 8만 6천여 명은 한니발군 5만 명에게 대패해 7만 명이 전사한다. 그러나 로마는 전의를 잃지 않고 파비우스 막시무스를 다시 집정관으로 세워 지구전을 이어갔다. 결국 기원전 202년, 대 아프리카누스가 4만 명의 병력으로 5만 명의 한니발군을 격파하여 카르타고의 항복을 받아냈다.

는 말을 입 밖에 내지 않았다. 도덕적 올바름의 힘은 매우 커서 겉으로 드러난 유익함을 잊게 만든다.

48 페르시아의 공격을 받은 아테네인들은 더 이상 버틸 수 없게 되자 처자식들을 트로이젠으로 피신시키고 도시를 버린 후 함선에 올라탔다.[27] 그리스의 자유를 지키기 위해 바다 위에서 싸우기로 결정한 것이다. 이때 키루실루스라는 자가 도시에 남아 크세르크세스를 맞이하자고 주장하다가 돌에 맞아 죽었다.[28] 그는 유익해 보이는 것을 따르려 했지만, 그것은 도덕적 올바름과 상충했기에 실제로는 전혀 유익하지 않았다.

49 테미스토클레스는 페르시아와의 전쟁에서 승리를 거둔 후, 민회에서 자신이 국가 안보를 위한 계획을 가지고 있지만, 이를 공개적으로 밝힐 수 없다고 말했다. 그리고 이 계획을 함께 논의할 사람을 정해달라고 민회에 요청했다. 민회에서는 아리스티데스를 지명했다. 테미스토클레스는 그에게 기테움[29]에 정박해 있는 라케다이몬의 함대를 몰래 불태우자고 제안하며, 그렇게 하면 라케다이몬의 국력은 꺾일 것

---

27 이는 제2차 페르시아 전쟁과 관련된 이야기다. "크세르크세스 1세"(기원전 519-465년)는 아버지 다리우스 1세가 제1차 페르시아 전쟁을 일으켰다가 패배한 것을 설욕하기 위해 그리스를 침공한다. 그러나 그리스는 기원전 480년 살라미스 해전에서 해상으로, 기원전 479년 팔라타이아 전투에서 육상으로 페르시아군을 물리쳤다. "트로이젠"은 펠로폰네소스 북동부에 위치한 도시다.

28 이 이야기는 데모스테네스의 『월계관』 204에 나온다. 헤로도토스의 『역사』 9.4-5에서는 이 인물의 이름을 리키데스로 기록한다.

29 "기테움"은 펠로폰네소스 반도에 위치한 항구 도시로, 라케다이몬인의 수도 스파르타에서 북쪽으로 40킬로미터쯤 떨어져 있던 외항이다. 아테네의 외항인 페이라이에우스와 유사한 역할을 했다.

이라고 말했다. 그 말을 들은 아리스티데스는 기대에 부풀어 있던 민회로 돌아가 테미스토클레스의 계획이 국가에 큰 이익을 가져다줄 수는 있으나 도덕적으로는 전혀 올바르지 않다고 말했다. 그러자 아테네인들은 도덕적으로 올바르지 않은 일은 결코 유익할 수 없다고 판단하여 상세한 내용을 들을 것도 없이 그 계획을 부결시켰다. 이런 점에서는 아테네인들이 우리 로마인들보다 낫다고 할 수 있다. 우리는 해적들에게 세금을 면제해주면서 동맹국들에게는 세금을 거두고 있기 때문이다.

12 그러므로 도덕적으로 부끄러운 일은 결코 유익할 수 없으며, 아무리 유익하게 보일지라도 실제로는 유익하지 않다. 도덕적으로 부끄러운 일을 유익하다고 착각하는 것 자체가 재앙이다.

하지만 앞서 말했듯이, 유익한 것과 도덕적으로 올바른 것이 서로 50
상충하는 듯 보이는 상황이 종종 생긴다. 이럴 때는 유익한 것이 정말로 도덕적으로 올바른 것과 상충하는지, 혹은 도덕적으로 올바른 것과 조화를 이룰 수 있는지를 세심하게 검토해야 한다. 다음은 이런 문제와 관련된 사례들이다.

예를 들어, 로도스에 기근이 들어 곡물 가격이 폭등했을 때, 한 선량한 사람이 알렉산드리아에서 많은 곡물을 싣고 로도스로 왔다고 하자.[30] 그런데 그는 여러 상인이 알렉산드리아에서 곡물을 싣고 로도스로 향하고 있는 것을 보았다. 이런 상황에서 과연 그가 로도스인들

30 "로도스"는 소아시아 서부 해상에 위치한 그리스 식민지 섬들 중에서 가장 큰 섬이다. 당시 "알렉산드리아"는 인도, 아라비아, 아프리카, 이집트의 생산품을 지중해 각지로 수출하는 거대한 항구였다.

에게 이 사실을 알려야 하겠느냐, 아니면 침묵한 채 자신이 가져온 곡물을 가장 비싼 가격에 팔아야 하겠느냐? 우리는 지금 지혜롭고 선량한 사람의 예를 들고 있다. 이 사실을 숨기는 것이 도덕적으로 부끄러운 일이라고 판단된다면, 그는 로도스인들에게 사실을 숨기지 않을 것이다. 다만 이 사실을 숨기는 것이 도덕적으로 부끄러운 일인지 아닌지에 대해 고민하는 사람이 있을 수 있다. 우리는 바로 그런 사람이 이 문제를 어떻게 생각해야 하는지 논의하고자 한다.

51 이 경우, 위대하고 금욕주의적인 스토아학파 철학자 바빌로니아의 디오게네스[31]와 그의 제자이며 매우 예리한 통찰력을 지녔던 안티파테르[32]의 견해는 서로 달랐다. 안티파테르는 판매자가 알고 있는 모든 정보를 구매자에게 공개하여 모르는 일이 없도록 해야 한다고 주장했다. 반면, 디오게네스는 판매자가 시민법이 정한 범위 내에서 상품의 결함만 밝히면 되고, 그 외의 사실을 밝힐 의무는 없으며, 속임수만 쓰지 않는다면 상품을 가장 높은 가격에 팔아도 된다고 주장했다. 그는 "나는 물건을 가져와 진열해놓고 다른 상인들보다 더 비싸지 않은

---

31 "바빌로니아의 디오게네스"(기원전 약 230-150년)는 초기 스토아학파의 철학자로, 아테네에서 스토아학파의 학장을 지냈으며, 제3대 학장 크리시포스의 제자이자 마지막 학장이었던 파나이티오스의 스승이다. 견유학파 철학자인 시노페의 디오게네스와는 다른 인물이다.

32 "안티파테르"(기원전 130년 사망)는 타르수스 출신의 스토아학파 철학자로, 디오게네스의 제자이자 파나이티오스의 스승이다. 스승보다 더 엄격한 도덕을 주장했던 그는 스토아학파와 아카데미아학파 간에 벌어진 논쟁에서 주도적인 역할을 했지만, 당시 회의주의적인 아카데미아학파를 이끌었던 카르네아데스에게 밀린다고 느끼고 글쓰기에 전념했다고 한다. 그는 '펜으로 쓰는 소리'라는 뜻의 '칼라모보아스'라는 별명을 얻었다. 그리스 역사가 플루타르코스는 스토아학파의 뛰어난 철학자들로 제논과 크리시포스와 더불어 안티파테르를 꼽았다.

가격에 팔고 있다. 만약 시장에 물건이 더 많아지면 아마도 더 저렴한 가격에 팔게 될 것이다. 이것이 무슨 잘못인가?"

반면, 안티파테르는 다음과 같은 논리를 제시했다. "무슨 말씀입니 52
까? 선생님께는 모든 사람을 고려하고 인간 사회에 봉사할 의무가 있습니다. 선생님은 이 의무를 위해 태어났고, 이 의무는 반드시 따르고 복종해야 하는 자연의 본성적 원리입니다. 그러므로 선생님에게 유익한 것이 공동체에 유익한 것이 되고, 공동체에 유익한 것이 곧 선생님에게 유익한 것이 됩니다. 그런데도 이제 곧 곡물 공급이 늘어날 것이라는 사실을 숨기시렵니까? 그 사실을 알리면 사람들에게 유익이 돌아가는데 말입니다."

디오게네스는 아마 이렇게 대답했을 것이다. "사실을 숨기는 것과 말하지 않는 것은 다르네. 최고선인 신들의 본질을 아는 것이 지금 밀의 가격이 싸다는 사실을 아는 것보다 자네에게 더 유익하겠지. 하지만 내가 지금 신들의 본질을 말하지 않았다고 해서 그것이 곧 은폐는 아니네. 자네에게 이로울 모든 것을 내가 반드시 알려줄 의무는 없다네."

안티파테르는 이렇게 말했을 것이다. "물론입니다. 하지만 사람들 53
간에 자연과 본성으로 맺어진 결속과 유대가 있다는 사실을 기억한다면, 선생님은 그런 말을 해줄 의무가 있습니다."

그러자 디오게네스는 이렇게 말했을 것이다. "기억하다마다. 그런데 자네가 말하는 사람들 간의 결속과 유대란 개인 소유가 전혀 없음을 의미하는가? 자네 말대로라면 그 어떤 것도 판매하지 말고 다 공짜로 주어야 할걸세."

13 이 논의 전체에서 볼 수 있듯이, 어느 누구도 "이 행위는 도덕적으로 부끄럽지만 나에게 이로우니 이렇게 하겠다"라고 말하지 않는다. 한쪽에서는 이 일이 유익하며 도덕적으로 부끄럽지 않으므로 해도 된다고 주장하고, 다른 쪽에서는 이 일이 도덕적으로 부끄러운 것이므로 해서는 안 된다고 말할 뿐이다.

54 또 다른 예를 들어보자. 어떤 선량한 사람이 자신이 살던 집에 하자가 있어 집을 팔려 한다고 하자. 이 집의 하자는 집주인만 알고, 다른 사람들은 모른다. 이 집은 건강에 좋지 않지만, 사람들은 이 집이 건강에 좋다고 생각한다. 게다가 이 집은 침실마다 뱀이 출몰하고, 품질이 불량한 나무로 지어져 붕괴 위험이 있다. 이러한 사실을 집주인 외에는 아무도 모른다. 이때 내가 묻고자 하는 것은, 만약 판매자가 이런 하자를 구매자에게 알리지 않고 하자를 감안했을 때보다 훨씬 더 비싼 가격에 집을 팔았다면, 이 집주인의 행위는 불의하거나 악한가 하는 것이다.

55 안티파테르는 이렇게 답했을 것이다. "그런 행위는 당연히 불의하고 옳지 못합니다. 구매자를 속이고 잘못된 판단으로 큰 손실을 입게 한다면, 아테네에서 공개적으로 비난받는 범죄, 즉 길 잃은 사람에게 길을 알려주지 않는 행위와 다를 바 없습니다. 사실 이는 길을 알려주지 않는 것보다 훨씬 더 나쁜 행위입니다. 길을 알고도 잘못된 길을 가르쳐주어 길을 잃게 하는 것과 같기 때문입니다."

디오게네스는 이렇게 반론했을 것이다. "판매자는 집을 사라고 강요하거나 권하지 않았네. 그는 자기 마음에 들지 않는 집을 팔려고 내놓았고, 구매자는 그 집이 마음에 들어 산 것이지. 부실하게 지은 집을 잘 지은 집이라고 광고하며 팔아도 사람들은 그를 사기꾼이라고 하지 않네. 그런데 자기 집을 팔려고 내놓으면서 살기 좋다는 말을 한 마디도 하지 않은 사람을 어떻게 사기꾼이라고 할 수 있겠는가? 구매자가 명확히 판단할 수 있는데, 판매자가 어떻게 사기를 칠 수 있겠는가? 판매자가 밝힌 하자에 대해서도 모두 보상할 필요는 없는데, 하물며 밝히지 않은 하자까지 보상해야 한다는 말인가? 자신이 팔려고 내놓은 물건의 하자를 공개하는 것보다 어리석은 일이 어디 있는가? 집주인이 경매인에게 '나는 지금 건강에 좋지 않은 집을 팔고 있소'라고 말하며, 이를 알리게 하는 것보다 더 어리석은 일이 있는가?"

이와 같이 논란의 여지가 있는 경우, 어떤 이들은 도덕적으로 올바 56
른 행동을 해야 한다고 주장하고, 다른 이들은 유익함을 강조하며 유익해 보이는 일을 행하는 것이 도덕적으로 올바를 뿐만 아니라, 그렇지 않은 것이 오히려 부도덕하다고 말한다. 이러한 갈등은 유익해 보이는 것과 도덕적으로 올바른 것 사이에서 종종 발생한다.

이제 앞서 언급한 두 사례에 대해 판단을 내려야겠구나. 나는 단순히 문제 제기가 아니라 해법 제시를 위해 이 사례들을 들었기 때문이
다. 내 생각에 곡물 상인은 로도스인들에게, 집 판매자는 구매자에게 57
사실을 숨겨서는 안 된다. 침묵이 곧 모든 정보를 숨기는 것은 아니지만, 타인에게 이로울 수 있는 정보를 알면서도 자신의 이익을 위해 침묵한다면, 그것은 사실상 기만 행위다. 이런 행위가 일종의 기만이라는 사실을 누가 모르겠느냐? 이러한 일을 저지르는 자들은 솔직하지도, 순박하지도, 고귀하지도, 정의롭지도, 선하지도 않다. 오히려 교활하고 음험하며, 간교하고 사기를 치며, 사악하고 영악하며, 여우처럼

꾀가 많고 술수에 능하다고 할 수 있다. 이런 모든 행위를 비롯해 그 외 악명이 붙는 수많은 행위를 어떻게 유익하다고 할 수 있겠느냐?

58 **14** 침묵하는 이들도 비난받아 마땅한데, 거짓말한 이들은 과연 어떻게 평가해야 하겠느냐? 로마의 기사[33]로서 재치 있고 교육도 충분히 받은 가이우스 카니우스[34]는 어디를 가든 사업이 아닌 휴양을 즐기기 위해 왔다고 입버릇처럼 말했다. 그가 시라쿠사에 갔을 때, 친구들을 초대하여 방해받지 않고 즐길 수 있으며 작은 정원이 딸린 별장을 사고 싶다고 여러 사람에게 말하고 다녔다. 이 소문이 퍼지자 시라쿠사의 은행가 피티우스가 나섰다. 그는 자신에게 그런 별장이 있지만 팔 생각은 없다고 하면서도, 카니우스가 원한다면 그의 별장처럼 사용해도 좋다고 제안했다. 이튿날, 피티우스는 그 별장에서 열리는 만찬에 카니우스를 초대했다. 카니우스가 초대를 받아들이자, 은행가로서 모든 계층으로부터 신망받고 있던 피티우스는 어부들을 불러 자신의 별장 앞에서 고기를 잡아달라고 부탁하면서 그의 지시대로 행동해주기를 당부했다. 카니우스가 약속 시간에 맞추어 만찬에 참석하자, 피티우스의 별장에는 성대한 만찬이 준비되어 있었다. 별장 앞에는 작은 배들이 여러 척 떠 있었고, 어부들은 갓 잡은 물고기들을 피티우스의 발 앞에 던져놓았다.

---

33 "기사"(eques, '에쿠에스')는 로마의 신분 계급 중 '에퀴테스'에 속한 사람을 가리킨다. 원래 '에퀴테스'는 말을 타고 군무에 종사하는 자들을 지칭했으나, 공화정 말기에는 일정한 재력을 갖춘 상업 및 금융 자본가 계급을 의미하게 되었다. 로마의 신분 계급은 '옵티마테스'(귀족), '에퀴테스'(기사), '포플라레스'(평민)로 구성되어 있었다.

34 "가이우스 카니우스"에 대해서는 알려진 바가 없다. "시라쿠사"는 이탈리아 남부 시칠리아 섬에 세워진 최초의 고대 그리스 식민지로, 기원전 734년경에 코린토스인이 건설했다.

이 광경을 본 카니우스는 물었다. "도대체 무슨 일이오, 피티우스? 59
이 많은 물고기와 배들은 무엇이오?"

피티우스가 이렇게 말했다. "뭘 놀라시오? 시라쿠사에서 먹는 물고기는 전부 이곳에서 잡힌다오. 이 별장 앞은 시라쿠사의 수원지이기도 해서, 이곳 없이는 물고기도, 물도 구할 수 없소."

이 말을 듣고 카니우스는 이 별장을 갖고 싶은 욕망이 불같이 일어 피티우스에게 별장을 팔라고 졸랐다. 피티우스는 처음에는 난처한 척 했지만, 무슨 설명이 더 필요하겠느냐? 결국 카니우스는 목적을 이루었다. 그는 이 별장을 꼭 갖고 싶었고, 마침 자금력도 충분해 피티우스가 요구하는 대로 값을 치르고 별장과 부속 시설을 모두 샀다. 명의 이전까지 하며 거래는 끝났다.

다음날 카니우스는 지인들을 초대하고는 약속 시간보다 일찍 별장에 도착했다. 그러나 그날은 배가 한 척도 보이지 않았다. 그는 이웃에게 어부들이 한 명도 보이지 않는데, 오늘은 어부들이 쉬는 날이냐고 물었다. 그러자 이웃이 대답했다. "내가 알기로는 어부들이 쉬는 날이 아니오. 이곳에서는 물고기를 잡는 일이 전혀 없소. 어제 일은 나도 처음 보는 광경이라 놀랐소."

카니우스는 속이 뒤틀릴 정도로 분노했지만 어쩔 도리가 없었다. 60
이는 나의 동료이자 지인인 가이우스 아퀼리우스[35]가 악의적 사기를 처벌하는 법안을 마련하기 전의 일이었다. 그는 이 법안에서 악의적

35 "가이우스 아퀼리우스"(기원전 1세기)는 로마의 법률가이자 정치가로, 퀸투스 무키우스 스카이볼라의 제자였다. 기원전 66년에 키케로와 함께 정무관을 지낸 후 법률가로 활동하며, '악의적 사기 행위'를 처벌하는 법안 제정에 기여했다.

사기란 무엇이냐는 질문에 "실제와 다르게 위장하는 것"이라고 정의했다. 이는 노련한 법률가만이 제시할 수 있는 아주 뛰어난 정의다. 따라서 피티우스를 비롯해 실제와 다르게 위장하는 사람들은 모두 신의가 없고 비열하며 사악하기 짝이 없는 자들이다. 악덕에 물든 그들의 행위는 어떤 경우에도 유익할 수 없다.

61 **15** 아퀼리우스의 정의가 옳다면, 모든 위장이나 은폐 행위는 인간의 삶에서 제거해야 마땅하다. 선량한 사람이라면 더 나은 조건으로 물건을 사거나 팔기 위해 위장하거나 은폐하지 않을 것이다. 또한 악의적 사기 행위는 법률에 따라 처벌을 받아왔다.

예를 들어, 12표법에서는 후견인이 피후견인에게 사기를 친 경우 처벌하도록 규정하고 있으며, 플라이토리우스법[36]에서는 청소년에게 사기를 친 자를 처벌했다. 법률 규정이 없는 경우에는 일반적으로 판결문에 "신의성실의 원칙에 의거하여"[37]라는 문구를 덧붙였다. 그 밖에 구체적인 사안의 판결문에 사용된 다음 문구도 매우 훌륭하다. 예를 들어, 아내가 받을 재산 관련 중재 소송에서는 "더 낫게, 더 공정하게"라는 문구가, 신탁 재산의 반환 소송에서는 "선량한 자들 간의 선량한 행위"라는 문구가 사용되었다. 그러면 어떻게 생각하느냐? 어떤 거래가 "더 낫게, 더 공정하게" 이루어져야 한다면, 거기에 사기 행위

---

36 "플라이토리우스법"은 기원전 192-191년에 제정된 '렉스 플라이토리아 데 미노리부스'("청소년에 관한 플라이토리우스법")로, 25세 이하의 청소년이 자신의 이익에 어긋나는 법적 계약을 했을 때 정무관이 개입할 수 있는 근거가 되었다.

37 "신의성실의 원칙에 의거하여"(ex fide bona, '엑스 피데 보나')는 오늘날에도 민법의 대원칙으로 확립되어 있으며, 권리 행사나 의무 이행 시 신의와 성실로 상대방의 신뢰와 기대에 부응해야 한다는 원칙이다.

가 조금이라도 끼어들 수 있겠느냐? 또한 거래가 "선량한 자들 간의 선량한 행위"가 되어야 한다면, 그 안에 조금이라도 교활하고 사악한 행위가 들어갈 수 있겠느냐? 아퀼리우스가 말했듯이, 악의적 사기는 위장하는 데서 비롯된다. 따라서 계약을 할 때는 한 치의 거짓도 있어서는 안 된다.

예를 들어, 경매에서 판매자는 가짜 입찰자를 고용하여 호가를 높이는 일이 없어야 하고, 구매자도 마찬가지로 호가를 낮추기 위해 수작을 부려서는 안 된다. 판매자나 구매자 모두 적절한 시기에 단 한 번만 자신이 원하는 가격을 제시해야 한다. 푸블리우스 스카이볼라 62
의 아들 퀸투스 스카이볼라[38]는 마음에 드는 한 농장을 사려고 가격을 물었고, 농장 주인은 앞서 언급한 것처럼 단 한 번만 가격을 제시했다. 그러자 스카이볼라는 그 농장의 가치를 더 높게 평가하여 그에게 10만 세스테르티우스[39]를 더 얹어 주었다. 아무도 판매자의 선량함을 의심하지는 않았지만, 그가 받을 수 있는 것보다 낮은 가격에 농장을 판 것을 보면 지혜롭지는 못했다는 말들을 하더구나. 이러한 말 속에는 선량한 사람과 지혜로운 사람이 서로 다르다고 보는 위험천만한 생각이 담겨 있다. 엔니우스가 "현자가 자신에게 이로운 일을 할 수 없다면, 그가 현명하다는 말은 거짓이다"[40]라고 말한 것도 같은 맥락

38 앞에서 키케로는 그를 "퀸투스 무키우스"라고 불렀다(제1권 116단락).

39 세스테르티우스(sestertius)는 고대 로마에서 쓰인 화폐 단위 가운데 하나다. 로마 공화정 시대에는 작은 은화로, 로마 제국 시대에는 대형 황동 주화로 발행되었다. 이 명칭은 '세미스테르티우스'(semis-tertius)에서 유래된 것으로 '둘 더하기 절반'을 의미한다. 아스(as)의 2와 2분의 1, 로마의 표준적 은화인 데나리우스의 4분의 1 가치에 해당하며, 일상 거래에서 유용하게 사용되었다.

이다. 만약 엔니우스와 내가 생각하는 '이로운' 일의 개념이 같았다면, 그의 말은 전적으로 옳을 것이다.

63 파나이티오스의 제자인 로도스 출신의 헤카톤은 퀸투스 투베로[41]에게 헌정한 의무론에 관한 저서에서 이렇게 말했다. "현자의 의무는 관습이나 법, 제도를 어기지 않으면서 가산을 증식하는 것이다. 나는 나 자신뿐만 아니라 내 자녀와 친족과 친구들, 특히 국가가 부유해지기를 원한다. 개인의 재력과 부는 곧 국가의 부이기 때문이다." 나는 조금 전에 스카이볼라의 행동에 대해 말했는데, 헤카톤은 그의 행동을 좋아하지 않을 것이다. 헤카톤은 법이나 관습이 허용하지 않는 것을 제외하고 자신에게 이익이 되는 일이라면 무엇이든 할 사람이기 때문이다. 그러나 그런 사람은 큰 찬사나 사랑을 받을 수 없을 것이다.

64 만약 위장과 은폐가 악의적 사기라면, 그런 행위가 개입되지 않은 일은 극히 드물 것이다. 또한 아무에게도 해를 끼치지 않으면서 자신의 이익을 추구하는 자가 선량한 사람이라면, 그런 사람을 찾기는 분

---

40 이것은 엔니우스의 『메데아』에 나오는 대사다. 메데아(그리스어로 '메데이아')는 흑해 연안의 콜키스 왕 아이에테스의 공주다. 고대 그리스에서 유명한 아르고호 원정대의 대장 이아손이 황금 양털을 얻기 위해 콜키스에 갔을 때, 그녀의 도움으로 황금 양털을 손에 넣는다. 그러나 나중에 이아손에게 버림받은 메데아는 두 사람 사이에서 태어난 자식들을 자신의 손으로 죽인다. 엔니우스의 『메데아』는 기원전 431년에 고대 그리스의 3대 비극시인 중 한 명인 에우리피데스의 작품을 번안한 것이다.

41 "헤카톤"은 기원전 100년경에 활동한 스토아학파의 철학자로, 파나이티오스의 제자이자 당대의 유명한 인물로 보인다. 기원후 3세기에 활동한 전기작가 디오게네스 라에르티오스는 헤카톤의 저작으로 『선에 대하여』, 『미덕론』, 『감정론』, 『목적론』, 『역설에 대하여』, 『금언집』을 언급한다. "퀸투스 투베로"는 기원전 2세기의 스토아학파 철학자로, 파나이티오스의 제자였으며, 로마 제국 시대의 스토아학파 철학자 세네카가 그의 글을 자주 인용했다.

명 쉽지 않을 것이다. 따라서 악을 행하는 것은 언제나 도덕적으로 부끄러운 일이기에 결코 유익할 수 없다. 반면, 선량한 사람이 되는 것은 언제나 도덕적으로 올바르므로 언제나 유익하다.

16 우리 로마의 시민법에서는 부동산 거래 시, 판매자는 자신이 알 65
고 있는 모든 하자를 공개해야 한다고 규정하고 있다. 12표법에 따르면, 구두로 하나하나 구체적으로 밝힌 하자에 대해서는 합당한 배상을 해야 하고, 구두로 밝히지 않은 하자에 대해서는 두 배의 벌금을 물어야 한다. 또한 우리 로마의 법률가들은 하자에 대해 침묵하는 것을 범죄로 간주하며, 이에 대한 형벌도 규정했다. 즉 판매자는 자신이 알고 있는 모든 하자를 구두로 밝혀야 하며, 이를 밝히지 않을 경우에는 그에 따른 배상을 해야 한다는 것이다.

한 가지 예를 들어보겠다. 관측소에서 길조와 흉조를 관찰하던 복 66
점관들이 카일리우스산에 위치한 티베리우스 클라우디우스 켄투말루스[42]의 저택이 관측에 방해가 된다고 판단하여 저택의 일부를 헐라는 명령을 내렸다. 그러자 클라우디우스는 그 저택을 매물로 내놓았고, 푸블리우스 칼푸르니우스 라나리우스가 이를 구매했다. 칼푸르니우스 역시 복점관들에게 동일한 철거 명령을 받게 되었고, 결국 저택의 일부를 헐어야 했다. 이후 칼푸르니우스는 클라우디우스가 복점관들에게 이미 저택의 일부를 헐라는 명령을 받은 상태에서 저택을 팔

---

42 "카일리우스산"은 로마의 일곱 언덕 중 하나로, 남동쪽에 위치한다. 공화정 시대에 주로 주거 지역이었으며, 특히 부유한 로마인들의 저택이 있었던 것으로 알려졌다. "티베리우스 클라우디우스 켄투말루스"에 대해서는 알려진 바가 없다. "푸블리우스 칼푸르니우스 라나리우스"는 기원전 1세기에 활동한 로마의 장군이다.

았다는 사실을 알게 되었다. 그래서 그는 "신의성실의 원칙에 따라 상대가 이행해야 할 모든 의무를 이행하게 해달라"고 소송을 제기했다. 이 소송을 판결한 사람은 우리의 카토[43] 아버지인 마르쿠스 카토였다. 다른 사람들은 아버지 덕분에 유명해지는 반면, 우리에게 카토라는 빛을 가져다준 그는 아들 덕분에 유명해진 인물이다. 재판관으로서 그는 다음과 같이 판결했다. "판매자는 물건을 팔 때 건물의 일부를 헐어야 한다는 사실을 알면서도 알리지 않았기 때문에 구매자가 입은 손해를 배상해야 한다."

67 이렇게 해서 판매자는 자신이 알고 있는 하자를 구매자에게 고지해야 신의성실의 원칙에 부합한다는 법 원칙이 확립되었다. 이 판결이 옳다면, 앞서 언급한 곡물 상인과 건강에 좋지 않은 집을 판 사람이 자기에게 유리하도록 침묵한 것도 올바르지 않다. 시민법에서 이러한 종류의 침묵을 모두 규정할 수는 없으나, 규정되어 있는 부분은 철저하게 적용해야 한다.

나의 친척인 마르쿠스 마리우스 그라티디아누스[44]는 몇 년 전 가이우스 세르기우스 오라타[45]에게서 구매한 집을 그에게 다시 팔았다. 이 집은 타인에게 저당 잡혀 있었지만, 마리우스는 이 집을 다시 팔 때

---

43 "우리의 카토"는 소 카토라 불리는 마르쿠스 포르키우스 카토 우티켄시스를 가리킨다. 그에 대해서는 제1권 각주 146을 보라.

44 "마르쿠스 마리우스 그라티디아누스"(기원전 약 125-82년)는 로마 공화정 말기에 활동한 귀족이자 정치가로, 그의 삼촌 가이우스 마리우스가 이끄는 평민파에 속했다. 기원전 82년, 술라가 마리우스와의 내전에서 승리한 후 공표한 '재판 없이 죽여도 좋은 자들' 명단에 포함되어 처형당했다.

45 "가이우스 세르기우스 오라타"(기원전 1세기)는 로마의 상인으로 굴양식업자였다.

그 사실을 알리지 않았다. 이 사건을 놓고 소송이 벌어졌다. 오라타는 크라수스를, 그라티디아누스는 안토니우스를 변호인으로 선임했다. 크라수스는 "판매자가 알면서도 고지하지 않은 하자에 대해서는 배상해야 한다"는 법 규정을 강조했고, 안토니우스는 형평의 원칙을 강조하며 "전에 이 집을 그라티디아누스에게 팔았던 세르기우스 오라타가 이 하자를 모르지 않았기 때문에 그라티디아누스는 알릴 필요가 없었고, 그 집을 다시 살 때 집이 저당 잡힌 것을 알고 있었기 때문에 속았다고 할 수 없다"고 주장했다.

내가 이 사례를 언급하는 이유는, 우리 선조들이 교활한 자를 결코 68
용납하지 않았음을 너에게 알려주기 위해서다.

17 법률과 철학자는 교활한 자들을 억제하는 방식에서 차이를 보인다. 법률은 강제력을 통해 가능한 범위 내에서, 철학자는 이성을 통해 사리를 분별하게 하여 교활함을 억제한다. 따라서 이성은 속이거나 위장하거나 거짓으로 꾸미지 않기를 요구한다. 덫을 놓고 자신은 들짐승을 잡을 의도가 없었다고 말하는 것은 기만 행위와 다를 바 없다. 비록 사람이 들짐승을 덫으로 몰아갈 의도가 없었고 실제로 그렇게 하지 않았더라도, 들짐승은 스스로 덫에 걸릴 수 있기 때문이다. 그렇다면 하자가 있는 집을 팔려고 매물 팻말을 집 앞에 걸어놓고 하자를 모르는 구매자가 걸려들기를 기다리는 것은 방금 말한 경우와 다르지 않다.

오늘날 도덕이 타락해 이러한 행위를 부끄럽게 여기지 않고, 법률 69
이나 시민법도 이를 금지하거나 처벌하지 않지만, 자연법은 이를 금한다. 사람들 사이에는 결속과 유대가 존재하기 때문이다. 앞서 나는 결속과 유대에 관해 자주 언급했지만, 그 중요성을 강조하기 위해 더 자주 언급해야겠다고 생각한다. 이러한 결속과 유대는 매우 광범위해 모든 사람을 서로 연결한단다. 인류 전체를 가깝게 하고, 동일한 국가에 속한 사람들을 더 가깝게 하지. 그래서 우리 선조들은 만민법과 시민법[46]을 구별했다. 시민법이 반드시 만민법의 모든 내용을 담을 필요는 없지만, 만민법의 원리는 반드시 시민법에 녹아들어야 한다고 보았다. 그러나 우리는 참된 법과 진정한 정의가 완전하고 명확하게 구현된 실체를 누리지 못하고, 그것의 그림자와 모상만을 갖고 있을 뿐이다.[47] 나는 그것만이라도 제대로 지켜나가길 바란다! 그것들은 자연
70 과 진리가 우리에게 준 최고의 모범에서 비롯되었기 때문이다. "너와 너의 신의를 믿었기에 내가 속는 일이 없기를"이라는 말은 매우 중요하다. "선량한 사람들 간에 거래하듯이 속이지 않고 정직하게 거래해야 한다"는 말도 황금같이 귀하다. 그러나 여기서 중요한 것은 "선량한 사람들"이 누구인지, 그리고 "정직하게 거래하는 것"이 무엇인지를 명확히 아는 것이다.

대신관[48]이었던 퀸투스 스카이볼라는 "신의성실의 원칙에 의거해"

---

46 "만민법"(ius gentium, '유스 겐티움')은 고대 로마 법체계에서 모든 민족에게 공통으로 적용되는 법으로, 인간 본성에 따른 이성과 관습에 기반하여 자연법의 한 측면을 반영한다. "시민법"(ius civile, '유스 키빌레')은 로마 시민에게만 적용되는 법으로, 로마의 고유한 성문법 체계다.

47 "그림자와 모상"이라는 표현은 플라톤의 『국가』에 나오는 동굴의 비유를 연상시킨다. 플라톤은 참된 실체는 이데아의 세계에 존재하며, 현실의 모든 것은 이데아의 그림자이자 모상일 뿐이라고 가르쳤다.

48 "대신관"(pontifex maximus, '폰티펙스 막시무스')의 임무는 로마의 종교 전통과 관련해 신관들이 수집한 '신성 법률'(ius divinum, '유스 디비눔')을 집행하는 것이었다. 신법의

라는 문구가 모든 판결문에 매우 중요한 의미를 지닌다고 보았다. 그는 후견인과 피후견인, 신탁자와 수탁자, 판매자와 구매자, 임대차 등 사회생활의 다양한 관계에서 신의성실의 원칙이 널리 적용된다고 생각했다. 또한 이러한 소송에서 맞고소가 빈번히 발생하기 때문에, 누가 누구에게 배상해야 하는지에 대해 판단할 수 있는 노련한 재판관이 필요하다고 보았다.

71 그러므로 교활하고 악의적인 행위는 발붙일 곳이 없어야 한다. 그러한 행위를 하는 자는 자신이 현명하게 보이기를 바라지만, 현명함[49]과 완전히 동떨어져 있다. 현명함이란 선과 악을 구별하고 선을 택하는 데 있는데, 도덕적으로 부끄러운 것은 모두 악이며, 악의적 행위는 바로 이 악을 선보다 앞세우는 것이기 때문이다.

시민법은 부동산 거래에서뿐 아니라 노예 거래에서도 자연과 본성에 따라 악의적 기만을 처벌한다. 노예를 파는 자는 노예의 건강 상태, 도주 이력, 절도 전력 등을 밝혀야 하며, 그런 하자가 드러나면 조영관의 명에 따라 배상해야 한다. 단, 노예를 상속받아 소유하게 된 경우에는 이 법 규정이 적용되지 않는다.

72 여기서 우리는 권리와 의무를 규율하는 법률의 원천이 자연과 본성임을 알 수 있으며, 누구도 타인의 무지를 이용하여 이득을 취하지 않는 것이 자연과 본성에 부합한다는 사실을 깨달을 수 있다. 인생에

범위에는 역법 관리, 매장 법, 입양과 유언 법, 공중도덕 규율 및 위반자 처벌 외에도 유피테르의 신관들이 준수한 '외교 정책에 관한 법'도 들어간다.

49 이 책의 다른 부분에서는 '실천적 지혜'로 번역한 프루덴티아(prudentia)를 여기에서는 "현명함"으로 번역했다.

서 맞닥뜨리는 모든 위험 중에서 능숙함[50]으로 위장한 악의적 행위보다 더 위험한 것도 없다. 여기서 유익함이 도덕적 올바름과 상충하는 것처럼 보이는 경우가 무수히 생겨난단다. 만약 불의를 저질러도 아무도 모르고 처벌받지 않을 것이 확실하다면, 그런 상황에서도 불의를 저지르지 않을 사람이 과연 몇이나 되겠느냐?

73 **18** 네가 원한다면, 대다수가 죄악으로 여기지 않을 사례를 들어 그런 사람이 얼마나 드문지 보여주겠다. 살인자, 독살자, 유언장 위조자, 절도범, 공금 횡령자는 철학자의 말이나 토론으로 설득할 대상이 아니라 쇠고랑을 채워 감옥에 보낼 자들이므로 여기서 논할 필요는 없다. 따라서 선량하다고 여겨지는 사람들이 어떻게 행동하는지 살펴보자.

어떤 이들이 부유한 루키우스 미누키우스 바실루스[51]의 위조된 유언장을 가지고 그리스에서 로마로 왔다. 이들은 유언장이 진짜라는 신뢰를 얻기 위해 상속인 명단에 자신뿐만 아니라 당시 가장 강력한 권력을 쥐고 있던 마르쿠스 크라수스와 퀸투스 호르텐시우스의 이름도 적어넣었다. 이 두 사람은 유언장이 위조됐을 수 있다고 의심했지만, 자신들이 직접 위조하지 않았다는 이유로 죄책감을 느끼지 않았고, 다른 사람의 범죄로 얻은 부수입을 거절하지 않았다.

---

50 여기서 "능숙함"으로 번역된 단어는 인텔리겐티아(intellegentia)다. '인텔리겐티아'는 "무지"(inscitia, '인스키티아')와 대비되는 개념으로, 사실과 상황을 잘 이해하고 적절하게 대응하는 능력을 의미한다. 이는 '프루덴티아'의 한 측면으로, 좀 더 좁은 개념이라고 할 수 있다.

51 "루키우스 미누키우스 바실루스"는 술라 휘하의 장군으로, 기원전 88년 술라가 로마로 진격했을 때 함께했다.

그렇다면 두 사람의 행동을 어떻게 판단해야 하겠느냐? 이들의 행동에 잘못이 없다고 할 수 있겠느냐? 호르텐시우스 생전에 내가 그를 사랑했고, 크라수스는 이미 세상을 떠났으며 나도 그를 미워하지는 않지만, 그럼에도 나는 그들에게 잘못이 없다고 보지 않는다.
74 사실 바실루스는 누이의 아들이며 피케눔과 사비눔 농지의 후견인인 마르쿠스 사트리우스[52]에게 자신의 이름을 주고 싶어 했고, 그를 상속자로 삼았다. 이러한 점을 고려할 때, 앞의 두 사람의 행동은 그 시대에 오점을 남겼다고 할 수 있다. 이 나라의 지도적인 시민들이 사트리우스에게 돌아갈 바실루스의 유산을 가로챘고, 결국 사트리우스는 바실루스의 이름 외에 아무것도 물려받지 못한 것은 결코 공정하지 않았다. 제1권에서 논의했듯이, 불의를 막거나 물리칠 수 있었는데도 그렇게 하지 않은 경우에 불의를 저지른 것으로 본다면, 하물며 불의를 도운 행위에 대해서는 어떻게 판단해야 하겠느냐? 누군가가 진정한 상속자라 해도 악의적인 의도로 아부하거나 위선적으로 도리를 다하는 척하며 상속받은 것이라면, 나는 그조차도 도덕적으로 올바르지 않다고 본다.

이러한 경우에는 유익한 것과 도덕적으로 올바른 것이 자주 서로
75 다르게 보인다. 하지만 이 둘을 분리하는 것은 잘못된 일이다. 유익한 것과 도덕적으로 올바른 것을 판단하는 기준은 동일하기 때문이다.

---

52 "마르쿠스 사트리우스"(기원전 1세기)는 로마의 장군이자 정치가로, 기원전 45년에 정무관을 지냈다. 바실루스의 양자였던 그는 처음에는 카이사르를 지지했지만, 나중에는 안토니우스의 부관이 되었다. "피케눔"은 아펜니누스 산맥과 아드리아해 사이에 있던 지역이며, "사비눔"은 중부 이탈리아에 있던 지역이다.

이 점을 명심하지 않는 자는 사기나 악행에서 멀리 있지 않다. '이렇게 하면 도덕적으로 올바르고, 저렇게 하면 유익을 얻는다'는 식의 생각은 자연과 본성이 하나로 결합해놓은 것을 뻔뻔하게도 둘로 나누는 잘못이며, 이는 모든 사기와 악행, 죄악의 원천이다.

19 따라서 선량한 사람이라면 손가락으로 몇 번 끄적거려 부자의 유언장에 자신의 이름을 끼워 넣을 수 있는 힘이 있고, 그렇게 해도 아무 의심을 받지 않는다는 확신이 있더라도 그 힘을 사용하지 않을 것이다. 반면 마르쿠스 크라수스에게 그런 힘이 주어진다면, 그는 진정한 상속인이 아님에도 손가락 몇 번 움직여 상속인이 되려 할 것이니, 기쁨에 겨워 광장에서 춤추며 날뛸 터이다.

그러나 정의로운 사람, 즉 우리가 선량하다고 여기는 사람은 결코 타인의 소유를 빼앗아 자기 것으로 만들지 않는다. 이 말에 놀라는 사람은 선량한 자가 누구인지 이해하지 못했음을 인정해야 할 것이다.
76 선량한 자란 어떤 사람인지에 대한 혼란을 명료하게 정리하고 싶다면, 우선 이것을 알아야 한다. 선량한 자란 가능한 한 다른 사람에게 유익을 주고, 부당한 일을 당하지 않는 한 누구에게도 해를 끼치지 않는 사람이다. 그렇다면 이런 경우는 어떻게 생각해야 하겠느냐? 마치 마법을 사용하듯이 진짜 상속인을 몰아내고 그 자리를 차지한다면, 그것은 분명 다른 사람에게 해를 끼치는 것이 아니겠느냐? 어떤 이는 '유익을 추구하는 것이 당연하지 않은가?'라고 반문할 수 있다. 그러나 이는 잘못된 생각이다. 정의롭지 않은 것은 어떤 것도 유익하거나 이로울 수 없다는 사실을 알아야 한다. 이를 알지 못한다면, 그는 선량한 자가 될 수 없다.

어릴 때 나는 집정관을 지낸 가이우스 핌브리아[53]에 관한 이야기를 77
아버지에게 들었다. 핌브리아는 진정 도덕적으로 올바른 인물인 로마의 기사 마르쿠스 루타티우스 핀티아의 소송 사건을 담당하는 재판관이 되었다. 루타티우스는 재판에서 자기가 "선량한 자가 아니라고 판명되면" 재산을 국가에 헌납하겠다고 약속했다. 이에 핌브리아는 이 소송 재판을 절대 맡지 않겠다고 말했다. 유죄 판결을 내리면 이 훌륭한 사람의 명성을 훼손하게 될 것이고, 무죄 판결을 내리면 그가 선한 의무를 수행해 칭송받아온 사실만으로 그를 선량한 자라고 판단한 것처럼 보일 수 있기 때문이었다.

소크라테스뿐만 아니라 핌브리아도 이런 선량한 사람에게는 도덕적으로 올바르지 않은 것이 결코 유익할 수 없음을 깨달았다. 따라서 이런 사람은 떳떳이 밝힐 수 없는 행위는 결코 하지 않을뿐더러 그럴 생각조차 하지 않을 것이다. 시골 사람들도 의심하지 않는 사실을 철학자라는 사람들이 의심한다면 부끄러운 일이 아니겠느냐? 시골 사람들에게는 생겨난 지 오래되어 이제는 진부하게 들리기까지 한 속담이 있다. 그들은 신의 있고 선량한 사람을 칭찬할 때, "어둠 속에서 손가락 수 맞히기 놀이를 함께 할 수 있는 사람"[54]이라고 말한다. 이 말의 요

---

53 "가이우스 핌브리아"(기원전 약 115~85년)는 로마의 정치가로, 기원전 104년에 가이우스 마리우스와 함께 신인으로 집정관에 선출되었다. 키케로는 그를 자신의 공로와 재능으로 최고 공직에 오른 인물이자 유능한 법률가, 대중연설가로 평가했다. 또한 『브루투스』 129에서는 그의 훌륭한 인품에 관해 언급했다. "마르쿠스 루타티우스 핀티아"에 관해서는 알려진 바가 없다.

54 "어둠 속에서 손가락 수 맞히기 놀이"는 키케로의 『법률론』 1.41과 『최고선악론』 2.52에서도 언급된다.

지는 아무리 들키지 않고 이익을 얻을 수 있더라도 도덕적으로 적절하지 않은 일은 결코 자신에게 유익하지 않다는 것이다.

78 이 속담에 비추어 보았을 때, 기게스나 조금 전에 언급한 사람, 즉 손가락으로 몇 자 끄적거려 상속인을 완전히 바꿔치기 하는 자가 용서받을 수 없는 이유를 알겠느냐? 도덕적으로 부끄러운 일은 아무리 감쪽같이 은폐해도 도덕적으로 올바른 것이 될 수 없는 것처럼, 도덕적으로 올바르지 않은 것은 자연과 본성을 거스르고 상충되기 때문에 결코 유익할 수 없다.

79 **20** 그러나 어떤 이들은 악행에 따른 보상이 매우 크다면, 그것이 악행의 명분이 될 수 있다고 주장할지도 모른다.

가이우스 마리우스는 정무관직에서 물러난 지 7년이 되었지만, 집정관이 되기는커녕 후보로 추천될 가망조차 거의 없었다. 당시 최고 명망가이자 시민으로 존경받던 퀸투스 메텔루스[55] 사령관 밑에서 부사령관으로 재직하던 그는 사령관의 명령을 받아 로마로 갔다. 그는 로마 시민들 앞에서 메텔루스가 전쟁을 잘못 이끌고 있다고 비난하며, 자신이 집정관으로 선출된다면, 짧은 시간 안에 유구르타[56]를 생

55 "퀸투스 메텔루스"(기원전 약 155-91년)는 로마의 장군이자 정치가로, 벌족파의 지도자 중 한 명이었다. 기원전 109년에 집정관이 되어 북아프리카에서 로마군을 이끌고 유구르타 전쟁을 벌였으나, 기원전 107년에 가이우스 마리우스에게 지휘권을 넘겨주어야 했다. 전쟁에서 돌아온 후 '누미디쿠스'라는 별칭을 얻었으나, 마리우스를 반대하다가 추방되었다. 그는 로마의 정치가 점점 부패해가던 시기에 청렴한 인물로 유명했다.

56 "유구르타"(기원전 약 160-104년)는 북아프리카에 위치한 누미디아의 왕이다. 기원전 118년, 큰아버지 미킵사왕의 양자가 된 그는 같은 해에 왕이 사망하자 왕의 두 친아들과 함께 공동 통치자가 되었으나, 이후 두 형제를 죽이고 단독으로 왕위에 올랐다. 기원전 134년에 소 아프리카누스가 이베리아반도에서 누만티아를 멸망시킬 때 미킵사왕의

포하거나 죽여서 로마 시민들 앞에 끌고 와 그들의 처분에 맡기겠다 고 약속했다. 이 전략으로 그는 집정관이 될 수 있었지만, 그 과정에서 자신을 로마로 보낸 상관이자 로마에서 가장 존경받는 한 시민을 모함하고 누명을 씌워 시민들의 미움을 받게 하는 식으로 신의와 정의를 저버렸다.

나의 친족 마리우스 그라티디아누스도 선량한 이가 지켜야 할 의 80
무를 저버렸다. 그가 정무관이었을 때의 일이다. 화폐 문제에 관한 공동 결정을 위해 호민관들이 정무관들과의 연석회의를 소집했다. 당시 화폐 가치의 변동이 극심해 사람들은 자신의 재산이 화폐로 얼마의 가치를 지니는지조차 알 수 없었다. 그들은 공동으로 포고령을 작성하고 위반한 경우의 형벌과 재판 절차도 정한 후, 정오가 지나서 함께 광장의 연단에 올라가기로 했다. 그러나 회의가 끝나고 다른 사람들은 모두 흩어졌지만, 마리우스는 회의실에서 나오자마자 광장의 연단으로 가서 공동으로 작성한 포고령을 단독으로 발표해버렸다. 그 결과 어떻게 되었는지 아느냐? 마리우스는 이 일로 큰 영예를 얻었다. 로마 거리 곳곳에 그의 동상이 세워졌고, 사람들은 동상 앞에서 향을 피우고 촛불을 밝혔다. 더 말해 무엇 하겠느냐? 그보다 더 시민들의 사랑을 받은 인물은 역사상 없을 것이다.

정의에 크게 어긋나지 않는 것처럼 보이지만 결과적으로 큰 영향 81
을 미친 상황에서, 사람들은 종종 혼란스러워하며 고민에 빠진다. 앞

도움을 받았던 로마는 유구르타를 응징하기 위해 기원전 111년에 유구르타 전쟁을 일으켰다. 메텔루스 대신 사령관이 된 가이우스 마리우스에 의해 기원전 105년에 생포되어 로마로 압송되어 처형당했다.

의 경우에서 마리우스가 보기에는, 동료 정무관들과 호민관들을 제치고 단독으로 포고령을 발표하여 대중의 인기를 얻는 것이 도덕적으로 그렇게 부끄러운 일이 아니었을 것이다. 게다가 그러한 행동이 자신이 바라던 집정관으로 선출되는 데는 크게 이롭다고 여겼을 것이다.

그러나 모든 경우에 적용되는 기준은 하나다. 나는 네가 이 기준을 명심하기를 바란다. 그 기준은 바로 유익한 것은 도덕적으로 부끄러울 수 없고, 도덕적으로 부끄러운 것은 유익할 수 없다는 것이다. 그렇다면 앞의 사례에서 어떤 판단을 내려야 하겠느냐? 가이우스 마리우스나 마리우스 그라티디아누스를 선량한 사람이라고 판단할 수 있겠느냐? 누가 선량한지 판단하려면, 네가 선량한 자에 대해 갖고 있는 생각을 모두 펼쳐놓고 면밀히 살펴보아라. 자기 이득을 위해 거짓말을 하거나, 비방하거나, 타인의 기회를 가로채거나 속이는 사람이 과연 선량할 수 있겠느냐? 절대로 그렇지 않다.

82 선량한 이라는 명예와 칭송을 포기할 만큼 가치 있는 것은 없다. 선량한 자라는 이름을 잃고 신의와 정의를 저버렸을 때, 그 상실을 보상할 유익이란 과연 무엇이겠는가? 사람이 짐승의 형상으로 변하는 것과, 사람의 모습을 한 채 마음속에 짐승의 야만성을 품는 것이 무엇이 다르겠는가?

21 그런데 도덕적인 올바름과 훌륭함을 무시하고 권력만을 추구하는 자들은 어떠하냐? 그들은 파렴치한 수단으로 권력을 장악한 인물을 장인으로 맞이하려 했던 자[57]와 다를 바가 없지 않느냐? 그는 장

---

57 "파렴치한 방법으로 권력을 장악한 인물"은 카이사르를, "장인으로 맞이하려 했던 자"는

인이 시민들에게 미움을 받는 것이 자신의 권력 장악에 크게 유리하다고 생각했다. 하지만 그런 생각이 조국에 얼마나 큰 불의를 저지르고, 도덕적으로 부끄러운 일인지 깨닫지 못했지. 반면, 그의 장인은 종종 『페니키아 여인들』[58]이라는 그리스 시를 읊곤 했다. 그 시를 옮기자면 다음과 같다. 정확하지는 않더라도 내용을 이해할 수 있을 것이다. "법과 정의를 어겨야 한다면, 그것은 오직 왕위를 위해서라야 한다. 그 외 모든 경우에는 정의를 소중히 여기고 모든 의무를 다하며 살아가라."

그러나 에테오클레스,[59] 아니 에우리피데스가 말했듯이, 단 하나의
극악무도한 악행이라도 예외로 두는 자는 죽어 마땅하다! 내가 유산 83
상속, 교역, 매매와 관련된 사기 같은 비교적 경미한 죄들만 언급하는 이유가 무엇이라고 생각하느냐? 로마의 왕이자 온 인류의 주인이 되려 했고, 실제로 그렇게 된 인물[60]을 보아라! 이러한 욕망을 도덕적으로 올바르다고 말하는 이는 정신이 나간 자다. 그는 법과 자유가 무너

폼페이우스를 가리킨다. 로마 공화정 말기에 카이사르, 폼페이우스, 크라수스는 기원전 59년경 비밀리에 정치적 협력관계를 맺고 제1차 삼두정치를 시작한다. 이전에 카이사르와 폼페이우스는 사이가 좋지 않았으나, 이 협약 체결 후 카이사르는 외동딸 율리아를 폼페이우스와 결혼시켜 그와의 관계를 공고히 했다. 기원전 59년, 집정관이 된 카이사르는 폼페이우스와 크라수스의 지원을 받아 농지법을 통과시키고 원로원의 권력을 약화시켰다.

58 『페니키아 여인들』은 고대 그리스 극작가 에우리피데스의 작품으로, 오이디푸스 가문과 테베에 내려진 저주, 특히 테베 왕 라이오스의 왕비 이오카스테의 비극적인 삶을 담고 있다. 인용된 구절은 『페니키아 여인들』 524-525에 나온다.

59 "에테오클레스"는 테베의 왕으로, 오이디푸스와 그의 어머니 이오카스테 사이에서 태어난 아들이다. 그는 형제인 폴리니케스와 왕위 다툼을 벌였고, 결국 둘 다 죽음을 맞이한다.

60 카이사르를 가리킨다.

지는 것을 인정하면서도, 법과 자유를 억압하는 추악하고 가증스러운 행위를 영광으로 여긴다. 과거에 자유로웠고 영원히 자유로워야 할 국가에서 왕이 되어 지배하는 것이 도덕적으로 올바르지 않음을 인정하면서도, 그것이 유익하다고 주장하고 있지 않느냐? 그런 자가 내가 책망하거나 비난하다고 해서 잘못을 멈추겠느냐? 아, 불멸의 신들이여! 조국을 살해하는 가장 극악무도하고 가증스러운 죄를 범한 자가 시민들을 억압하며 국부[61]라 불린다 해도, 그 범죄가 누구에게 진정 이익이 되겠느냐? 그러므로 오직 도덕적 올바름을 추구하는 것만이 유익한 일이다. 비록 이 두 단어[62]가 발음은 다르더라도, 그 의미는 동일하다는 것을 알아야 한다.

84 대다수 사람은 왕이 되어 지배하는 것보다 더 유익한 일은 없다고 생각한다. 그들의 기준에 따르면, 나는 왕권보다 더 큰 유익을 제시할 수 없다. 그러나 이성을 되찾고 진실을 직시하기 시작하면, 불의하고 불법적인 방법으로 왕위에 오르는 것만큼 무익한 일도 없다는 사실을 알게 될 것이다. 음모와 위험 속에서 밤낮으로 두려움과 불안에 시달리며 질식할 것 같은 삶이 과연 누구에게 유익할 수 있겠느냐? 아키우스[63]는 "왕권에 적대적이고 불충한 자는 많지만, 호의를 가진 자

---

61 키케로는 기원전 63년에 카틸리나 음모를 사전에 알아내고 저지하여 로마 시민들로부터 "국부"라는 칭호를 얻은 반면, 카이사르는 기원전 45년에 공화국의 합법적인 세력을 제압하여 같은 칭호를 얻었다.

62 "이 두 단어"는 '도덕적으로 올바른 것'(honestas, '호네스타스')과 '유익한 것'(utilitas, '우틸리타스')을 가리킨다.

63 "아키우스"(기원전 약 170-86년)는 로마의 비극시인으로, 다작가였고 대단한 명성을 떨쳤다. 현재까지 제목이 알려져 있는 50편의 희곡은 그가 주로 그리스의 비극, 특히 그리스 3대 비극시인 중 한 명인 아이스킬로스의 작품을 번안한 것들이다.

는 적다"고 말한다. 여기서 말하는 왕권은 무엇이냐? 탄탈로스와 펠롭
스의 유산으로 전해져 내려온 왕권[64]을 뜻한다. 하물며 로마의 군대를
동원하여 자국민을 억압하고, 자유롭고 세계를 지배하던 국가를 강제
로 굴복시킨 저 왕[65]에게는 적대적이고 불충한 자들이 얼마나 많겠느
냐? 이런 자가 과연 양심의 가책이나 내면의 고뇌를 느꼈다고 생각하 85
느냐? 어떤 이의 생사가 장차 최고의 명성과 영광을 누리게 될 자의
손아귀에 달려 있다면, 그런 삶이 과연 그에게 유익할 수 있겠느냐?
아무리 유익해 보여도 도덕적인 부끄러움과 부적절함으로 가득하다
면, 그것은 결코 유익할 수 없다. 그러므로 우리는 도덕적으로 올바르
지 않은 것은 결코 유익하지 않다는 사실을 온전히 확신해야 한다.

22 이러한 확신을 실천으로 옮긴 예는 자주 있었다. 가이우스 파 86
브리키우스가 두 번째 집정관직으로 재직하던 중, 로마 원로원의 동
의를 얻어 피로스왕과의 전쟁에 관한 결정을 내렸다. 피로스왕이 아
무런 명분 없이 로마인을 상대로 전쟁을 일으켰으므로 로마는 그 고
귀하고 강력한 왕과 패권을 두고 불가피하게 결전을 치르게 되었다.

---

64 "탄탈로스와 펠롭스의 유산으로 전해져 내려온 왕권"이란 그리스 신화에서 탄탈로스와 그의 아들 펠롭스가 이끄는 펠로폰네소스반도의 왕권과 그 후손들, 특히 아트레우스와 그의 아들 아가멤논, 메넬라오스 등으로 이어지는 신성한 혈통과 영토에 대한 권리, 그리고 오랜 전통에 의해 정당화된 통치권을 의미한다. 제우스의 아들인 탄탈로스는 신들과 가까운 관계에 있었으나, 신들에 대한 무례한 행동으로 인해 자신을 포함한 5대에 걸쳐 그의 가문이 저주를 받게 된다. 비록 저주를 받았으나 제우스의 자손이라는 신성한 혈통으로 인해 그의 가문은 여전히 왕권을 계승할 수 있는 정통성을 인정받았다. 탄탈로스의 아들 펠롭스는 자신이 겪은 고난에도 불구하고 펠로폰네소스 반도로 건너가 피사 왕국을 장악했으며, 그의 이름을 따서 이 반도는 '펠롭스의 섬'이라는 뜻의 펠로폰네소스로 불리게 될 만큼 큰 영향력을 미쳤다.

65 "저 왕"은 카이사르를 가리킨다.

이때 한 적군 병사가 파브리키우스의 군영으로 도망쳐 와 보상을 약속한다면 자신이 다시 몰래 피로스의 군영으로 돌아가 왕을 독살하겠다고 제안했다. 그러나 파브리키우스는 그 탈주병을 피로스에게 돌려보내라고 명령했고, 원로원은 그의 결정에 찬사를 보냈다. 이때 우리 로마가 대다수의 생각에 따라 겉으로 유익해 보이는 선택을 했다면, 탈주병을 이용하여 로마의 패권에 위협이 되는 적을 제거하고 큰 전쟁을 끝낼 수 있었을 것이다. 그러나 누가 더 강한지를 겨루는 결전에서 상대방을 미덕이 아닌 사악하고 비열한 방법으로 이겼다면, 그것은 결코 명예롭지도 자랑스럽지도 않으며 오히려 수치스러운 일이 되었을 것이다.

87 따라서 아리스티데스가 아테네를 위해 했던 것과 같은 일[66]을 우리 로마를 위해 한 파브리키우스, 그리고 명예로움을 곧 유익함으로 보고 이 둘을 떼어놓고 생각하지 않은 로마 원로원은 무기와 독약 중 어느 것으로 적과 싸우는 것이 더 유익하다고 생각했겠느냐? 명예를 위해 패권을 추구한다면, 명예를 앗아갈 사악한 방법은 피해야 한다. 반대로 수단과 방법을 가리지 않고 권력을 추구한다면, 그로 인해 얻은 권력은 불명예스럽기 때문에 결코 유익할 수 없다.

그러므로 퀸투스의 아들 루키우스 필리푸스가 제안한 방안은 유익하지 않았다. 그는 루키우스 술라가 원로원과 협의하여 돈을 받고 면

66 이 일화는 제3권 49단락에 나온다. 테미스토클레스가 페르시아 전쟁에서 승리한 후 그리스 전역에 대한 패권을 강화하기 위해 스파르타의 함대를 불태워 무너뜨리자는 제안을 했지만, 아리스티데스는 그 제안에 반대하며 민회에 보고했다. 이에 따라 민회는 그 제안을 부결시켰다.

제해 준 조공을, 그들이 술라에게 지불한 금액도 돌려주지 않은 채 다시 징수하자고 제안했다. 원로원이 이를 승인했으니, 이 얼마나 치욕스러운 일인가! 신의로 따지자면 원로원은 해적들보다 못한 일을 했다. 조공을 받아 국가의 수입을 늘리는 것이 유익하다고 말할 사람도 있을 것이다. 도덕적으로 올바르지 않으면서 유익하다고 주장하는 이들은 대체 언제쯤 사라질지 모르겠구나. 명예와 동맹국들의 호의로 88
유지되는 국가가 그들의 미움을 사고 불명예를 초래한다면, 그것이 어떻게 유익할 수 있겠느냐?

이 점에서 나와 내 친구 카토는 종종 의견을 달리했다. 그는 국고와 조공 수입을 중요하게 여겨 세금 징수원들의 요청을 거부하고, 동맹국들의 많은 요구도 받아들이지 않았다. 그러나 우리 로마는 동맹국들에게 호의를 베풀어야 했으며, 소작인을 대하듯 세금 징수원들을 대우했어야 했다. 국가의 여러 계층이 화합하고, 동맹국들과 우호적인 관계를 유지하는 것이 국가의 안위를 위해서도 중요하기 때문이다. 또한 쿠리오가 포강 이북 지역 주민들의 요구[67]를 거부했을 때, 그들의 요구가 정당하다고 인정하면서도 항상 "국익을 우선해야 한다"는 말을 덧붙인 것은 옳지 않았다. 그들의 요구가 정당하다고 인정하면서도 유익하지 않다고 말하는 대신, "국가에 유익하지 않으므로 정당하지 않다"고 말했어야 했다.

---

67 "포강"은 이탈리아 북부에 위치한 강으로, 알프스 산맥과 아펜니누스 산맥 사이를 동서로 흐른다. 동맹시 전쟁 후 기원전 89년에 제정된 '포강 이북의 주민에 관한 폼페이우스 법'에 따라 포강 이남의 주민들은 완전한 로마 시민권을 부여받았지만, 포강 이북의 주민들은 라틴 식민지의 지위만을 부여받았다.

89 **23** 헤카톤이 쓴 『의무론』 제6권에는 여러 질문이 나온다. 예를 들어, "선량한 사람이라도 곡물 가격이 높을 때는 하인들에게 음식을 주지 않는 것이 합당한가?"라고 묻는다.

그는 찬성과 반대 양쪽의 논리를 제시하면서, 결국 유익함을 기준으로 판단하여 결정한 의무를 수행해야 한다고 결론을 내린다.

또 그는 "풍랑을 만나 배에 실은 것 중 무언가를 바다에 던져야 한다면, 값비싼 말을 던질 것인가, 아니면 값싼 어린 노예를 던질 것인가?"라고 묻는다. 전자는 인정을, 후자는 재산을 기준으로 한 결정이다.

또한 그는 "배가 난파되었을 때 어리석은 자가 널빤지를 붙잡고 있다면, 현자는 자신을 구하기 위해 그 널빤지를 빼앗아야 하는가?"라고 묻는다. 그런 후, 그런 행위는 불의하기 때문에 현자라면 그렇게 하지 않을 것이라고 답한다.

"선주라면 어떠한가? 선주는 어차피 자기 것을 되찾는 게 아닌가?"라고 묻고, "그렇지 않다. 배가 항해 중일 때 선주는 승객을 바다에 던져버릴 수 없다. 목적지에 도착하기 전까지 배는 선주의 것이 아니라 승객의 것이다"라고 답한다.

90 "이런 경우는 어떤가? 배가 난파되었을 때 널빤지는 하나뿐이고, 난파된 두 승객이 모두 현자라면 둘 다 널빤지를 붙잡아야 하는가, 아니면 한 명이 양보해야 하는가?" 이에 대해서는 "자신을 위해서든 국가를 위해서든 생존 가치가 더 적은 사람이 더 많은 사람에게 양보해야 한다"고 답한다. "만약 가치가 동일하다면"이라고 묻고, "두 사람은 결코 싸우지 않을 테고, 제비뽑기나 손가락 수 맞히기 등을 해서 진 사람이 이긴 사람에게 양보할 것이다"라고 답한다.

"이런 경우는 어떤가? 아버지가 신전을 약탈하거나 국고로 통하는 굴을 판다면, 아들은 이 사실을 관리에게 고발해야 하는가?"라는 질문에는 "아들이 아버지를 고발하는 것은 불경스러운 일이며, 아버지가 재판에 넘겨진다면 아들은 당연히 아버지를 변호해야 한다"고 답한다.

"국가에 대한 의무가 모든 의무에 우선하지 않는다는 뜻인가?"라는 질문에는 "그렇지 않다. 다만 부모를 공경하는 시민들이 있는 것이 국익에 부합한다"고 답한다.

"이런 경우는 어떤가? 아버지가 참주가 되려 하거나 국가를 배신하려 든다면 아들은 침묵해야 하는가?"라는 질문에는 "침묵할 것이 아니라 그렇게 하지 말라고 아버지를 간곡히 설득해야 한다. 그래도 소용없다면 질책하고 경고해야 한다. 만약 국가가 위기에 처한다면, 결국 아버지보다 국가 안위를 우선해야 한다"고 답한다.

또한 그는 이렇게 질문한다. "현자가 위조 화폐를 모르고 받았다가 91
나중에 그 사실을 알게 되었다면, 그 위조 화폐를 진짜인 척하고 빚을
갚는 데 사용해도 되는가?" 이에 대해 디오게네스는 그렇게 해도 된
다고 했지만, 안티파테르는 그렇지 않다고 답했고, 나 역시 안티파테
르의 견해에 동의한다.

또 다른 질문으로, "포도주 맛이 변질된 것을 알고 있는 판매자가 그 사실을 구매자에게 밝혀야 하는가?"가 있다. 디오게네스는 이를 반드시 밝힐 필요는 없다고 했지만, 안티파테르는 선량한 사람이라면 그 사실을 밝혀야 한다고 말했다. 이 질문은 법률과 관련해 스토아학파 철학자들 사이에서 벌어진 논쟁과 유사하다. "노예를 팔 때, 시민법에서 반환 사유로 규정한 하자 외에도 노예가 거짓말쟁이거나 노름

꾼이거나 도벽이 있거나 술주정뱅이라는 사실까지 밝혀야 하는가?"에 대해 어떤 이들은 그렇다고 답했고, 또 어떤 이들은 그럴 필요가 없다고 답했다.

92 "황금을 황동으로 알고 파는 판매자에게 선량한 사람은 그 사실을 알려주어야 하는가, 아니면 1천 데나리우스의 가치를 지닌 물건을 1데나리우스만 주고 살 것인가?"

이런 질문들에 내가 어떻게 대답할지, 앞서 말한 철학자들 간의 쟁점이 무엇인지 이제 명확해졌을 것이다.

24 정무관들이 말하는 "강요나 악의적 사기로 이루어지지 않은" 계약과 약속을 반드시 지켜야 한다고 생각하느냐?

예를 들어, 한 의원이 수종병 환자에게 치료약을 주면서 이 약을 복용하고 건강해지면 다시는 이 약을 사용하지 않겠다고 약속하도록 했다. 환자는 그러겠다고 약속하고 약을 복용하여 건강해졌다. 몇 년 후 그는 다시 같은 병에 걸렸지만, 약속한 바가 있어 의원에게 재처방을 받을 수 없었다. 이런 경우에 어떻게 해야 하겠느냐? 약의 재복용을 허락하지 않은 의원의 행동은 비인도적이고, 재복용을 허락한다고 해서 의원에게 해가 되는 것도 아니므로, 환자는 자신의 생명과 건강을 우선시해야 한다.

93 또 이런 경우에는 어떻게 해야 하겠느냐? 어떤 사람이 현자에게 1억 세스테르티우스를 상속하겠다는 내용을 유언장에 기입하겠다고 제안하며, 대신 대낮에 광장에서 춤을 추겠다는 약속을 하라고 요구했다. 현자는 이를 수락하지 않으면 상속을 받을 수 없기 때문에 그렇게 하겠다고 약속했다. 이런 경우 현자는 그 약속을 지켜야 하겠느냐, 지키

지 않아도 되겠느냐? 내 생각에 이것은 품위와 관련된 문제이고, 현자는 애초에 그런 약속을 하지 말았어야 했다. 하지만 이미 약속을 했으므로 현자가 광장에서 춤추는 것이 도덕적으로 부끄러운 일이라고 생각한다면, 약속을 지키지 않고 상속을 포기하는 것이 더 올바르다. 그러나 그 돈을 국가의 큰 위기를 해결하는 데 사용할 수 있다면, 조국의 이익을 위한 것이므로 광장에서 춤춘다 해도 부끄러운 일이 아니다.

25 약속을 했더라도 그것이 상대에게 유익하지 않다면 지키지 않 94
아도 된다. 전해오는 이야기에 따르면, 태양신 솔은 아들 파이톤에게 원하는 것은 무엇이든지 해주겠다고 약속했다. 파이톤은 아버지의 마차를 직접 몰아보고 싶어 했고, 결국 그는 마차를 몰다가 벼락에 맞아 불에 타 죽고 말았다.[68] 만약 아버지가 그 약속을 지키지 않았다면 얼마나 좋았겠느냐! 또 바다의 신 넵투누스가 테세우스에게 한 약속은 어떻게 보아야 하겠느냐? 넵투누스는 테세우스에게 세 가지 소원을 제시하고 그중 하나를 들어주겠다고 약속했다. 테세우스는 아들 히폴리토스의 파멸을 원했다. 아들과 계모의 관계를 의심했기 때문이다. 그러나 막상 소원이 이루어지자 테세우스는 극도의 슬픔과 괴로움에 빠졌다.

---

68 태양신 "솔"은 그리스 신화의 헬리오스와 동일하다. 헬리오스는 자신이 태양신의 아들이라고 주장하며 거짓말쟁이로 몰린 "파이톤"에게 자기가 아버지임을 인정하고, 어떤 소원이든 들어주겠다고 맹세했다. 파이톤은 태양 마차를 몰게 해달라고 요청했으나, 그 일은 제우스조차 할 수 없는 위험한 일이었다. 헬리오스는 약속을 지키기 위해 파이톤의 요청을 들어주었지만, 파이톤이 마차에 오르자 마차를 끄는 네 마리의 말이 마차의 무게가 이전보다 가볍다는 것을 느끼고 통제를 벗어나 무섭게 돌진했다. 제우스는 더 큰 피해를 막기 위해 파이톤에게 벼락을 던져 그를 죽게 했다.

95 다음 경우라면 어떻게 하겠느냐? 아가멤논은 어느 해에 자신의 왕국에서 태어난 가장 아름다운 아이를 디아나 여신에게 제물로 바치겠다고 맹세했다가, 바쳐야 할 아이가 자기 딸 이피게네이아임을 알게 되었다.[69] 그해에 태어난 아이들 중에 그의 딸보다 아름다운 아이는 없었기 때문이다. 그러나 그는 그런 가증스러운 일을 저지르기보다 차라리 약속을 어기는 편이 나았을 것이다.

따라서 약속했다고 해서 언제나 지켜야 하는 것은 아니며, 맡은 물건을 언제나 돌려주어야 하는 것도 아니다. 예를 들어, 누군가가 정신이 멀쩡할 때 칼을 맡겼다가 나중에 제정신이 아닐 때 그 칼을 돌려달라고 하면, 돌려주는 것이 오히려 잘못이고 돌려주지 않는 것이 의무를 다하는 것이다. 또 다른 예로, 누군가가 네게 돈을 맡겼는데, 그가 조국을 상대로 전쟁을 일으키려 한다면, 너는 그 돈을 돌려주겠느냐? 나는 네가 그 돈을 돌려주지 않으리라 믿는다. 만약 돌려준다면, 너는 가장 소중히 여겨야 할 조국에 해를 끼치게 될 것이다. 이처럼 원래는 도덕적으로 올바른 많은 것이 상황에 따라 그렇지 않게 될 수 있다. 약속을 이행하거나, 합의한 바를 지키고, 맡은 물건을 돌려주는 것이 원래는 유익한 일이었더라도 상황이 달라져 해롭게 되면 도덕적으로

---

69 "디아나"는 그리스 신화에서 사냥과 달, 순결을 상징하는 아르테미스 여신에 해당한다. 펠로폰네소스반도에 있던 미케네의 왕 "아가멤논"은 자기 동생 메넬라오스의 왕비 헬레네가 트로이아의 왕자에게 납치되자, 그리스 연합군을 결성해 트로이아 전쟁에 나선다. 그러나 그리스군 함대가 아울리스 항구에 집결했을 때, 바람이 불지 않아 출항이 불가능해졌다. 이는 아가멤논이 딸 "이피게네이아"가 태어난 해에, 그해의 가장 아름다운 열매를 아르테미스 여신에게 바치겠다고 맹세했지만, 이를 지키지 않았기 때문이었다. 깊은 고뇌 끝에 아가멤논은 결국 딸을 희생시키기로 결정한다.

올바르지 않게 되는 것이다.

나는 지금까지 현명함[70]이라는 미명 아래 유익해 보이지만 실상은 정의에 반하는 불의하고 부당한 행위들에 대해 충분히 논의했다고 생각한다.

그러나 제1권에서 도덕적 올바름의 네 가지 원천으로부터 의무를 96
도출했으므로, 여기서도 유익해 보이지만 실제로는 유익하지 않은 것이 얼마나 미덕에 적대적인지 이 네 가지 원천과 관련해 살펴보려 한다. 네 가지 원천 중에서 실천적 지혜에 대해, 그리고 사악함이 실천적 지혜를 얼마나 닮고 싶어 하는지에 대해서는 이미 다루었으며, 정의로운 것이 언제나 유익하다는 것도 살펴보았다. 이제 도덕적 올바름의 네 가지 원천 중 남은 두 가지를 다루어야 한다. 하나는 뛰어난 정신의 위대함과 탁월함이고, 다른 하나는 분수를 지킴과 절제로 이루어지는 중용이다.

26 최고의 작가 호메로스의 작품에는 울릭세스가 자신의 이익을 97
위해 미친 척했다는 내용이 나오지 않지만, 일부 비극시인들은[71] 그가 전쟁에 나가지 않기 위해 미친 척했다며 비난한다. 이러한 그의 계획은 도덕적으로 올바르지 않았지만, 그렇게 해서라도 이타카를 다스리면서 부모 및 처자식과 평화롭게 살아갈 수 있다면, 그것이 유익하지 않느냐고 누군가는 주장할 수 있다. 너는 평온한 일상이 전쟁터에서

70 여기서 "현명함"은 실천적 지혜를 뜻하는 프루덴티아(prudentia)다.

71 고대 그리스에서는 3대 비극시인 중 소포클레스와 에우리피데스가 오디세우스를 주제로 비극을 썼으며, 로마 공화정 시기에는 파쿠비우스, 아키우스 등이 그리스 비극시인들의 작품을 번안했다.

날마다 위험을 무릅쓰며 얻는 영광보다 더 유익하다고 생각하느냐?

그러나 나는 도덕적으로 올바르지 않은 것은 유익할 수 없으므로,
98 그런 생각을 단호히 배격해야 한다고 믿는다. 울릭세스가 계속 미친 척했다면, 사람들은 그를 어떻게 평가했겠느냐? 울릭세스는 최고의 전공을 세우고서도 아약스[72]에게 다음과 같은 비난을 들었다.

> 구혼자들에게 출전 맹세를 요구한 장본인이 바로 그였소.
> 모두가 그 사실을 아는데도 오직 그만이 신의를 저버렸소.
> 그는 출전하지 않으려고 계속해서 미친 척을 했소.
> 팔라메데스의 예리한 통찰이 그의 대담한 악행을 꿰뚫어 보지 못했다면,
> 그는 신의를 저버리고 맹세를 영원히 지키지 않았을 것이오.[73]

99 울릭세스는 결국 적과 싸우고 파도와도 싸워야 했지만, 그것은 일치단결하여 야만인들과 싸우기로 한 그리스를 배신하는 것보다 나은 일이었다.

이제 전해오는 이야기와 다른 나라 이야기에서 벗어나 우리 로마의 사례를 살펴보자. 마르쿠스 아틸리우스 레굴루스는 두 번째로 집정관에 선출되었을 때, 아프리카에서 한니발의 아버지 하밀카르 휘하

---

72 "아약스"는 제1권 각주 149를 보라.

73 이 인용 구절은 파쿠비우스 또는 아키우스가 쓴 비극 『무구 심판』에 나온 것으로 보인다. "팔라메데스"는 그리스 본토 중부에 있는 큰 섬 에우보이아의 왕 나우플리오스의 왕자다. 오디세우스가 미친 척하며 나귀와 황소를 쟁기에 매고 밭을 갈고 종자 대신 소금을 뿌리고 있을 때, 팔라메데스는 그의 어린 아들 텔레마코스를 쟁기 앞에 놓았다. 결국 오디세우스가 아들을 피해 가면서 그의 속임수가 들통 난다.

에 있는 라케다이몬인 크산티포스[74] 지휘관의 책략에 걸려 포로가 되었다. 그들은 로마에 포로로 잡혀 있는 카르타고 귀족 장군들의 송환을 요구하는 사절로 레굴루스를 로마 원로원에 파견했다. 이 임무 수행에 실패할 경우, 카르타고로 돌아오겠다는 맹세를 받고 그를 보낸 것이다. 로마에 도착한 레굴루스는 처음에 자신의 이익에 부합할 것 같다고 판단했던 일이 사실은 그렇지 않다는 것을 깨달았다. 그는 자신의 조국에 남아 가족과 함께 지내고, 전쟁 중의 불운은 흔히 있는 일이라 여기며, 집정관의 지위와 권위를 지키는 것이 이롭다고 생각했다. 이런 선택이 이롭다는 것을 누가 부정할 수 있겠는가? 하지만 그의 정신 속에 깃든 위대함과 용기는 이러한 표면적 이로움을 거부했다.[75]

27 이런 상황에서 정신의 위대함과 용기[76]보다 더 확실한 도덕적 100
원천을 찾고자 한다면, 너는 찾지 못할 것이다. 아무것도 두려워하지 않으며, 모든 인간사를 하찮게 여기고, 인간에게 닥칠 수 있는 모든

---

74 "하밀카르"(기원전 약 270-228년)는 고대 카르타고의 뛰어난 장군이자 정치가다. 당시 카르타고와 로마가 시칠리아 패권을 놓고 제1차 포에니 전쟁을 벌였고, 하밀카르는 이 전쟁에서 카르타고군을 이끌었다. 비록 로마가 이 전쟁에서 승리하여 지중해 대부분을 장악했지만, 하밀카르는 이베리아반도를 공략하며 카르타고의 새로운 세력을 키워 나감으로써, 그의 아들 한니발이 제2차 포에니 전쟁을 일으킬 수 있는 발판을 마련했다. 스파르타인 용병대장이었던 "크산티포스"는 기원전 255년 바그라다스 전투에서 로마 원정군을 대파했다.

75 이 일화는 제1권 39단락에 나온다.

76 "정신의 위대함과 용기"으로 번역된 라틴어 원문은 마그니투도 아니미(magnitudo animi)와 포르티투도(fortitudo)다. 키케로는 이 두 가지를 정신과 관련된 미덕으로 보았다. '마그니투도'는 도량과 능력이 뛰어나며, 높은 뜻과 포부를 지닌 상태를 의미한다. '포르티투도'는 불굴의 용기를 가지고 모든 역경과 고난을 이겨내고 신념을 관철하는 성품을 가리킨다.

일을 인내할 수 있다고 믿는 것이 이 미덕들이 지닌 속성이기 때문이다. 그래서 레굴루스는 어떻게 행동했느냐? 그는 원로원으로 가서 자신의 임무를 밝히고, 맹세의 효력이 지속되는 동안 자신은 원로원의 일원이 될 수 없다며 이 문제에 대한 결정에 참여하기를 거절했다. 누군가는 그를 가리켜 "자신의 이익을 포기한 어리석은 사람"이라고 말할지도 모른다. 그러나 그는 한 걸음 더 나아가 포로들이 젊고 유능한 지휘관인 반면, 자신은 늙고 쇠약하므로 포로 교환이 국익에 도움이 되지 않는다고 주장했다. 그의 말은 설득력을 얻어 포로들은 그대로 억류되었고, 레굴루스는 카르타고로 돌아갔다. 그는 사랑하는 조국과 가족 곁에 남고 싶었지만, 그런 바람조차 그의 발길을 붙들지 못했다. 그는 자신이 잔인무도한 적과 극형을 향해 출발하고 있다는 것을 알았지만, 그럼에도 맹세를 지켜야 한다고 믿었다. 그는 잠을 재우지 않는 형벌을 받으며 죽었지만, 이는 맹세를 어기고 살아남아 집에서 안락하게 살아간 전직 집정관으로 기억되는 것보다 나은 선택이었다.

101 누군가는 "그가 포로 송환을 반대하는 데서 그치지 않고 원로원을 설득까지 하다니 어리석었다"라고 말할 수도 있다. 그러나 그것이 어떻게 어리석은 일이겠느냐? 그 행동이 국익에 기여했는데도 어리석었다고 할 수 있겠느냐? 국가에 유익하지 않은 것이 시민 개개인에게 유익할 수 있겠느냐?

28 사람들이 유익함과 도덕적 올바름을 분리시키는 것은 자연과 본성의 토대를 뒤엎는 것이다. 우리 모두는 유익함을 추구하며, 유익함에 강하게 이끌리기 때문에 이를 추구하지 않고는 견딜 수 없다. 누가 유익한 것을 멀리하려 하겠느냐? 오히려 온 힘을 다해 추구하려

하지 않겠느냐? 사람들은 유익함이라고 하면 빛나고 훌륭한 것이 아니라 살아가는 데 꼭 필요한 것을 떠올리지만, 유익함은 칭송받을 만한 것, 적절한 것, 도덕적으로 올바른 것에서만 발견된다. 이러한 이유만으로도 이 세 가지야말로 유익한 것 중에서 으뜸이라고 할 수 있다.

사람들은 이렇게 말할 수도 있다. "맹세를 어기는 게 무슨 대수인 102
가? 유피테르 신[77]이 진노할까 봐 두려운가? 신은 진노하지도, 해를 끼치지도 않는다는 것이 모든 철학자의 공통된 가르침이다. 신은 자기 자신이나 타자들과 관련해 아무 일도 하지 않는다고 말하는 철학자들뿐만 아니라, 신은 항상 일하고 무엇인가를 이루려 한다고 말하는 철학자들도 모두 같은 가르침을 전한다.[78] 설령 유피테르 신이 진노했다 하더라도, 레굴루스가 스스로 선택한 것보다 더 큰 해악을 그에게 가할 수 있겠느냐? 따라서 종교적 신념은 대단히 유익해 보이는 것을 포기하게 하는 힘이 될 수 없다."

또 이렇게 말할지도 모른다. "카르타고로 돌아가지 않는 것을 도덕적으로 부끄러운 행동이라고 생각한 것인가? 그렇다 해도 그는 돌아가지 말았어야 했다. 첫째, '해악을 선택해야 한다면 그중에서 가장 작은 것을 택하라'는 격언이 있다. 맹세를 어기고 조국에 남는 것이 도덕적으로 부끄러운 일이라 할지라도, 과연 그것이 카르타고로 돌아가

---

77 "유피테르"(제우스)는 정의와 맹세를 관장하는 신으로 여겨졌다. 맹세하는 자들은 신의 이름으로 맹세함으로써 신을 증인이자 감시자로 세웠다. 로마인들은 흔히 로마의 카피톨리움 언덕에 있는 '유피테르 돌'(Iuppiter Lapis, '유피테르 라피스')에 손을 얹고 맹세했다.

78 전자는 에피쿠로스학파 철학자들이며, 후자는 스토아학파 철학자들이다.

처형당하는 것보다 더 큰 해악이겠는가? 둘째, 아키우스의 희곡에는 다음과 같은 대사가 있다.

> 티에스테스: 나더러 신의를 저버렸다고 말하는 것인가?
>
> 아트레우스: 나는 신의 없는 자에게는 신의를 준 적 없고 주지도 않는다.[79]

비록 불경하고 사악한 왕이 한 말이기는 하지만, 이 말 자체는 아주 훌륭하다."

103 앞서 나는 유익해 보이지만 사실 유익하지 않은 것이 있고, 도덕적으로 올바르게 보여도 사실 그렇지 않은 것이 있다고 언급했는데, 사람들은 나의 이 말을 인용하여 이렇게 반박할 것이다. "레굴루스가 맹세를 지키기 위해 처형당할 것을 뻔히 알면서도 카르타고로 돌아간 것은 도덕적으로 올바르게 보여도 사실 그렇지 않다. 적이 무력을 앞세워 강요한 맹세는 유효하지 않기 때문이다."

또 이렇게도 말할 수도 있다. "전에는 도덕적으로 올바르게 보이지 않은 일이더라도, 특정한 상황에서 대단히 유익한 경우에는 도덕적으로 올바른 것이 된다."

이러한 주장들은 레굴루스의 행동이 잘못되었다는 반론들이다. 이제 반론을 하나씩 살펴보자.

104 **29** 첫 번째 반론은 "유피테르 신은 진노하거나 해를 입히지 않으

---

79 로마의 비극시인 아키우스의 작품 『아트레우스』에 나오는 구절이다. 여기서 "불경하고 사악한 왕"은 아트레우스를 지칭한다. 아트레우스와 티에스테스 형제에 관한 이야기는 제1권 각주 122를 보라.

므로, 레굴루스는 신에게 해를 입을까 두려워할 필요가 없다"는 주장이다.

이러한 반론은 레굴루스의 경우에만 적용되지 않고 모든 맹세를 지킬 필요가 없다는 논리로 이어진다. 그러나 맹세의 본질은 위반 시 두려워해야 할 벌이 아니라 맹세 자체의 의미에 있다. 맹세란 종교의 후광 아래에서 확약하는 행위로, 신을 증인으로 삼아 행하는 것이므로 반드시 지켜야 한다. 이것은 신들의 진노라는 가상의 개념이 아닌, 정의와 신의의 문제다. 엔니우스는 이를 다음과 같이 훌륭하게 표현했다. "오, 유피테르의 이름으로 한 맹세를 통해 날개를 얻은 자비로운 신의의 여신 피데스여." 그러므로 맹세를 어긴다면, 신의의 여신 피데스[80]를 모독하는 일이 된다. 카토의 연설문에 따르면, 우리 선조들은 피데스 여신이 카피톨리움 신전에서 "최고신 유피테르의 옆자리에" 있어야 한다고 여겼다.

두 번째 반론은 "설령 유피테르 신이 진노한다 하더라도, 레굴루스가 105
스스로 선택한 것보다 더 큰 해악을 그에게 가할 수 없다"는 주장이다.

만약 고통받는 것 외에 다른 해악이 없다면 이 말은 맞다. 그러나 최고의 권위를 지닌 철학자들은 고통은 가장 큰 해악이 아닐뿐더러 해악조차 아니라고 단언한다. 나는 레굴루스가 이 진리를 보여주는 평범한 증인이 아니라 대단히 중요한 증인임을 알고 있다. 그러니 부

---

80 "피데스"는 로마 신화에서 신뢰와 신의의 여신이다. "카피톨리움 신전"은 로마 공화정이 시작되기 전, 로마의 마지막 왕 루키우스 타르퀴니우스 수페르부스에 의해 세워졌으며, 이 신전에는 로마인들이 숭배한 유피테르(제우스), 유노(헤라), 미네르바(아테나)가 모셔져 있었다. 피데스의 신전은 기원전 249년 유피테르 신전 옆에 세워졌다.

디 그를 폄하하지 않기를 바란다. 의무를 지키기 위해 처형당하는 것조차 마다하지 않았던 로마인의 수장보다 이 진리를 보여주는 증인으로 누가 더 적합하겠느냐?

세 번째 반론은 "해악을 선택해야 한다면 그중에서 가장 경미한 것을 택하라"는 주장이다. 이는 재앙을 피하기 위해 차라리 도덕적으로 부끄러운 일을 택하라는 뜻이다. 그러나 도덕적 부끄러움보다 더 큰 해악이 있겠느냐? 보기 흉한 신체가 추하다면, 도덕적으로 타락하고

106 일그러져 흉측해진 정신은 얼마나 더 추하단 말이냐? 그래서 이 문제를 심각하게 보는 철학자들은 도덕적 부끄러움이 유일한 해악이라고 단언하고, 좀 더 온건한 철학자들도 최고의 해악이라고 말하기를 주저하지 않는다.[81]

네 번째 반론은 "나는 신의 없는 자에게는 신의를 준 적 없고 주지도 않는다"는 주장이다. 이 말은 시인이 아트레우스를 묘사할 때는 적합했던 표현일지 몰라도, 이를 신의 없는 자에게는 신의를 지킬 필요가 없다는 의미로 해석한다면, 그것은 그들이 찾는 거짓 맹세의 핑계가 될 수 없음을 알아야 한다.

107 또한 전쟁에 관한 법도 지켜야 하며, 적 앞에서 맹세하는 경우에도 신의를 지켜야 한다. 이는 서로 간에 맹세를 통해 구속하겠다는 인식을 가지고 맹세한 것이기 때문이다. 물론 그렇지 않은 경우에는 맹세를 지키지 않아도 거짓 맹세가 되지 않는다. 예를 들어, 해적에게 몸값을 지불하겠다고 약속하거나 맹세했더라도 이를 지키지 않는 것은

---

81 전자는 스토아학파 철학자들이며, 후자는 소요학파 철학자들이다.

기만이 아니다. 해적은 각국의 법률에서 정한 적이 아니라 인류 공동의 적이기 때문이다. 해적과는 애초에 상호 구속력 있는 약속이나 맹세를 해서는 안 된다. 거짓 맹세란 단순히 거짓으로 맹세한 것을 의미 108
하지 않는다. 우리 로마의 법률 용어를 빌리자면, 오히려 "마음의 판단에 의거해" 맹세한 바를 지키지 않는 것을 뜻한다. 에우리피데스는 이를 "혀로는 맹세했지만 마음으로는 맹세한 적이 없소"[82]라는 말로 잘 표현했다. 반면, 레굴루스는 전쟁 중에 맹세로 적과 맺은 합의와 협약을 어겨서는 안 되었다. 정당하고 합법적인 적과 전쟁을 수행하고 있었기 때문이다. 전쟁과 관련된 모든 국제법과 국가 간의 법적 규율이 존재하며, 만약 합법적이고 정당한 전쟁이 아니었다면 원로원은 훌륭한 인물을 쇠사슬에 묶어 적에게 넘기지 않았을 것이다.

30 티투스 베투리우스와 스푸리우스 포스투미우스[83]는 두 번째로 109
집정관직에 있었을 때, 카우디움 전투에서 패배한 후, 우리 로마 군단의 병사들이 포로가 되자 삼니움인들과 평화 조약을 맺었다. 그러나 이들은 민회와 원로원의 동의 없이 평화 조약을 맺었다는 이유로 삼니움인들에게 넘겨졌다. 당시 호민관이었던 티베리우스 누미키우스와 퀸투스 마일리우스[84]도 평화 조약 체결을 승인했다는 이유로 삼니

---

82 에우리피데스의 비극 『히폴리토스』 612에 나오는 구절이다.

83 "티투스 베투리우스"와 "스푸리우스 포스투미우스"는 로마의 장군이자 정치가들로, 각각 기원전 334년과 321년에 집정관으로 선출되었다. 제2차 삼니움 전쟁 중인 기원전 321년에 이 두 장군이 이끈 로마군은 "카우디움 전투"에서 카우디네 협곡에 갇혀 어쩔 수 없이 삼니움군에게 항복했다. 로마로 돌아온 포스투미우스는 원로원에 자신과 베투리우스를 삼니움인들에게 넘겨주어 평화 조약을 무효화할 것을 요청했고, 원로원도 이 요청을 승인했지만, 삼니움인들은 그들을 넘겨받기를 거부했다.

84 "티베리우스 누미키우스"와 "퀸투스 마일리우스"는 기원전 321년에 호민관으로 선출되어,

움인들에게 넘겨졌다. 이는 삼니움인들과 맺은 평화 조약이 무효임을 보여주기 위한 조치였다. 그런데 이 안건을 발의하고 지지한 사람은, 바로 안건이 통과될 경우 삼니움인들에게 넘겨질 포스투미우스 자신이었다.

오랜 세월이 지난 후, 비슷한 일이 다시 벌어졌다. 가이우스 만키우스[85]는 원로원의 결의에 따라 루키우스 푸리우스와 섹스투스 아틸리우스[86]가 발의한 안건, 즉 원로원의 승인 없이 누만티아인들과 평화 조약을 맺은 그를 누만티아인들에게 넘겨준다는 내용이 담긴 안건을 제안하고 지지했다. 이 안건은 통과되었고, 그는 적들에게 넘겨졌다. 만키우스는 퀸투스 폼페이우스보다 도덕적으로 더 올바르게 행동했다. 같은 상황에서 폼페이우스는 자신을 적에게 넘기지 말아달라고 애걸했기 때문이다.[87] 폼페이우스의 경우에는 유익해 보이는 것이 도

삼니움인들과의 평화 조약을 승인했으므로 그들에게 넘겨지게 되었지만, 삼니움인들은 이 제안도 거부했다.

85 "가이우스 만키우스"는 로마의 장군이자 정치가로, 기원전 137년 집정관으로 있을 때 이베리아 반도로 원정을 갔다가 누만티아인들에게 패배해 그들과 평화 조약을 맺었다. 로마로 돌아온 그는 자신을 누만티아인들에게 넘겨주고 평화 조약을 무효화할 것을 제안했다. 원로원이 이를 승인했지만, 누만티아인들이 거부하여 만키우스는 다시 로마로 돌아와 정치 활동을 재개했다.

86 "루키우스 푸리우스"와 "섹스투스 아틸리우스"는 기원전 136년에 집정관이 되자, 만키우스를 누만티아인들에게 넘겨줄 것을 내용으로 한 안건을 발의했다. 푸리우스는 만키우스의 후임으로 누만티아인들을 정벌하기 위한 원정군 사령관이 되었다.

87 "퀸투스 폼페이우스"(기원전 2세기)는 기원전 141년에 집정관이 된 후, 제4차 마케도니아 전쟁과 아카이아 전쟁에서 활약한 퀸투스 카이킬리우스 메텔루스 마케도니쿠스의 후임으로 이베리아반도로 파견되어 누만티아 전쟁을 수행했다. 그러나 수차례 패배한 후 누만티아 성벽 앞에서 겨울을 보내던 중 많은 병사들이 추위와 질병으로 죽자 누만티아인들과 평화 조약을 맺었다. 그의 후임으로 온 마르쿠스 포필리우스 라이나스는 폼페이우스의 행적을 원로원에 고발했지만, 폼페이우스는 끝까지 거짓말과 발뺌으로

덕적 올바름을 압도했지만, 만키우스의 경우에는 도덕적 올바름의 가치가 겉으로 이롭게 보이는 거짓을 이긴 것이다.

다섯 번째 반론은 억지로 행한 맹세는 유효하지 않다는 주장이다. 110
이는 용기 있는 사람에게 강제력이 통한다는 말이 아니겠느냐? 레굴루스가 강제력이 통하는 사람이었다면, 포로들을 송환하지 말아야 한다고 설득하기 위해 원로원으로 가는 일 자체가 없었을 것이다.

그가 억지로 맹세했다고 간주한다면, 그의 행동에서 가장 고귀한 부분을 비난하는 셈이 된다. 그는 포로들을 송환해서는 안 된다고 스스로 판단했을 뿐만 아니라, 이 안건을 원로원에 발의하여 자신의 신념과 같은 결정을 이끌어내려고 했기 때문이다. 그가 이 안건을 발의하지 않았다면 포로들은 분명히 카르타고인들에게 송환되고, 그는 조국에 머물며 아무 탈 없이 지냈을 것이다. 그러나 그것이 국익에 부합하지 않는다고 판단했기에 그는 자신의 소신을 밝혔고, 카르타고로 돌아가 처형당하는 것이 도덕적으로 올바르다고 믿었다.

여섯 번째 반론은 이전에는 도덕적으로 올바르게 보이지 않았더라도, 특정한 상황에서 대단히 유익하다면 도덕적으로 올바르게 된다는 주장이다. 그러나 이들은 도덕적으로 올바른 것이 '된다'가 아니라 도덕적으로 올바른 것'이다'라고 말해야 한다. 도덕적으로 올바르지 않은 것은 유익할 수 없으며, 유익해서 도덕적으로 올바른 것이 아니라 도덕적으로 올바르기 때문에 유익한 것이다.

일관했고, 평민들 사이에서 인기가 있었던 덕분에 처벌을 면했다. 제1차 삼두정치를 결성하고 가이우스 카이사르와 대립했던 그나이우스 폼페이우스와는 다른 인물이다.

역사 속의 수많은 사례 중에 레굴루스의 행동보다 더 칭송받고 뛰어난 경우를 찾기는 결코 쉽지 않다.

111 **31** 레굴루스의 모든 행동 중 특히 경탄할 만한 점은, 포로들을 송환하지 말아야 한다는 안건을 발의한 것이다. 우리는 지금 레굴루스가 카르타고로 돌아간 사실을 경탄스러워 하지만, 당시 그에게는 다른 선택지가 없었다. 따라서 우리의 찬사는 레굴루스 개인이 아니라 그 시대 전체를 향해야 한다. 우리의 선조들은 맹세가 신의를 지키게 하는 강력한 수단이라고 생각했기 때문이다. 이 점은 12표법이나 신성 법률, 신의로 적과 맺은 조약, 그리고 맹세와 관련된 감찰관들의 엄격한 조사와 처벌에서 잘 드러난다.

112 호민관 마르쿠스 폼포니우스[88]는 아울루스의 아들인 루키우스 만리우스[89]가 독재관으로서 임기가 끝났는데도 며칠간 더 직위를 수행했다는 죄목으로 그를 기소했다. 루키우스 만리우스는 나중에 토르쿠아투스라 불리게 된 아들 티투스[90]를 시골로 보내 친구들과 격리시켰다는 비난도 받았다.

---

88 "마르쿠스 폼포니우스"는 기원전 362년에 호민관을 지냈다. 그는 전년도에 독재관이었던 루키우스 만리우스가 임기를 지키지 않은 불법을 저지르고 아들을 학대했다는 죄목으로 그를 기소했다.

89 "루키우스 만리우스"(기원전 4세기)는 기원전 363년에 독재관이 되었으며, 임기를 불법적으로 여섯 달 이상 연장한 것으로 고발되었다. 키케로는 이를 "며칠"이라고 언급하고 있다.

90 "티투스 만리우스 토르쿠아투스"(기원전 4세기)는 로마 공화정에서 세 번의 집정관과 세 번의 독재관을 역임한 장군이자 정치가로, 공화정 초기의 영웅들 중 한 명이다. 도덕적으로도 엄격해 자신의 명령을 어기고 베세리스에서 라틴인들과 접전을 벌였다는 이유로 아들을 사형에 처했다.

청년이었던 아들은 아버지가 곤경에 처했다는 소식을 듣고 로마로 급히 달려와 동틀 무렵 폼포니우스의 집에 도착했다고 한다. 누가 찾아왔는지 알게 된 폼포니우스는, 불만이 많았을 아들이 아버지에게 불리한 증거를 가져왔으리라 생각했다. 그래서 폼포니우스는 침상에서 일어나 옆에 있던 사람들을 물러가게 한 후 그 청년을 들어오게 했다. 청년은 방에 들어서자마자 칼을 빼들고, 아버지에 대한 기소를 철회하지 않으면 그 자리에서 그를 죽이겠다고 맹세했다. 겁에 질린 폼포니우스는 어쩔 수 없이 기소를 철회하겠다고 맹세했다. 그는 이 문제를 민회로 가져가 자신이 기소를 철회할 수밖에 없었던 이유를 설명하고, 만리우스에 대한 기소를 철회했다. 당시에 맹세의 힘은 이 정도로 대단했다.

티투스 만리우스는 아니오 전투에서 자신에게 도전한 갈리아인을 죽이고, 그의 목걸이를 빼앗아 토르쿠아투스라는 별명을 얻었다.[91] 그리고 세 번째로 집정관직을 맡았을 때, 베세리스 전투에서 라틴인을 무찔러 패주시켰다.[92] 위대한 인물 중에서도 특히 위대했던 그는 아버지에게는 관대했으나 아들에게는 지독할 정도로 엄했다.

---

91 "아니오"는 북이탈리아에서 티베르강과 합류하는 지류다. "갈리아인"은 서유럽과 북유럽에 살던 켈트인을 가리키며, 이들은 북이탈리아에도 거주했다. 기원전 361년에 일어난 아니오 전투에서 갈리아인은 아니오강 건너에 진을 치고 다리 위에 거인을 세워 놓고, 로마군 중에서 가장 용맹한 자를 보내라고 도전했다. 이 대결에서 티투스 만리우스가 이겨 승리는 로마군에게 돌아갔다. 이후 만리우스는 토르쿠아투스(Torquatus, 목걸이 장식을 한 자)라는 별칭을 받았다.

92 "베세리스 전투"는 기원전 340년에 베수비우스산 근처에서 로마군이 라틴인, 캄파니아인, 볼스키인 등으로 구성된 연합군과 벌인 전투다. 티투스 만리우스는 이 전투에서 군령을 어긴 자신의 아들을 처형하고, 라틴군의 4분의 3을 죽이거나 포로로 잡았다.

113 **32** 레굴루스가 맹세를 지킴으로써 칭송받아 마땅했던 것처럼, 칸나이 전투 후 한니발이 로마 원로원으로 보낸 열 명의 로마 귀족들도 마찬가지였다. 이들은 카르타고 포로들의 송환에 실패할 경우 카르타고인이 장악한 군영으로 돌아오겠다고 맹세했으므로, 만약 돌아가지 않았다면 비난받아 마땅했을 것이다. 열 명의 로마 귀족에 관한 기록들은 일치하지 않는데, 가장 훌륭한 역사가 중 한 명인 폴리비오스에 따르면, 당시에 보내진 열 명 중 아홉 명은 포로 송환 안건이 원로원에서 부결되자 군영으로 되돌아갔다고 한다. 카르타고인의 군영으로 돌아가지 않고 로마에 남은 한 명은, 깜빡하고 물건을 두고 온 것처럼 위장하여 군영으로 돌아갔다가 다시 로마로 향했던 귀족이었다. 그는 자신이 군영으로 돌아갔다가 나왔으므로 맹세의 의무에서 벗어났다고 주장했다. 그러나 이러한 해석은 옳지 않다. 속임수는 거짓 맹세의 죄를 가중시킬 뿐이며, 죄에서 벗어나게 해주지 않는다. 그의 교활함은 지혜를 가장했으나, 사실은 뒤틀린 어리석음에 불과했다. 결국 원로원은 능구렁이처럼 교활한 그자를 쇠사슬에 묶어 한니발에게 넘겨주기로 결정했다.

114 그러나 이 이야기에서 가장 중요한 대목은, 한니발에게 억류되어 있던 8천 명의 로마 병사들은 전투에서 사로잡힌 자들이 아니었다는 점이다. 그들은 죽음의 위험을 피하기 위해 도주한 자들도 아니었고, 집정관 파울루스와 바로가 군영에 남겨둔 병사들이었다. 원로원은 얼마 안 되는 몸값을 지불하면 그들을 데려올 수 있었지만, 로마 병사들에게 승리 또는 죽음, 둘 중 하나를 선택해야 한다는 교훈을 심어주기 위해 이 안건을 부결시켰다. 폴리비오스에 따르면, 이 소식을 들은 한

니발은 어려운 상황에서도 흔들리지 않는 로마 원로원과 로마인들의 기개에 사기가 꺾였다고 한다. 이처럼 유익해 보이는 것과 도덕적으로 올바른 것을 저울질해 보면, 전자는 후자에게 여지없이 패배한다.

로마사를 그리스어로 쓴 가이우스 아킬리우스[93]에 따르면, 맹세의 115
의무에서 벗어나기 위해 카르타고인의 군영으로 돌아갔다가 다시 로마로 향한 귀족이 여러 명이었고, 이들은 감찰관들에 의해 온갖 불명예스러운 낙인이 찍혔다고 한다.

이 이야기를 끝으로 이 주제에 관한 설명을 마치고자 한다. 비겁하고 비열하며 굴종적인 행동은 불명예스럽고 가증하며 도덕적으로 부끄러운 것이기에 결코 유익할 수 없다. 만일 레굴루스가 국익이 아니라 자신의 이익을 생각하며 카르타고인 포로 송환 문제를 다루었거나 맹세를 어기고 집에 남기를 바랐다면, 그는 비겁하고 비열하며 굴종적으로 행한 자가 되었을 것이다.

33 도덕적 올바름의 네 가지 원천 중 우리는 아직 적절함, 자제, 중 116
용, 분수를 지킴, 절제를 포함하는 네 번째 부분을 다루지 않았다. 네 번째 원천에서 나오는 이러한 미덕들이 조화를 이루고 있다면, 이와 반대되는 것들이 어떻게 유익할 수 있겠느냐? 키레네 출신의 아리스티포스가 창시한 키레네학파와 안니케리스학파 철학자들[94]은 모든 선

---

93 "가이우스 아킬리우스"(기원전 2세기)는 로마의 정치가이자 역사가로, 그리스어에 능통하여 그리스 철학자들이 아테네의 사신으로 로마의 원로원에 방문했을 때 통역을 담당했다. 그는 기원전 184년까지의 사건들을 다룬 로마사를 저술했으며, 이 책은 기원전 142년경에 출간된 것으로 알려져 있다.

94 "안니케리스"(기원전 300년 활동)는 키레네 출신의 철학자로, 쾌락이 인생의 궁극적인 목표라고 주장했다. 그는 쾌락이 단순히 고통의 부재가 아니라 개별적 행위들을 통해

은 쾌락에 있다고 보고, 미덕은 쾌락을 만들어내기 때문에 칭송받아야 한다고 주장했다. 지금 이 학파들은 사라졌고, 이들과 거의 동일한 사상을 주창하며 옹호하는 에피쿠로스[95]가 인기를 끌고 있다.

도덕적 올바름을 지키고 유지해야 한다고 믿는다면, 우리는 속담처
117 럼 "사람과 말을 총동원하여"[96] 그들에 맞서 결연히 싸워야 한다. 메트
로도로스[97]가 썼듯이, 유익함뿐만 아니라 인생의 행복이 현재의 건강
한 신체 상태와 앞으로도 그 상태가 유지될 것이라는 확신에 달려 있
다면, 그들이 생각하는 최고의 유익함도 도덕적 올바름과 상충할 수
밖에 없기 때문이다.

먼저 그러한 철학 체계에서 실천적 지혜의 역할은 무엇이겠느냐? 온갖 원천으로부터 쾌락을 수집하는 것이냐? 쾌락의 노예가 되어 쾌락을 섬기는 미덕의 처지는 얼마나 비참한가! 실천적 지혜의 소임은 무엇이냐? 영리하게 쾌락을 수집하는 것이냐? 설령 이보다 더 즐거운 소임은 없다 할지라도 이보다 더 도덕적으로 부끄러운 소임이 있겠느냐?

얻을 수 있는 만족이라고 가르쳤다.

95 "에피쿠로스"(기원전 약 341-270년)는 아테네의 몰락과 마케도니아의 세계 제패로 도시국가 중심의 윤리가 쇠퇴한 헬레니즘 시대에 아테네에 '정원 학교'를 세우고 개인주의 철학인 쾌락주의를 전파했다. 그는 고통과 무지에서 벗어난 평정심인 '아타락시아'를 쾌락으로 간주하고, 이 쾌락이 삶의 목적이라고 가르쳤다. 에피쿠로스의 철학은 로마에도 전파되어 상당한 인기를 끌었으며, 로마의 시인이자 철학자인 루크레티우스는 『만물의 본성론』을 써서 에피쿠로스의 철학을 소개했다.

96 고대 전쟁에서 전마(戰馬)는 전사(戰士)와 더불어 핵심 요소였다. 따라서 "사람과 말을 총동원하여"라는 표현은 모든 가용 자원을 동원하여 전력을 다해 싸운다는 의미다.

97 "메트로도로스"(기원전 약 331-278년)는 에피쿠로스의 제자들 중 가장 탁월하다는 평가를 받은 인물로, 평생 에피쿠로스의 절친한 친구였다. 그는 에피쿠로스보다 훨씬 더 감각적인 쾌락을 주장했으며, 건강한 육체를 가질 때 가장 완벽한 행복을 누릴 수 있다고 보았다.

또한 고통이 최고의 악이라고 말한다면, 그런 철학 체계에서 고통과 고생을 대수롭지 않게 여기는 용기가 설 자리가 있겠느냐? 에피쿠로스는 많은 대목에서 고통에 과감히 맞서야 한다고 말하지만, 우리는 그런 말에 주목해서는 안 된다. 쾌락은 선, 고통은 악이라고 정의해놓고서는 그런 말을 하는 것이 과연 앞뒤가 맞는지 주목해야 한다.

그리고 그는 여러 대목에서 분수와 절제를 언급하지만, 사람들이 말하듯이 "물이 막혀 흐르지 않는다."[98] 쾌락을 최고선이라고 하는 자가 어떻게 절제를 찬양할 수 있겠느냐? 절제는 욕망의 적이며, 욕망은 쾌락의 열렬한 추종자이기 때문이다.

에피쿠로스학파 철학자들은 이 세 가지 미덕을 배척하는 어리석음 118
을 피하기 위해 애쓴다. 그들은 쾌락을 확보하고 고통을 몰아내는 지식을 실천적 지혜라고 말하면서 지혜를 자신들의 철학 체계에 끌어들인다. 죽음을 초연히 대하고 고통을 견디는 것이 용기라고 하면서 용기에도 한 자리를 내주는구나. 또한 절제를 끌어들이기 어려운데도 고통이 제거되는 정도에 따라 쾌락의 크기가 결정된다고 주장하며 어떻게든 절제를 포함시키려 한다. 그러나 정의를 비롯해 인류의 결속과 유대에서 비롯되는 모든 미덕이 그들 철학 체계 내에서 이미 붕괴되었거나 적어도 흔들리고 있다. 우애는 물론이고, 선량함이나 후한 나눔, 공손함은 그 자체로 추구될 수 없으며, 오직 쾌락이나 유익을 얻는 수단으로만 존재할 수 있다고 보기 때문이다.

---

98 "물이 막혀 흐르지 않는다"는 것은 부자연스럽고, 이치에 맞지 않으며, 앞뒤가 서로 모순된다는 의미다.

이제 에피쿠로스학파의 이러한 주장에 대해 잠시 살펴보자.

119 앞서 나는 도덕적 올바름과 반대되는 유익함은 결코 진정한 유익함이 아니라는 사실을 보여주었다. 이처럼 모든 쾌락은 도덕적 올바름과 상반된다. 그래서 나는 칼리폰과 디노마코스[99]가 더 비난받아 마땅하다고 생각한다. 그들은 도덕적 올바름과 쾌락을 결합하면 논쟁이 끝날 것이라고 생각했지만, 이는 사람과 가축을 짝 짓는 것과 같은 어리석은 생각이다. 도덕적 올바름은 그러한 결합을 결코 받아들이지 않으며, 오히려 경멸하고 배척한다. 최고선과 최고악처럼 완전히 이질적인 요소들은 결코 하나로 결합될 수 없기 때문이다. 그러나 이 주제는 중요하기는 해도 이미 여러 차례 다루었으니[100] 여기서는 본론으로 되돌아가자.

120 유익해 보이는 것과 도덕적 올바름이 상충할 때 어떻게 판단하고 결정할지는 앞서 충분히 논의했다. 설령 쾌락이 유익해 보일지라도 도덕적 올바름과 결합될 수 없다. 쾌락에 인생의 양념 같은 측면이 있음을 인정하더라도, 유익함은 분명히 없다.

121 내 아들 키케로야, 너는 아버지인 내게서 위대한 사상을 선물로 받았다. 그러나 모든 것은 네가 그것을 받아들이고 얼마나 잘 소화하느냐에 달려 있다. 그러므로 크라티포스의 강의록과 함께 이 세 권의 책을 귀하게 여기려무나. 여행 중이던 나를 조국이 긴급하게 소환하지

---

99 "칼리폰"과 "디노마코스"는 그리스 철학자들로, 쾌락과 도덕적 올바름을 결합하려는 시도를 한 사람들로 함께 언급된다. 키케로의 『아카데미아학파』 2.139와 『최고선악론』 5.21에서 언급된다.

100 키케로는 『최고선악론』에서 이 문제를 다루었다.

않았더라면,[101] 나는 계획대로 아테네로 건너가 너와 많은 대화를 나누었을 것이다. 하지만 이제는 이 책들을 통해 내 목소리를 전하니 너는 가능한 한 많은 시간을 이 책을 읽는 데 할애해야 한다. 네가 원한다면 얼마든지 그렇게 할 수 있을 것이다. 네가 이런 지식에서 기쁨을 느낀다면, 빠른 시일 안에 네게로 가서 직접 대화를 나누고 싶구나. 하지만 떨어져 있는 동안에는 멀리서나마 글을 통해 대화를 하고자 한다.

내 아들 키케로야, 잘 지내거라. 너는 내게 아주 소중하지만, 네가 이러한 조언과 가르침에서 기쁨을 발견한다면 더욱 소중한 존재가 될 것이다.

---

101 기원전 44년, 키케로는 가이우스 카이사르의 암살 소식을 접한 후 이 편지를 썼다. 키케로는 이 암살 모의에 가담하지 않았지만, 브루투스는 카이사르를 암살한 후 피 묻은 단도를 들고 키케로의 이름을 큰 소리로 부르며 공화정의 회복을 부탁했다. 이후 불안정한 정국 속에서 키케로는 원로원을 중심으로 한 벌족파의 지도자로 떠오르며 카이사르 일파를 대변하는 평민파의 안토니우스와 대립하게 되었다. 그러나 기원전 43년, 옥타비아누스, 안토니우스, 레피두스가 제2차 삼두정치를 결성하면서 대세가 기울었고, 키케로는 안토니우스가 보낸 자객에게 살해된다.

해설

세상이 흔들릴 때, 인간의 본분을 다시 묻다

박문재

키케로는 로마의 대중연설가로 잘 알려져 있지만, 정치가이자 한 인간으로서의 그의 삶은 상대적으로 조명받지 못했다. 그는 로마 제정이 시작되기 전, 공화정 말기라는 격동의 시대를 살았다. 이 시기는 평민파('포플라레스')와 벌족파('옵티마테스') 두 파당이 생사를 걸고 극한의 대결을 벌인 시기였다. 변방 출신의 키케로는 당시 로마의 명문가들로 이루어진 벌족파와 그 주 무대인 원로원의 중심에 서 있지는 않았다. 그럼에도 그는 원로원 중심의 공화국 이상을 수호하기 위해 헌신했고, 결국 평민파의 지지를 얻은 권력자 안토니우스에게 죽임을 당한다.

키케로는 자신의 마지막 저작이 될 『의무론』을 기원전 44년, 죽음을 맞기 1년 전에 집필했다. 아테네에서 수학 중이던 아들에게 보내는 서신 형식의 이 책에서 그는 스토아 철학을 바탕으로 한 도덕적 원칙

이탈리아 로마의 키케로 동상

들을 집대성했다. 특히 '의무'라는 개념을 중심으로 정치가로서 자신이 평생 견지해온 철학적 신념을 체계적으로 정리했다.

심각한 갈등과 대립 속에서 살아가는 이 시대에 우리는 『의무론』을 읽으면서 몇 가지 질문을 던질 수 있다. 평민의 삶이 극도로 피폐해진 공화정 말기의 상황에서 도덕적 원칙을 고수하여 공화정을 옹호한 키케로의 삶을 어떻게 평가해야 하는가? 평민의 이익을 대변하며 세력을 키우고 명문 귀족들이 즐비한 벌족파 세력을 제압함으로써 국가 권력을 장악한 카이사르의 삶은 키케로의 평가대로 극악무도했는가? 엄격한 도덕적 원칙을 강조한 스토아 철학은 로마 공화정 말기와 같은 혼란기에 적합한 철학인가?

이러한 문제들을 이해하기 위해서는 로마 공화정 말기의 시대적 상황을 먼저 살펴볼 필요가 있다. 이 시기에 큰 영향력을 행사했던 주요 인물들의 행적을 통해 당시의 정치적 지형도 함께 파악하고자 한다. 이어서 키케로의 철학적 배경과 그의 생애, 주요 저작들을 검토한 후, 그의 마지막 저서인 『의무론』의 핵심 내용을 소개하도록 하겠다.

1. 로마 공화정의 정치 체제

로마 공화정은 로마 왕정이 무너진 기원전 509년에 시작되어, 로마 제국의 출범을 알리는 기원전 27년에 막을 내렸다. 초기 로마는 원로원에 의해 선출된 왕이 다스리는 체제였으나, 기원전 508년에 마지막 왕인 루키우스 타르퀴니우스 수페르부스가 그의 아들 섹스투스 타르퀴니우스의 강간 사건으로 인해 폐위되면서 원로원은 왕정을 폐지하고 공화정을 수립하기로 결의했다. 이로써 로마 공화정이 시작되었다.

로마 공화정은 과거 왕정 시대의 권한을 민회에서 선출된 두 명의 집정관이 나누어 맡는 체제를 운영했다. 이들의 임기는 1년이었으며,

법안 발의권을 가졌으나 주로 원로원의 결정을 실행하는 최고 행정·사법 기관의 역할을 수행했다. 그 외 고위직으로는 낮은 서열부터 꼽자면, 재무관('쿠아이스토르'), 조영관('아이딜리스'), 정무관('프라이토르')이 있었고, 집정관보다 명목상 더 높은 직책으로는 감찰관('켄소르')이 있었다.

기원전 420년부터 선출된 재무관은 최하위직으로서 로마의 재정 업무를 담당하고 속주의 총독을 보좌하며 국가 행사를 감독하는 역할을 했다. 기원전 4세기 이후에는 귀족 중에서 선출된 조영관이 로마의 행정을 담당하며 도로, 교통, 시장, 도량형 등을 관장했고, 공화정 말기에는 곡물 분배가 주요 직무 중 하나가 되었다.

기원전 667년에 처음 선출된 정무관의 임무는 로마에 상주하며 법정을 운영하면서 부당취득, 살인, 반역죄를 재판하고, 집정관을 보좌하며, 집정관 부재 시 원로원과 로마의 군사 조직에 기반한 민회인 병원회('코미티아 켄투리아타')를 소집해 법안을 발의할 수 있었다.

출세 가도의 종착지는 감찰관이었다. 기원전 443년에 처음으로 선출된 감찰관은 인구 조사를 통해 원로원과 기사 계급('에퀴테스')의 명부를 작성하고, 국가 재정을 관리 및 감독하며, 도로나 수도와 같은 국가 시설을 관리했다. 또한 풍속을 감찰하여 품행이 바르지 않은 시민을 추방하고 원로원이나 기사 계급에서 제명하는 역할도 맡았다.

비상시에는 독재관('딕타토르')이 최고 공직으로 선출되었다. 원로원은 비상시에 독재관을 세우기로 의결할 수 있었으며, 이 의결은 평민회가 거부할 수 있는 유일한 결정이었다. 독재관은 행정과 사법, 군사에 대한 전권을 부여받아 원로원의 통제를 받지 않았고, 누구든 재판

없이 처형할 수 있었으며, 어떤 법도 무시할 수 있었다. 공화정에서 집정관을 비롯한 모든 공직이 원로원의 의결을 집행하고 책임지는 역할을 했지만 독재관만은 예외였다. 독재관의 임기는 6개월이었지만, 술라와 카이사르와 같은 인물들은 예외여서 종신 독재관으로 불렸다.

기원전 753년에 설치된 원로원은 왕정 시대에는 자문 기관이었지만, 공화정 중기에는 법률 제정과 안건 의결 등 막강한 권한을 누렸다. 원로원 의원들은 대부분 '겐스'(씨족)라 불린 명문 귀족 출신이었으며, 집정관을 비롯한 공화정 고위직들은 원로원을 중심으로 귀족들이 장악했다. 초기에 약 50개 정도였던 씨족들은 집정관, 정무관, 감찰관, 조영관 같은 국가 최고위직과, 신관과 대신관('폰티펙스 막시무스'), 군대의 고위 지휘관을 독점했다. 최고의 명문가들이 속한 씨족으로는 코르넬리우스, 아이밀리우스, 클라우디우스, 파브리우스, 발레리우스 씨족이 있었다. 원로원 의원 명부의 맨 위에 이름을 올린 사람은 '원로원 의장'이라 불렸다. 이 직책을 지닌 사람은 원로원 회의를 개회하거나 폐회할 때 사회를 보았고, 최고위 공직자들이 발의한 안건을 심의할 때 가장 먼저 의견을 개진할 권한을 가졌다.

로마 시민들의 이름은 개인 이름, 씨족을 나타내는 본관, 가문을 나타내는 성으로 이루어졌으며, 경우에 따라 별명이 추가로 붙기도 했다. 예를 들어, 키케로의 정식 이름은 마르쿠스 툴리우스 키케로다. 여기서 성은 '키케로', 이름은 '마르쿠스', 본관은 '툴리우스'다. 로마인들 중에는 성과 본관이 비슷한 사람들이 많았고, 개인 이름도 제한적이어서 그리스인의 이름과는 달리 구별하기가 쉽지 않았다.

로마 경제의 중추를 이루었던 로마 시민들은 대부분 자영농, 상인,

소작인 등으로 구성된 평민들이었다. 이들은 전시에는 군복무를 해야 했다. 공화정 초기에 평민들은 엄청난 부채로 생계에 어려움을 겪으면서 귀족들과 충돌했고 반란 직전까지 갔다. 그러나 타협이 이루어져 평민이 진출할 수 있는 최고위직인 호민관('트리부누스 플레비스') 제도가 탄생했고, 기원전 493년에 최초의 호민관이 선출되었다. 호민관에게는 민회를 소집하고 주관하며, 원로원을 소집하고, 법안을 제안하고, 법적 문제에 개입할 수 있는 권한이 주어졌다. 가장 중요한 권한은 집정관을 비롯한 최고위직의 처분에 대해 거부권을 행사하여 평민의 이익을 보호하는 것이었다.

2. 로마 공화정의 전개 과정

로마의 정치가들은 대개 '장군'이라는 호칭과 함께 언급되는데, 이는 두 가지 이유에서다. 첫째, 최고위직인 집정관에게는 전쟁 시 군대를 지휘하는 책임이 주어졌다. 둘째, 전장에서 공을 세워 명성을 얻으면 민회에서 집정관이나 다른 고위직에 선출될 가능성이 높아져 출세가도('쿠르수스 호노룸')를 달릴 기회를 얻을 수 있었기 때문이다.

원로원 의원 가문의 자제들은 통상 10년 정도의 군 복무를 마치는 것이 관례였으며, 이는 정계 진출을 위한 필수 요건으로 여겨졌다. 정치적 야망이 큰 이들은 로마 기병대에서 복무하거나 유력 장군의 부관으로 일하는 길을 택하기도 했다.

로마 공화정은 거의 언제나 전쟁 가운데서 발전했다고 해도 과언이 아니다. 공화정 초기에는 이웃한 라틴인, 에트루리아인, 갈리아인과 대립했다. 로마는 기원전 282년 포풀로니아 전투를 끝으로 이탈리아 반도를 정복하고 지중해의 강대국으로 부상했다. 이후 로마는 기원전 260년부터 149년까지 지중해 패권을 놓고 카르타고와 세 차례 전쟁을 치렀다. 제2차 포에니 전쟁에서는 카르타고의 장군 한니발에게 칸나이 전투에서 대패해 위기에 몰렸으나, 기원전 202년에 스키피오 아프리카누스 장군을 북아프리카로 보내 자마 전투에서 한니발의 군대를 격파하고 지중해의 패권을 차지했다. 포에니 전쟁 외에도 로마는 오랜 기간 수차례의 어려운 전쟁을 통해 강적들을 굴복시켰다. 에페이로스의 왕 피로스와 싸운 피로스 전쟁(기원전 280-275년), 마케도니아의 왕 페르세우스와 싸운 아카이아 전쟁(기원전 214-148년), 루시타니아의 비리아투스, 누미디아의 왕 유구르타와 싸운 유구르타 전쟁(기원전 112-106년), 폰토스의 왕 미트리다테스 4세와 세 차례에 걸쳐 싸운 미트리다테스 전쟁(기원전 89-63년) 등이 대표적이다.

한편, 국내에서는 사회적, 정치적 위기로 여러 차례 내전을 겪었다. 평민과 벌족(소수의 엘리트 지배층 가문) 간의 분쟁이 오랫동안 지속되었고, 평민은 기원전 4세기 동안 여러 단계를 거쳐 마침내 정치적 평등을 획득했다. 그러나 오랜 정복 전쟁으로 많은 노예가 로마로 유입되면서 귀족들은 라티푼디움(노예 기반의 대규모 농장)으로 부유해진 반면, 농민과 도시 노동자들의 삶은 피폐해졌다.

이 문제를 해결하기 위해 그라쿠스 형제, 사투르니누스, 클로디우스 같은 평민파('포풀라레스') 개혁가들이 농민과 퇴역병에게 농지를 분배하는 농지법을 통과시키려 했으나, 원로원 중심의 전통적인 귀족

질서를 지키려는 벌족파('옵티마테스')에 의해 암살당했다. 또한, 많은 노예의 유입으로 세 차례의 노예 반란이 일어났다. 그중 마지막 반란인 스파르타쿠스 난은 기원전 71년에 진압될 때까지 이탈리아를 황폐화시키고 로마를 무력화했다.

이러한 사회적·정치적 위기 속에서 공화정 말기에는 전공을 세운 장군들이 당파 싸움에 뛰어들어 정권을 장악했고, 일련의 내전이 이어졌다. 마리우스와 술라 사이의 내전을 시작으로, 카이사르와 폼페이우스가 대결했다. 카이사르가 승리해 종신 독재관이 되었으나 기원전 44년에 암살되었다. 이어서 카이사르의 양자 옥타비아누스와 안토니우스가 내전을 벌였다. 옥타비아누스는 기원전 31년 악티움 해전에서 승리한 뒤, 기원전 27년에 원로원으로부터 '아우구스투스'라는 칭호와 함께 황제와 동등한 권력을 부여받아 초대 로마 황제가 되었다. 이로써 로마 공화정은 종말을 맞이했다.

3. 로마 공화정 시기의 주요 사건들

(1) 삼니움 전쟁(기원전 343-290년)

로마의 인근 지역에는 여러 주요 부족이 살고 있었다. 라티움 지역에는 라틴인, 그 아래에는 볼스키인, 그 옆에는 삼니움인, 사비니인, 에트루리아인 등이 있었다. 공화정 시기의 로마는 기원전 5세기와 4세기에 걸쳐 이러한 부족들을 평정하여 아펜니누스 산맥 근처 세력들의 직접적인 위협에서 벗어나게 되었다.

이 과정에서 중요한 삼니움 전쟁이 일어났다. 제1차 삼니움 전쟁은 기원전 343년부터 341년까지 이어졌으며, 로마는 두 번의 전투에서 승리했으나, 라틴인 잔존 세력이 일으킨 라틴 전쟁(기원전 340-338년)으로 삼니움을 복속시키지 못했다. 그러나 베수시우스 전투와 트리파눔 전투를 통해 라틴인을 제압하고 로마에 완전히 복속시켰다. 이후 기원전 327년에 시작된 제2차 삼니움 전쟁 때 보니아눔 전투(기원전 305년)에서 승리하며 삼니움의 영토 대부분을 병합하고, 그곳에 식민지를 건설했다. 그러나 삼니움인이 기원전 298년에 반란을 일으켜 제3차 삼니움 전쟁이 발발했다. 이 전쟁에서 삼니움인은 에트루리아인 등 이탈리아 반도의 여러 민족과 연합했으나, 기원전 290년 로마의 승리로 전쟁이 끝났다. 로마는 기원전 282년 포풀로니아 전투에서 에트루리아인 잔존 세력을 완전히 소탕했다.

(2) 피로스 전쟁(기원전 280-275년)

기원전 282년, 로마는 이탈리아를 평정하고 강대국으로 부상했으나, 지중해에는 카르타고와 그리스 도시국가들 같은 또 다른 강대국들이 존재했다. 로마 함대가 그리스 도시국가들과의 조약을 깨고 이탈리아 남부 해안의 그리스 식민지 타렌툼 항구에 진입하자, 타렌툼의 민주파가 로마 전함 몇 척을 침몰시키는 사건이 발생했다. 이 사건으로 에페이로스의 왕 피로스가 타렌툼의 요청으로 개입하여 피로스 전쟁이 발발했다. 피로스 왕은 알렉산드로스 대왕의 사촌으로서 서부 지중해에 제국을 세우려 했던 인물이었다. 그는 기원전 279년 로마와 타렌툼 사이의 도시인 아스쿨룸에서 벌어진 아스쿨룸 전투에서 승리했으나 정예병을 잃고 물러났다. 키케로는 이 책 『의무론』에서 이 전쟁과 관련해 모든 그리스인 중에서 가장 정의롭고 지혜로운 아이기나의 전설적인 왕 아이아코스의 후손인 피로스와 로마의 집정관을 지낸 가이우스 파브리키우스를 칭찬한다.

(3) 제1차 포에니 전쟁(기원전 264-241년)

카르타고는 지중해 동부 연안에 살던 페니키아인들이 세운 식민지였으며, 로마인은 카르타고인을 포에니인이라 불렀다. 포에니 전쟁의 주된 원인은 지중해의 패권을 장악한 카르타고와 새롭게 강대국으로 떠오른 로마 간의 이해관계 충돌이었다. 로마는 시칠리아를 통해 영토를 확장하고 싶어 했고, 카르타고는 시칠리아를 중요한 무역 거점으로 여기며 섬의 일부를 지배하고 있었다. 제1차 포에니 전쟁이 발발할 당시, 카르타고는 광범위한 제해권을 보유한 서부 지중해의 패권국이었다. 반면에 로마는 이탈리아에서 급속도로 떠오른 신흥 강대국이었으나 카르타고에 필적한 만한 해군력을 갖추지는 못했다.

시칠리아의 상황은 복잡했다. 당시 이 섬의 절반은 내전 중이었고, 그리스 식민도시들이 라틴인이 점령한 메시나를 공격하자, 메시나는 카르타고와 로마 양측에 도움을 요청했다. 이를 계기로 두 강대국이 출병하면서 포에니 전쟁이 시작되었다.

로마는 레굴루스를 총사령관으로 임명해 카르타고를 공격했다. 위기를 느낀 카르타고는 강화를 제의했으나, 로마가 해군 해체라는 무리한 조건을 내걸자 이를 거부했다. 대신 스파르타 출신 용병장군 크산티포스를 영입해 로마군을 격파하고 레굴루스를 사로잡는 데 성공했다.

기원전 247년, 카르타고는 한니발의 부친 하밀카르 바르카를 새로운 사령관으로 파견했다. 하밀카르는 게릴라 전술로 로마군을 효과적으로 공격했지만, 본국의 정치적 분열로 인해 충분한 지원을 받지 못해 적극적인 작전을 펼치지 못했다. 결국 기원전 241년, 카르타고는 트라파니 해전에서 대패했고, 막대한 보급품을 실은 함대마저 잃으면서 시칠리아 포기를 포함한 강화조약을 맺을 수밖에 없었다. 이로써 로마는 시칠리아를 비롯한 여러 섬을 차지하게 되었다.

(4) 제2차 포에니 전쟁(기원전 218-201년)

이 전쟁은 카르타고의 장군 한니발과 로마 간의 대결이었기 때문에 '한니발 전쟁'으로도 불린다. 전쟁 초기에 로마 공화정은 한니발의 전술에 밀려 이탈리아 본토까지 침략당했지만, 이후 역전하여 카르타고를 물리치고 지중해 서부의 패권을 차지하며 카르타고는 사실상 몰락한다.

제1차 포에니 전쟁에서 패배한 하밀카르 바르카는 이베리아 반도로 건너가 식민지를 개척하며 세력을 강화했다. 기원전 219년, 켈티베리아인이 개척한 이베리아 반도 동쪽 해안 도시 사군툼을 한니발이 침공하자, 사군툼은 동맹국인 로마에 구원을 요청했다. 이에 로마는 한니발에게 철수를 요구했으나 한니발이 거부하면서 전쟁이 발발했다.

기원전 218년, 험준한 알프스 산맥을 넘어온 한니발 군대는 로마 영토에서 벌어진 티키누스 전투에서 집정관 푸블리우스 코르넬리우스 스키피오가 이끈 로마군을 크게 무찔렀다. 이듬해에는 에트루리아 지역의 트라시메노호 전투에서 집정관 가이우스 플라미니우스가 전사할 정도로 로마군을 궤멸시켰다. 이제 로마가 바로 코앞에 있었지만, 한니발은 로마로 쳐들어가기보다는 주변 도시를 공격했다. 로마의 연합세력을 차례로 떼어내 로마를 고립시킨 다음 최종적으로 로마를 공격해 항복을 받으려는 전략이었다. 로마는 파비우스 막시무스를 독재관으로 임명해 지연작전을 펼쳤다. 이 전술은 당시 로마인들에게 비웃음과 비판을 받았으나 가장 적절한 전략이었다. 게다가 한니발의 기대와는 달리 로마의 동맹국들은 로마에 반기를 들지 않았다.

기원전 216년, 카르타고와 로마군은 칸나이 평원에서 칸나이 전투를 벌였다. 로마군의 전력은 8만 5천 명, 한니발군은 약 5만 명이었으나, 로마군은 압도적인 전력에도 불구하고 한니발의 천재적인 전술에 휘말려 궤멸을 당했다. 이 전투는 역사적으로 포위 섬멸전의 교과서적 사례로 유명하다. 이후 로마의 원로원은 다시 파비우스 막시무스를 집정관으로 선출해 지구전을 계속했다. 로마군은 한니발에게 패하지도, 승리하지도 않았다. 이 시점부터 4년 동안 남부 이탈리아에서 로마군과 한니발군 간의 소모전이 계속되었고 전선은 교착 상태에 빠졌다. 기원전 202년, 북아프리카 카르타고 남서쪽에서 스키피오 아프리카누스가 이끄는 로마군과 한니발이 이끄는 카르타고군 간의 마지막 결전인 자마 전투가 벌어졌다. 카르타고는 이 전투에서 패배하면서 멸망의 길로 들어섰다.

(5) 마케도니아 전쟁(기원전 214-148년)

마케도니아 전쟁은 로마가 그리스의 여러 왕국과 싸운 전쟁으로, 마케도니아 왕국과의 네 번의 전쟁, 셀레우코스 왕국과의 전쟁, 아카이아 동맹과의 전쟁이 여기에 포함된다. 로마는 이 전쟁을 통해 지중해 동부의 패권도 장악하게 된다.

알렉산드로스 대왕 사후 그의 제국은 이집트, 마케도니아, 셀레우코스 왕국으로 분할되었다. 기원전 230년, 셀레우코스 왕국은 마케도니아와 불가침 조약을 체결하고 이집트를 정복하고자 하여 그리스 도시국가들을 불안에 떨게 만들었다. 제1차 마케도니아 전쟁(기원전 214-205년) 동안 로마는 제2차 포에니 전쟁에서 마케도니아의 필리포스 5세가 한니발과 동맹을 맺는 것을 우려하여 군대를 파견해 마케도니아를 견제하기만 했다.

로마는 그리스의 불안정한 정세가 심화되자 필리포스 5세에게 이집트 정복을 중단하라고 경고했다. 그러나 필리포스 5세는 이를 무시하고 오히려 로마 정복을 선언하며 도발했다. 이는 제2차 마케도니아 전쟁(기원전 200-196년)으로 이어졌고, 집정관 티투스 퀸크티우스 플라미니누스가 이끄는 로마군은 기원전 197년 키노스케팔라이 전투에서 필리포스 5세의 군대를 완패시켰다. 이 패배로 마케도니아는 사실상 멸망에 가까운 상태에 이르게 되었다.

이집트 세력의 약화와 마케도니아의 붕괴로, 혼자 남은 셀레우코스 왕국은 그리스 전체를 점령하고자 공세를 펴기 시작했다. 이에 로마와 그리스 도시국가들은 힘을 합쳐 제2차 포에니 전쟁의 영웅 스키피오 아프리카누스의 지휘 아래 로마-셀레우코스 전쟁(기원전 192-188년)을 벌였다. 결과적으로 셀레우코스군은 패배했고, 로마-그리스 연합군은 헬레스폰토스 해협을 건너 아나톨리아(소아시아)로 패주하는 적군을 추격했다. 이는 로마군이 아시아에 최초로 발을 들여놓는 순간이었다. 이 패배로 셀레우코스 왕국은 쇠락의 길로 접어들었다.

기원전 179년, 마케도니아의 필리포스 5세가 사망하자 그의 아들 페르세우스가 마케도니아 제국의 부활을 외치면서 로마의 동맹국들을 위협했다. 이에 로마 공화정의 원로원은 제3차 마케도니아 전쟁(기원전 172-168년)을 선포했다. 기원전 168년, 로마군은 피드나 전투에서 마케도니아군을 궤멸시켰고, 마케도니아 왕국을 네 개의 작은 공화국으로 분할했다. 그리스가 또다시 다른 세력에게 넘어가면 유럽, 서아시아, 북아프리카의 평화가 위협받을 것이라는 판단 때문이었다. 이로써 마케도니아 왕국은 역사 속으로 영원히 사라졌다.

한편, 그리스 펠로폰네소스 반도 북부 해안의 도시국가 연합체인 아카이아 동맹은 제3차 마케도니아 전쟁 당시 로마를 배신하고 페르세우스 편에 섰다. 격분한 로마는 동맹의 주요 지도자들을 인질로 로마로 압송했는데, 그중에는 역사가 폴리비오스도 포함되어 있었다. 기원전 146년, 아카이아 동맹이 로마에 대항하며 시작된 아카이아 전쟁(기원전 214-148년)에서 루키우스 뭄비우스가 이끄는 로마군은 코린토스 전투에서 동맹군을 격파하고 도시를 파괴했다. 이로써 오랜 역사를 자랑하던 아카이아 동맹은 종말을 맞이했다.

(6) 제3차 포에니 전쟁(기원전 149-146년)

제2차 포에니 전쟁 이후, 로마는 마케도니아와 셀레우코스 왕국을 상대로 한 전쟁을 통해 점차 동방으로 세력을 확장하며 그리스와 소아시아 지역의 패권을 장악해 갔다. 반면 카르타고는 여전히 쇠약한 상태에서 벗어나지 못하고 있었다. 로마 내부에서는 지중해 아프리카의 주요 해상 무역 거점인 카르타고가 빠르게 국력을 회복할 것이라는 우려가 커졌고, 이에 카르타고를 완전히 멸망시켜야 한다는 주장이 끊임없이 제기되었다. 이 주장을 대표하는 인물이 바로 대 카토였다. 대 카토의 주도하에 제3차 포에니 전쟁이 시작되었고, 소 아프리카누스(스키피오 아이밀리아누스 아프리카누스)가 이끄는 로마군은 3년간의 포위 공격 끝에 카르타고를 함락시키고, 5만 명의 포로를 노예로 삼았다. 로마는 결정적으로 승리하여 카르타고를 멸망시키고 지중해의 패권을 완전히 장악했다. 카르타고는 완전히 폐허로 변했고, 이후 로마는 병사들을 살게 할 곳으로 도시를 재건했으나 카르타고의 옛 영광을 되찾지는 못했다.

4. 로마 공화정 말기의 상황

(1) 노예 봉기, 평민과 벌족 간의 갈등 심화

로마 공화정의 붕괴를 초래한 구조적 원인은 로마의 정복 전쟁으로 유입된 부와 노예로 인해 원로원을 중심으로 한 귀족과 평민 간의 이해관계가 첨예하게 대립한 데 있었다. 로마는 영토 확장과 함께 점령한 토지를 국유화하여 귀족들에게 분배했으며, 가난한 농민들은 전쟁에 참여하는 등의 이유로 사유지를 귀족들에게 넘길 수밖에 없었다. 이로 인해 귀족들은 많은 노예와 자본으로 대규모 농장인 라티푼디움(latifundium)을 경영하며 막대한 부를 축적했다. 반면, 농민들과 퇴역병들은 생활이 어려워졌다. 이러한 상황에서 로마 시민의 대다수인 평민들이 강력한 장군들 편에 서서 체제 전복을 시도했으며, 이는 귀족 세력의 분열을 초래했다. 평민들을 등에 업고 체제 타도를 노린 귀족 세력을 평민파('포풀라레스'), 체제 유지를 주장하는 원로원 중심의 귀족 세력을 벌족파('옵티마테스')라고 불렀다.

이러한 사회적 불안 속에서 기원전 138-137년에 제1차 노예의 난이 일어났고, 기원전 132년에 진압되었다. 이 시기(기원전 133년)에 티베리우스 그라쿠스가 호민관으로 선출되었다. 그는 개인이 소유할 수 있는 농지의 규모를 제한하고, 국유지를 가난한 농민들에게 분배하는 농지법을 발의하여 평민회에서 통과시켰다. 그러나 호민관에 재출마한 그라쿠스와 그의 추종자들은 벌족파에게 살해당하고 티베르강에 버려졌다. 그라쿠스 사후에 원로원은 평민들의 분노를 잠재우기 위해 난동의 주동자인 스키피오 나시카를 사실상 추방하고 농지법을 그대로 통과시켰으나, 그라쿠스라는 견인차가 사라져 토지 개혁은 순조롭게 진행되지 못했다.

10년 후인 기원전 123년과 122년에 호민관으로 선출된 티베리우스 그라쿠스의 동생 가이우스 그라쿠스는 또 한번 토지 개혁을 추진하며 벌족파와 대립했다. 그는 농지법을 비롯한 여러 개혁 법안을 추진했는데, 그중에서 로마 시민권 확대 법안이 귀족들의 반감을 가장 많이 샀다.

가이우스가 세 번째로 호민관직에 도전한 투표 날, 하급 관리 한 명이 그라쿠스파에게 살해되는 사건이 발생했다. 이 사건을 빌미로 집정관 루피우스 오피미우스를 중심으로 한 원로원은 그라쿠스파를 '공화국의 적'으로 규정하고 일종의 계엄령을 선포하여 무력으로 그들을 진압했다. 평민들의 전통적 거점인 아벤티누스 언덕에서 저항하던 그라쿠스파는 모두 학살당했고, 가이우스도 도주 중 자결로 생을 마감했다. 이후 원로원은 카르타고 식민도시 건설, 로마 시민권 확대를 포함한 가이우스의 개혁 법안 대부분을 무효로 만들고 토지개혁도 무산시켰다. 그러나 가이우스의 개혁 방향이 옳았음이 증명되었고, 대부분의 개혁 정책이 카이사르에 의해 실행되었다.

(2) 유구르타 전쟁(기원전 112-106년)과 마리우스의 등장

유구르타 전쟁은 로마와 북아프리카의 누미디아 왕국 간에 벌어진 전쟁이다. 제2차 포에니 전쟁 동안, 누미디아의 왕 마시니사는 스키피오 아프리카누스(대 아프리카누스)와 협력해 카르타고의 한니발을 물리치는 데 중요한 역할을 했다. 이로 인해 로마 공화정으로부터 많은 영토를 선물받고 상당한 국력을 축적했다. 마시니사가 죽은 후 왕위에 오른 미킵사는 아데르발과 히엠프살이라는 두 아들을 두었지만, 유능한 유구르타를 양자로 삼았다. 미킵사의 사후에 삼형제는 왕국을 분할해 통치하게 되었다. 그러나 유구르타는 단독 통치를 꿈꾸며 히엠프살을 살해했다. 기원전 116년, 아데르발은 군대를 이끌고 유구르타를 공격했지만 패배해 로마로 도망쳤고, 로마 원로원은 왕국을 둘로 나누어 두 사람이 각각 통치하게 했다. 그러나 유구르타는 아데르발을 공격했고, 항복한 아데르발과 성안에서 저항하던 그의 추종자들을 모두 죽였다. 그럼에도 유구르타는 로마의 많은 귀족을 뇌물로 매수하여 위기를 모면했으며, 로마에 소환되었다가 떠나면서 "로마는 구매자가 나타나면 언제라도 팔려 곧 망할 도시"라고 말했다고 전해진다. 집정관 스푸리우스 포스투미우스와 그의 동생 아울루스 포스투미우스가 이끄는 로마군의 공격 역시 뇌물로 무마되었다.

기원전 109년, 유구르타의 누미디아와 로마 간에 전쟁이 발발하자 당시 집정관 카이킬리우스 메텔루스가 총사령관으로 선출되어 원정을 떠났고, 가이우스 마리우스(기원전 157-86년)는 메텔루스의 부사령관으로 참전했다. 처음에는 로마군에게 유리한 상황이 전개되었으나, 유구르타의 게릴라 전술로 로마군이 어려움을 겪고 전쟁이 장기화될 위험에 처하면서 마리우스는 메텔루스와 불화를 겪었다. 마리우스는 직접 집정관에 출마하여 이 상황을 타개하고자 로마로 가려 했다. 그러나 귀족 가문의 메텔루스는 미천한 가문 출신인 마리우스가 집정관이 되려는 것을 비웃으며 그의 로마행을 탐탁지 않게 여겼다.

메텔루스에게 겨우 허가를 받고 간신히 선거에 맞추어 로마에 도착한 마리우스는 자신이 집정관이 되면 반드시 유구르타를 생포해 오겠다고 약속했다. 그는 평민과 기사 계급의 지지를 얻어 기원전 107년에 집정관으로 선출되었고 아프리카를 담당하게 되었다. 그는 유구르타를 상대하기 위해 군대를 대폭 증원하고 군사 제도를 대대적으로 개편했다. 이 개혁으로 재산이 없는 사람도 군단에 지원할 수 있게 되었다. 마리우스는 대폭 증원된 로마 군단을 이끌고 메텔루스의 후임으로 부임했으며, 로마로 돌아온 메텔루스는 원로원과 로마 시민들로부터 '누미디쿠스'라는 칭호를 받았다. 기원전 107년에 마리우스는 전투를 재개하여 기원전 106년에 유구르타를 생포해 로마로 압송했다. 이때 유구르타를 잡아 마리우스에게 바친 인물이 나중에 그의 최대 정적이 된 재무관 루키우스 코르넬리우스 술라(기원전 138-78년)였다. 유구르타는 로마 감옥에 갇힌 뒤 기원전 104년, 마리우스의 개선식 때 처형되었다.

기원전 104년 유구르타와의 전쟁을 마치고 로마로 개선한 마리우스는 다시 한번 집정관에 선출되었고, 이후 5년간 매년 집정관으로 선출되었다. 마리우스는 또다시 대대적인 군사제도 개편을 실시하고, 알프스를 넘어 갈리아 부족과 전투를 벌여 연승을 거두었다. 기원전 100년에는 여섯 번째로 집정관으로 선출되었다. 그러나 호민관 사투르니누스가 여러 개혁 법안을 추진하면서 또다시 평민파와 벌족파가 충돌했고, 사투르니누스가 살해되면서 마리우스는 양쪽의 신임을 모두 잃었다.

(3) 동맹시 전쟁(기원전 91-87년)

'동맹시'는 로마와 동맹 관계를 맺고 있던 이탈리아의 국가들을 지칭한다. '동맹국 전쟁'이라고도 불리는 이 전쟁의 주된 원인은 로마가 토지 재분배 정책을 통해 동맹국의 땅을 잠식하고, 시민권이 없는 동맹국 주민들을 가혹하게 대하며, 전리품을 나누어 주기를 꺼린 것이었다. 이탈리아 동맹시들은 원래 로마의 패권을 위한 정벌 전쟁에 군대를 제공하는 등 친밀한 협력자였지만, 로마 시민권을 갖지 못하고 정치권력이나 토지 배분 등에서 차별을 받았고, 이로 인해 로마에 대한 불만이 쌓여갔다. 기원전 91년, 이탈리아의 동맹시민에게 로마 시민권을 부여하는 법을 발의한 호민관 드루수스가 암살되었다는 소문이 돌자, 중부와 남부의 이탈리아의 동맹시민들이 독립을 쟁취하고자 무장 봉기를 했다.

로마는 마리우스와 술라 같은 유명한 장군들을 파견했지만 동맹시들의 반란을 진압하지 못했다. 동방에서는 미트리다테스의 봉기가 일어났고, 로마 내부에서도 마리우스와 술라의 대립과 정쟁이 격화되었다. 결국 기원전 87년에 로마는 모든 동맹시에 로마 시민권을 부여하기로 타협하며 전쟁이 종식되었다. 그 결과 로마의 도시국가 체제는 유명무실해졌고, 로마 시민권은 이탈리아 반도 전체로 확대되었다.

동맹시 전쟁을 통해 가이우스 마리우스는 다시 한번 술라와 함께 명성을 얻었다. 동맹시로 시민권을 확대하면서 동맹시 전쟁은 종결되었지만, 이 틈을 노려 폰토스의 미트리다테스왕이 로마에 반기를 들었다.

(4) 미트리다테스 전쟁(기원전 88-65년), 마리우스와 술라 간의 내전(기원전 88-87년)

미트리다테스 대왕은 아나톨리아 북부 폰토스의 왕으로, 로마 공화정 말기에 세 명의 유명한 장군인 술라, 루쿨루스, 폼페이우스와 싸운 것으로 유명하다. 그는 흑해 연안에서 폰토스의 영향력을 확대하기로 결심하고 크리미아와 콜키스를 합병한 후, 로마에게 우호적이었던 비티니아를 침공해 대부분의 영토를 점령했다.

기원전 88년 술라는 집정관에 당선되어 미트리다테스 정벌을 맡게 되었고, 총사령관으로 로마군을 이끌고 4년간의 전쟁 끝에 폰토스를 궤멸시킬 수 있는 유리한 위치를 확보했다. 그러나 민회는 호민관 푸블리우스 술피키우스 루푸스의 선동으로 마리우스를 새로운 총사령관으로 임명했다. 술라는 정당한 지휘권을 빼앗긴 데 반발해 미트리다테스왕과 서둘러 평화 조약을 맺고, 자신의 군대를 이끌고 가서 로마를 무력으로 점령했다. 그는 술피키우스 루푸스를 참수하고, 마리우스와 술피키우스 일파를 숙청했다. 이때 마리우스는 아프리카로 달아났다.

로마 내전의 혼란을 틈타 폰토스의 왕 미트리다테스는 그리스에서 다시 로마에 반기를 들었고, 아테네도 이에 합세했다. 그러자 술라는 기원전 87년에 로마를 집정관 킨나와 옥타비우스에게 맡기고 그리스로 원정을 떠날 수밖에 없었다. 술라가 그리스로 떠나자마자 킨나는 마리우스와 술피키우스의 복권을 단행했고, 로마는 다시 내전 상태에 빠졌다. 마리우스는 아프리카에서 군대를 이끌고 로마로 돌아와 반대파를 대대적으로 숙청했는데, 이때 원로원 의원 50명과 기사 계급 1천 명이 죽었다고 전해진다. 다음해인 기원전 86년, 마리우스는 킨나와 함께 일곱 번째로 집정관에 선출되었으나 집정관직을 수행한 지 불과 13일 만에 병으로 사망했다.

술라가 그리스와 소아시아에서 전쟁을 수행하는 동안, 로마는 다시 마리우스와 평민파의 통치 아래 들어갔고 술라는 반역자로 낙인찍혔다. 마리우스는 곧 사망했으나, 기원전 86년 그의 후계자 킨나는 전 집정관 루키우스 발레리우스 플라쿠스를 술라에 대항할 로마군 사령관으로 임명해 소아시아로 파견했다. 그러나 플라쿠스의 군대는 결국 술라에게 흡수되었고, 킨나는 군대의 반란으로 목숨을 잃었다.

메텔루스, 폼페이우스, 크라수스의 지지를 받은 술라는 기원전 82년에 로마로 입성한 후 반대파를 학살하기 시작했다. 그는 삼니움인 8천 명을 학살하고, 1만 명의 노예를 해방시켜 자신의 씨족명 '코르넬리우스'를 하사하여 반대파 숙청의 행동대로 삼았다. 그는 4,700명에 달하는 살생부를 만들어 반대파를 소탕했다. 이때 킨나의 사위였던 가이우스 율리시스 카이사르(기원전 100-44년)는 18세였기 때문에 겨우 목숨을 건질 수 있었다. 술라는 카이사르를 두고 "그 안에 수백 명의 마리우스가 있다"는 말을 했다고 전해진다.

술라는 10만의 병력을 앞세워 원로원을 압박해 '공화국 재건을 위한' 독재관에 취임했다. 로마 공화정에서 독재관의 임기는 원래 6개월이었으나, 술라는 기원전 82년에 비상사태를 이유로 종신 독재관을 요청했고, 민회는 이를 승인했다. 독재관이 된 술라는 원로원의 권한을 강화하는 여러 법안을 통과시켰으며, 가이우스 그라쿠스가 도입한 곡물법을 폐지하고 호민관직 연임을 금지하는 등 평민들에게 불리한 법안들도 추진했다.

(5) 폼페이우스, 크라수스, 카이사르 등장과 제1차 삼두정치(기원전 59-53년)

가이우스 폼페이우스(기원전 106-48년)는 로마의 전통적 귀족 가문 출신은 아니었지만, 기원전 83-82년의 내전에서 독재관 술라를 도와 군사적 재능을 발휘하며 두각을 나타냈다. 술라는 이탈리아에서 내전이 마무리되자 폼페이우스에게 시칠리아와 아프리카로 도망친 마리우스파 잔당을 소탕하는 임무를 맡겼다. 폼페이우스는 약 2년에 걸쳐 이들을 철저하게 진압했으며, 그 잔혹함으로 '십대 백정'(adulescentulus carnifex, '아둘레스켄툴루스 카르니펙스')이라는 별명을 얻었고, 뛰어난 군사 작전으로 임무를 마쳤다.

기원전 77년, 술라가 은퇴하고 사망하자 폼페이우스는 전직 집정관 레피두스가 일으킨 반란을 진압했다. 이어서 29세의 나이에 원로원으로부터 집정관 대리라는 직함을 수여받아 히스파니아로 도망친 마리우스파의 잔당인 세르토리우스를 진압하러 갔다. 당시 히스파니아에서는 카이킬리우스 메텔루스가 세르토리우스와 3년째 싸우고 있었다. 그러나 세르토리우스는 게릴라 전술로 로마군을 괴롭혔고, 특히 폼페이우스에게 진압당한 레피두스의 부하들이 세르토리우스 군대에 합류하면서 세력이 커지고 있었다. 하지만 기원전 72년, 세르토리우스가 자신의 부하에게 암살당하면서 전쟁은 종결되었다.

로마에서는 기원전 73년, 검투사 스파르타쿠스가 노예와 검투사를 이끌고 일으킨 반란을 진압하는 데 큰 어려움을 겪고 있었다. 법무관 크라수스는 기원전 71년에야 8개 군단을 이끌고 이 반란을 잔혹한 방식으로 겨우 진압할 수 있었다. 폼페이우스는 술라가 제정한 법에 따르면 집정관 자격이 없었음에도, 기원전 71년 루비콘강을 건너고 나서도 군단을 해산하지 않고 로마로 진격하여 원로원에 개선식과 다음 해의 집정관직을 요구했다. 이에 크라수스도 자신의 군단을 해산하지 않고 집정관직을 요구했고, 두 사람은 비밀협약을 맺어 원로원을 압박해 나란히 집정관에 당선되었다.

첫 번째 집정관직에서 물러나고 2년 후인 기원전 67년, 폼페이우스는 호민관 가비니우스의 선동으로 로마 역사상 전례 없이 막대한 권한을 가진 해적 토벌대의 사령관으로 임명되었다. 폼페이우스는 3년간의 임기 중 불과 3개월 만에 지중해의 거의 모든 해적을 소탕하여 로마와 그리스 전역에서 명성을 얻었다. 로마는 폰토스의 왕 미트리다테스와의 전쟁마저도 폼페이우스에게 맡기기로 결정했고, 그의 절대적 사령관 권한을 연장하는 법안을 통과시켰다.

폼페이우스는 기원전 66년부터 제3차 미트리다테스 전쟁을 이끌며 미트리다테스를 격파하고 파르티아와 협정을 체결한 후, 아르메니아 왕국의 티그라네스를 압박해 로마의 속국으로 만들었다. 아르메니아는 폰토스의 오랜 동맹국이었지만 결국 폼페이우스에게 굴복했다. 폼페이우스는 유프라테스강 서안까지 진출해 시리아를 거쳐 유대로 진격하여 예루살렘을 공격하고, 유대를 시리아 총독의 지배 아래에 두었다. 고립된 미트리다테스왕은 결국 자결했고, 폼페이우스는 소아시아에서 팔레스타인, 이집트에 이르는 동방을 완전히 로마의 영향력 아래 두는 데 성공했다. 기원전 61년, 폼페이우스는 로마로 돌아와 자신의 생일에 동방에서의 승리를 기념하는 세 번째 개선식을 벌였다.

그러나 5년간 로마를 떠나 있던 폼페이우스는 로마에서의 정치적 입지 강화에 어려움을 겪었다. 이때 평민파 지도자 가이우스 카이사르가 중재에 나섰다. 카이사르는 기원전 69년 재무관, 62년 정무관을 역임한 후, 59년 집정관직을 노리고 있었다. 그는 기원전 60년, 원로원의 벌족파를 견제하기 위해 폼페이우스와 술라의 측근이자 거부인 크라수스와 동맹을 맺어 제1차 삼두정치를 시작했다.

이 동맹의 결실로, 카이사르는 기원전 59년 집정관으로 선출되었다. 그는 '악타 디우르나'(매일의 사건)를 광장에 게시하는 방식으로 원로원과 민회의 의사록을 평민들에게 공개하고, 그라쿠스 형제의 농지법과 유사한 법안을 통과시켜 평민파의 지지를 얻었다. 이 법안으로 폼페이우스의 퇴역병들에게 토지가 분배되었다. 또한 폼페이우스는 카이사르의 딸 율리아와 결혼하며 동맹을 강화했다.

집정관 임기 후 카이사르는 기원전 58년 갈리아 키살피나, 일리리아, 프로빈키아의 총독으로 임명되어 5년간의 지휘권을 확보했다. 그는 갈리아 전쟁(기원전 58-51년)을 수행하며 7년 만에 갈리아 전역을 로마의 속주로 만들었다. 특히 기원전 52년에는 베르킨게토릭스가 이끄는 20만 대군(갈리아 부족이 대다수였다)을 격파하는 등 큰 성과를 거두었다.

그러나 카이사르의 성공은 삼두동맹의 균열을 가져왔다. 기원전 54년 율리아의 사망과 기원전 53년 동방의 파르티아 원정 중 크라수스의 전사로 동맹은 완전히 와해되었다.

(6) 카이사르의 내전과 공화정의 붕괴(기원전 49-48년)

기원전 50년, 폼페이우스가 주도하는 원로원은 카이사르에게 군대를 해산하고 로마로 귀환하라는 명령을 내렸다. 카이사르는 로마로 돌아가면 기소되어 정계에서 축출될 것을 우려하여 귀환하지 않았고, 기원전 49년 1월 7일, 전권을 위임받은 폼페이우스는 카이사르를 불복종과 대역죄 혐의로 고발했다. 그러자 카이사르는 기원전 49년 1월 12일, 단 한 개의 군단을 이끌고 이탈리아의 북방 경계선인 루비콘강을 건너 내전을 일으켰다. 카이사르는 로마를 장악한 후, 폼페이우스의 주요 거점인 히스파니아를 평정하고, 동쪽으로 도망친 폼페이우스를 기원전 48년 파르살루스 전투에서 격파했다. 폼페이우스는 이집트로 도주하던 중 암살당했다.

기원전 48년 말, 카이사르는 독재관으로 임명되었으며, 기원전 47년에는 폰토스의 왕 파르나케스 2세에 대승을 거둔 후, 원로원에 "왔노라, 보았노라, 이겼노라"라는 문구가 적힌 서한을 보냈다. 기원전 46년에는 북아프리카에서 폼페이우스의 장인 메텔루스 스키피오와 소 카토가 이끄는 벌족파 잔당을 탑수스 전투에서 격파했고, 기원전 45년에는 히스파니아의 문다 전투에서 폼페이우스의 두 아들을 격파했다. 이로써 내전은 막을 내렸다.

기원전 46년, 카이사르는 10년 임기의 독재관으로 취임한 후 2년 동안 각종 개혁을 단행했다. 그는 국가 보조금으로 곡물을 일정량 수매하고, 퇴역병들에게 토지를 분배했으며, 교사와 의사에게 시민권을 수여하여 교육과 의료 수준을 높이고자 했다. 또한 카르타고와 코린토스를 재건하고, 원로원 의원 수를 900명으로 늘려 속주의 유력자들을 의원으로 삼아 원로원 체제를 약화시켰으며, 재판의 최종심을 민회가 아니라 자신의 권한 아래에 두도록 바꾸었다. 기원전 44년 2월 15일, 원로원과 민회가 카이사르를 종신 독재관으로 임명하면서 공화정은 사실상 막을 내렸다. 그러나 기원전 44년 3월 15일, 카이사르는 브루투스 일파에게 암살당했다. 브루투스는 카피톨리누스 언덕 위로 올라가 "로마인들이여, 우리는 다시 자유로워졌다"고 외쳤다고 전해진다.

공화정 지지자들은 절대 권력자의 죽음을 기뻐했지만, 아이러니하게도 카이사르의 죽음은 로마 공화정 종말의 서막을 열었다. 갈리아 정복 전부터 카이사르를 열렬히 지지했던 로마의 중류층과 하류층, 특히 카이사르와 함께 많은 전쟁을 치른 퇴역병들은 소수의 귀족들이 자신들의 영웅을 죽인 것에 분노했다. 안토니우스는 이 슬픔과 분노를 벌족파에게 돌려주겠다고 위협했다.

결국 카이사르의 공식 후계자인 옥타비아누스, 안토니우스, 그리고 카이사르의 기병대장 레피두스에 의해 제2차 삼두정치가 시작되었다. 그들은 기원전 42년에 카이사르를 '율리우스 신'으로 신격화했고, 이에 따라 옥타비아누스는 '신의 아들'이라는 칭호를 얻었다. 카이사르가 관용을 베풀었기 때문에 오히려 암살당했다고 판단한 이 세 사람은 술라 이후로 사용되지 않았던 숙청을 다시 부활시켰다. 그들은 브루투스와 카시우스에 대항해 벌어진 두 번째 내전에서 45개 군단을 유지할 자금을 확보하기 위해 수많은 반대파를 처형하고 그들의 재산을 몰수했으며, 기원전 42년 마케도니아 필리피에서 공화정 일파를 격퇴했다. 이후 제3차 내전 때, 기원전 31년 악티움 해전에서 옥타비아누스는 안토니우스와 클레오파트라 연합군을 격파하여 모든 내전을 종식시켰다. 기원전 27년, 원로원은 옥타비아누스에게 '아우구스투스'라는 칭호를 수여했고, 이로써 그는 실질적인 황제가 되어 로마 제국의 문을 열었다.

5. 키케로 당시의 그리스 철학 학파들

고대 그리스 철학은 기원전 585년 밀레토스의 탈레스가 활동을 시작한 시점부터 로마 황제 유스티니아누스가 아카데미아를 폐쇄한 기원후 529년까지 그리스인들이 수행한 철학을 가리키며, 크게 세 시기로 나뉜다.

제1기는 소크라테스 이전의 철학 시기로, 인간을 둘러싼 자연의 근원이 무엇인지를 탐구하는 자연철학이 특징이며, 이오니아를 중심으로 이루어졌다. 제2기는 아테네 철학 시기로, 아테네가 페르시아 전쟁(기원전 492-448년)에서 승리한 후 저명한 사상가들이 아테네로 모여들면서 고대 그리스 철학이 꽃을 피운 시기다. 이 시기에 소크라테스, 플라톤, 아리스토텔레스 등이 활동했다. 제3기는 아리스토텔레스(기원전 384-322년)가 죽은 후 알렉산드로스 대왕(재위 기원전 336-323년)이 문을 연 헬레니즘 시대의 철학이다.

키케로는 제2기와 제3기에 속한 모든 철학 학파의 사상을 두루 섭렵해 자신만의 철학을 정립했다. 이는 각 학파들이 절대적 진리에 대해 논할 때는 서로 다른 입장을 보였지만, 실천적 측면에서는 비슷했기 때문이다. 키케로는 절대적 진리를 추구하기보다는 철학을 실천에 적용해 얻는 실용적 철학을 추구했다.

(1) 소크라테스

소크라테스(기원전 약 470-399년)는 당시 성행한 유물론적 자연철학에 반대하여 이성과 이성적 추론을 통해 진리를 발견해야 한다고 주장했다. 그도 처음에는 자연을 관찰하여 진리를 찾으려 했지만 불가능하다는 것을 깨닫고, 오로지 이성에 의지하여 진리를 발견하는 길을 택했다고 고백했다. 그는 자연학과 우주론에 기초한 윤리학에서 벗어나 오직 이성과 논리적 추론에 기초한 철학을 개척하여, 이후에 이성을 중시하는 모든 철학의 시조가 되었다.

(2) 아카데미아학파

소크라테스의 제자인 플라톤(기원전 427-347년)은 유명한 이데아설을 제시했다. 그는 오직 '이데아'만이 비물질적이고 영원하며 초월적인 절대적 실재라고 주장했다. 반면, 물질적이고 감각적인 존재는 잠정적이고 상대적인 것이며, 감각에 의존한 경험적 사물의 세계는 이데아의 그림자나 모상에 불과하다는 이원론적 세계관을 취했다. 플라톤은 인간의 불멸하는 영혼이 본래 이데아계에 존재했다가 현세에 태어났으며, 이 영혼이 세계 영혼의 인도 아래 이데아를 회상할 때 비로소 참된 인식에 도달할 수 있다고 보았다. 반면, 감각적 지식은 단순한 '견해'(doxa, '독사')에 지나지 않으며, 따라서 지적 직관을 통해 참된 인식인 지혜를 얻어 살아가는 철학하는 삶이야말로 인간의 목적이자 행복이라고 말했다. 또한 철학자가 다스리는 이상국가를 제시했다.

플라톤은 기원전 385년경 아테네에 아카데미아라는 학교를 세웠다. 이 학교는 스페우시포스, 아리스토텔레스, 에우독소스, 크세노크라테스 등의 인물을 배출했으며, 이후 아르케실라오스, 카르네아데스, 필론 등에 의해 계승되다가, 기원후 529년 로마 황제 유스티니아누스 1세에 의해 이교 사상으로 지목받아 폐쇄될 때까지 약 900년 동안 존속되었다.

플라톤이 죽은 후 스페우시포스(기원전 약 395-339년)가 제2대 학장이 되었으며, 그는 관념 대신 '수'(數)를 중시했다. 제3대 학장 크세노크라테스(기원전 약 396-314년)도 플라톤의 사상을 수로 설명하고자 했다. 이에 아리스토텔레스는 "요즘 사람들에게 철학은 수학이 되었다"라고 말했다고 한다. 크세노크라테스는 1과 2를 근원으로 해서 이데아가 생겨나고, 그로부터 만물이 생겨났다고 보았다. 이로 인해 플라톤 사상은 더욱 수학적, 사변적, 신비적 경향을 띠게 되었다. 또한 처음으로 철학을 논리학, 자연학, 윤리학으로 구별했는데, 이는 스토아학파의 성립에 중요한 영향을 미쳤다.

제5대 학장 아르케실라오스(기원전 약 315-240년)는 기원전 266년경 플라톤의 형이상학을 기피하고 확실한 지식의 가능성을 부정하면서 '판단 중지'를 선언했고, 이는 회의주의적 아카데미아학파의 시발점이 되었다. 이러한 경향은 기원전 90년 아카데미아학파의 학장이었던 라리사의 필론(기원전 약 159-84년)의 제자인 아스칼론의 안티오코스(기원전 약 125-68년)가 회의주의를 배격할 때까지 지속되었다.

키케로는 필론에게서 회의주의적 아카데미아학파 철학을 먼저 배웠고, 나중에는 회의주의를 배격하고 원래의 플라톤 철학으로 돌아가, 거기에 소요학파와 스토아학파의 철학을 더하여 중기 아카데미아학파를 시작한 안티오코스에게서 배움을 이어갔다.

(3) 소요학파

소요학파의 시조는 마케도니아 스타게이라 출신의 아리스토텔레스다. 그는 기원전 367-347년까지 아카데미아에서 연구하다가, 기원전 335년에 아테네 동부의 리케이온에 학교를 세웠다. '소요학파'라는 이름은 아리스토텔레스가 학도들과 리케이온 회랑을 거닐며 토론했다는 데서 유해한다. 아리스토텔레스는 플라톤의 이데아론을 비판하면서도 플라톤의 관념론과 유물론 사이에서 중간 입장을 취했다. 플라톤은 이데아만이 절대 진리이며, 만물과 그 현상은 이데아의 타락한 형태라고 본 반면, 아리스토텔레스는 이데아는 만물과 그 현상에 내재되어 있으므로 거기서 이데아를 찾을 수 있다고 보았다. 그는 이러한 기본 사상을 기반으로 세상의 만물을 탐구하고 윤리학의 토대로 삼았다.

제2대 학장 레스보스섬 에레소스 출신인 테오프라스토스(기원전 약 371-287년)는 기본적으로 아리스토텔레스의 철학을 계승했다. 제3대 학장 람프사코스의 스트라톤(기원전 269년 사망)은 데모크리토스(기원전 약 460-370년)의 영향을 받아 아리스토텔레스의 철학을 개조하고, 범신론적 일원론이라는 유물론적 세계관을 정립했다.

제6대 학장인 크리톨라오스(기원전 약 200-118년)는 기원전 155년에 로마로 파견된 세 명의 철학자 중 한 사람이었다. 이들 세 철학자(카르네아데스, 바빌로니아의 디오게네스, 크리톨라오스)의 가르침에 로마 시민들은 매료되었지만, 보수적인 정치가들은 경악했다. 크리톨라오스는 수사학과 윤리학에 관심을 가졌고, 쾌락을 악으로 규정했다. 제7대 학장 티로 출신인 디오도로스(기원전 2세기)는 스토아 철학과 에피쿠로스 철학을 결합하려 했다. 『의무론』에서 키케로 아들의 스승으로 등장하는 크라티포스는 기원전 1세기에 저명한 소요학파 철학자였다. 키케로는 그를 소요학파 철학자들 중에서 가장 유명한 인물이라고 밝혔다. 카이사르가 암살된 후 브루투스도 아테네에 머물며 그의 강의를 들었다.

(4) 견유학파

소크라테스의 제자이자 견유학파의 창시자인 아테네 출신 안티스테네스(기원전 약 445-365년)는 세상의 욕심을 버리고 덕을 추구하는 것만이 최고의 삶이라고 주장했다. 그는 쾌락은 기만적이어서 노력의 결과로 얻은 쾌락이 아니면 영속적일 수 없다고 보았으며, 정신적·육체적 단련을 중시했다.

견유학파는 불확실성의 시대에 혼란의 고통에서 해방되어 행복하게 살 수 있다고 설파했다. 그들은 인생의 목적이 잘못된 신념, 어리석음, 기만에서 해방되어 명료하고 맑은 정신('아튀피아')을 얻고, 이를 통해 행복('에우다이모니아')에 도달하는 것이라고 보았다. '아튀피아'는 부정적 감정, 부자연스러운 욕망, 사악한 성품을 초래하는 거짓된 판단을 버릴 때 얻을 수 있다. '에우다이모니아'는 이성으로 깨달은 인간 본성을 따름으로써 얻을 수 있다. 이를 위해서는 자족('아우타르케이아')하고, 감정에 흔들리지 않으며('아파테이아'), 미덕과 인간애, 정직함을 실천하고, 삶의 부수적인 것들에 대해 초연한 태도를 지녀야 한다. 견유학파는 소크라테스의 사상보다는 그의 강인한 삶을 본받아, 겨울에 얇은 옷을 걸치고 맨발로 다니는 등의 금욕 생활과 고행을 통해 아튀피아와 에우다이모니아에 도달할 수 있다고 믿었다.

안티스테네스의 제자 시노페의 디오게네스(기원전 약 400-323년)는 행복이란 인간의 본성적 욕구를 가장 쉬운 방법으로 만족시키는 것이라고 주장했다. 그는 본성적인 것은 부끄럽거나 흉하지 않으므로 감출 필요가 없다고 했다. 이 원리에 어긋나는 관습은 비본성적인 것이므로 따르지 말아야 한다고 역설했다. 디오게네스는 가난하지만 부끄러움 없는 자족의 삶을 실천했다. 그의 일화중에서 알렉산드로스 대왕이 그에게 찾아와 소원을 묻자 "아무것도 필요 없으니 햇빛을 가리지 말고 비켜달라"고 대답한 이야기가 유명하다.

디오게네스의 제자인 테베의 크라테스(기원전 약 336-286년)는 마케도니아의 지배 아래 있는 아테네에서 살았다. 알렉산드로스 대왕이 그에게 "조국의 재건을 바라느냐"고 묻자, "다른 알렉산드로스가 또 멸망시킬 텐데 왜 재건을 바라겠느냐"고 대답했다고 한다. 그는 무명과 가난을 자신의 영원한 조국으로 삼고, 개처럼 인생을 살았다.

(5) 스토아학파

스토아학파의 창시자인 제논(기원전 약 335-263년)은 지중해 동부 키프로스섬의 그리스 식민도시 키티온 출신이다. 30세쯤 아테네로 와 여러 학파에서 배운 후, 견유학파 철학을 훨씬 더 발전시키고 체계화한 독자적인 철학을 정립했다. 그는 아고라의 주랑('스토아')에서 가르쳤고, 그의 철학은 윤리학을 중심으로 전개되었다. 제논은 인생의 목표인 '행복'이 우주를 지배하는 신적인 이성, 즉 '로고스'를 따라 본성과 일치된 삶을 사는 데 있다고 보았다. 또한 인간의 영혼과 신이 모두 물질로 이루어졌다고 보는 유물론적 세계관을 갖고 있었으며, 만물의 근원은 불이고, 이 불이 만물을 지배하고 질서를 부여하는 로고스라고 생각했다. 로고스 때문에 자연 현상에 법칙성이 존재하며, 인간 이성에도 로고스가 내재되어 있으므로 인간은 함부로 행동하지 않고 절제 있는 삶을 살아가야 한다고 여겼다. 제논에 따르면, 우주가 로고스를 따를 때 질서가 이루어지듯, 인간은 이성을 따를 때 절제 있는 삶을 살 수 있다. 따라서 이성에 충실한 삶이 바로 본성을 따르는 삶이다.

19년 동안 제논의 수제자였던 클레안테스(기원전 약 330-230년)는 기

〈의회에 참석한 카이사르와 뒤에서 글을 쓰는 키케로〉(작가 미상, 16세기 초)

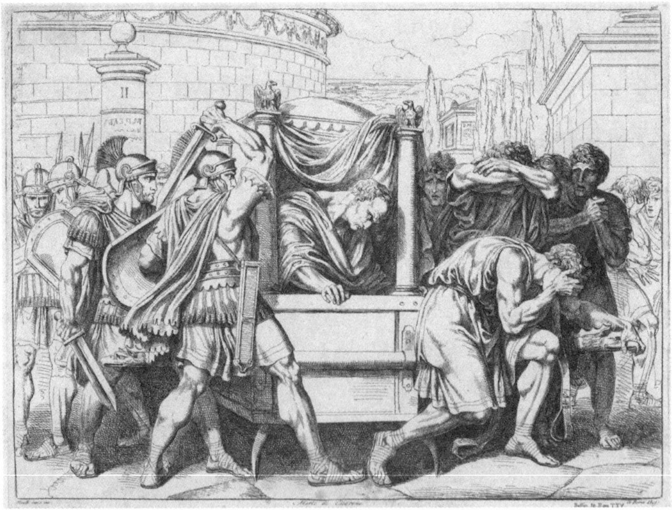

〈키케로의 죽음〉(바르톨로메오 피넬리, 1819년)

원전 262년경에 제2대 학장이 되었고, 그의 제자였던 크리시포스(기원전 약 279-206년)는 제3대 학장이 되어 제논의 기본 철학을 더욱 발전시켜 스토아학파의 제2창시자라는 별명을 얻었다. 제4대 학장은 크리시포스의 제자 타르소스 출신인 제논이었다. 제5대 학장인 바빌로니아의 디오게네스(기원전 약 230-150년)는 기원전 155년에 로마로 파견된 세 명의 철학자 중 한 명이었다. 키케로는 디오게네스를 "위대하고 중요한 스토아 철학자"라고 불렀다.

제6대 학장이 된 안티파테르(기원전 약 130년 사망)는 디오게네스의 제자로, 파나이티오스의 스승이었다. 그는 자신의 스승보다 더 높은 도덕적 기준을 지닌 윤리를 제시했다. 디오도토스(기원전 1세기)는 대부분의 생애를 로마에 있는 키케로의 저택에서 보내며, 키케로에게 스토아 철학과 논리학을 가르쳤다. 포시도니오스(기원전 약 135-51년)는 파나이티오스의 제자로, 당대의 스토아학파 철학자들 중 가장 박식한 인물로 여겨졌다. 그는 파나이티오스 다음으로 글과 강의를 통해 스토아 철학을 로마에 전파하여, 폼페이우스와 키케로 같은 로마의 지도자들에게도 잘 알려져 있었다.

6. 키케로의 삶과 죽음

마르쿠스 툴리우스 키케로(Marcus Tullius Cicero)는 기원전 106년 이탈리아 반도 라티움 지역, 로마에서 남동쪽으로 약 100킬로미터 떨어져 있는 아르피눔에서 기사 계급('에퀴테스') 집안에서 태어났다. 부유한 집안 덕분에 일찍부터 로마로 유학하여 공직자가 되기 위해 수사학과 대중연설을 공부하면서, 제2차 포에니 전쟁 영웅이었던 로마의 장군 스키피오 아프리카누스의 세계관에 깊은 감명을 받았다. 기원전 87년, 그리스의 내란을 피해 로마로 온 아카데미아학파의 학장인 철학자 필론을 만나 가르침을 받으며 회의주의적 아카데미아학파의 철학 사상을 습득했다. 이때 배운 비판적 사유 방식은 평생 키케로의 사상적 기반이 되었다. 키케로는 『의무론』에서 자신을 아카데미아학파 소속으로 밝히기도 했다. 기원전 88년부터 82년까지, 같은 고향 출신의 마리우스와 술라 간의 내전 기간 동안, 키케로는 당대의 유명한 법률가인 퀸투스 마르키우스 스카이볼라 아우구르에게 법률을, 로도스섬 출신의 아폴로니우스 몰론에게 수사학을, 아카데미아학파의 필론과 스토아학파의 디오도토스, 에피쿠로스학파의 파이드로스에게 철학을 배우는 등 탁월한 교육을 받는다.

기원전 80년, 키케로는 친부살해죄로 기소된 섹스투스 로스키우스의 변호를 맡아 26세에 대중연설가로 데뷔했다. 이 사건은 키케로가 당시 막강한 권력을 지닌 독재관 술라의 측근 크리소고누스를 진범으로 지목하면서 술라에게 반기를 드는 것으로 여겨질 수 있어 큰 용기가 필요한 일이었다. 언제든지 살해당할 수 있는 위험한 상황 속에서도, 키케로는 이 사건을 성공적으로 변호하여 로마 정계에 이름을 알렸다.

기원전 79년, 술라의 박해를 피해 그리스로 떠난 키케로는 아테네에서 아스칼론 출신의 안티오코스에게 철학을 배웠다. 안티오코스는 필론의 제자로 스승의 회의주의적 노선에서 벗어나 스토아 철학과 소요학파 철학을 플라톤 철학에 접목시킨 인물이었다. 또한 소아시아에서 키케로는 그 지역의 내로라하는 대중연설가들과 함께 공부했다.

기원전 75년, 31세에 키케로는 재무관에 선출되었다. 기원전 66년 법무관으로 선출되었을 때, 당시 정계의 실권자였던 폼페이우스를 지지하는 연설을 했다. 기원전 63년, 43세의 나이에 '정치 신인'(가문에서 최초로 원로원 의원이 된 사람)으로 집정관에 선출되었다. 그가 집정관으로 재임하던 중 '카틸리나 음모 사건'이 일어났다. 카틸리나(기원전 약 108-62년)는 로마의 유서 깊은 로마 가문(벌족) 출신으로, 기원전 91년 동맹시 전쟁 당시 폼페이우스, 키케로 등과 함께 폼페이우스 스트라보(폼페이우스의 아버지)의 휘하에서 활약했으며, 술라 편에 서서 평민파와 대립했다. 카틸리나는 기원전 66년부터 계속해서 집정관 선출에 실패하자, 기원전 63년 집정관으로 선출된 키케로를 암살하고 정권을 장악하려는 음모를 꾸몄다. 그러나 밀고로 이 음모를 알게 된 키케로는 주모자 다섯 명을 체포하고, 호민관 카토의 지지를 얻어 그날 그들을 처형했다. 이후 카틸리나는 기원전 62년에 3천 명의 세력을 이끌고 반란을 일으켰으나 이내 진압되어 처형되었다.

기원전 60년, 제1차 삼두정치가 시작되자 공화정 지지파였던 키케로는 정치적 고립을 겪었다. 기원전 58년에는 카틸리나의 음모를 탄핵하며 재판 없이 다섯 명을 처형한 혐의로 호민관 푸블리우스 클로디우스 풀케르에게 고발당해 1년 6개월간 로마에서 추방당했다. 로마법에 따르면, 시민 재판을 거치지 않고 로마 시민을 처형하는 것이 금지되어 있었지만, 키케로는 '원로원 최종 권고'라는 직권으로 처형을 강행했기 때문이었다. 기원전 57년 8월, 로마로 복귀한 키케로는 정치 활동과 거리를 두고 저술 활동에 집중하며 『연설가론』, 『국가론』, 『법률론』 등을 저술했다.

기원전 49년, 폼페이우스와 카이사르 간의 내전이 발발하자 키케로는 폼페이우스 진영에 가담했다. 그러나 기원전 48년 파르살루스 전투에서 폼페이우스가 패배한 후, 키케로의 운명은 카이사르의 말 한 마디에 달리게 되었다. 카이사르는 로마 입성 후 키케로를 사면하고, 로마를 위해 계속 정치 활동을 해주기를 권했다. 그러나 카이사르가 점점 독재의 길로 접어들자, 키케로는 정치에 회의를 느끼고 은둔하며 저술 활동에 전념했다. 기원전 45년, 사랑하는 딸 툴리아가 사망하자 키케로는 삶의 희망을 거의 상실했다.

기원전 44년, 카이사르가 암살된 후, 공화정을 부활시키고자 정계에 복귀한 키케로는 원로원 세력의 중심이 되어 안토니우스와 대립하며, 그를 탄핵하는 연설문을 발표해 독재와 폭압 정치를 규탄했다. 반면, 그는 카이사르의 양자 옥타비아누스의 능력을 과소평가해, 그가 아버지와 같은 잘못을 저지르지 않을 것이라 믿고 그를 칭송했다. 그러나 키케로의 기대와 달리 기원전 43년 옥타비아누스, 안토니우스, 레피두스는 제2차 삼두정치를 시작하며, 반대파를 숙청하기 위한 살생부를 작성했다. 살생부에 오른 키케로는 로마를 탈출하려 했으나 안토니우스의 사주를 받은 부하에 의해 로마에서 남쪽으로 80킬로미터 떨어진 카이에타에서 살해당했다. 키케로의 머리와 두 손은 잘려 로마 광장에 내걸렸다. 공화정 신념을 고수하며 글로 안토니우스를 규탄한 키케로는 그에게 두려움과 증오의 대상이었기 때문이다.

키케로는 기원전 79년 테렌티아와 정략결혼을 했는데, 기원전 51년에 이혼했다. 둘 사이에서 태어난 아들이 마르쿠스다. 키케로는 아들이 자기처럼 철학자가 되기를 원했지만, 마르쿠스는 군대 경력을 쌓기 위해 기원전 49년 폼페이우스군에 입대했다. 폼페이우스군은 기원전 48년 파르살루스 전투에서 패배했다. 키케로는 카이사르에게 사면받은 마르쿠스를 그해에 아테네로 보내 소요학파 철학자인 크라티포스 문하에서 철학을 배우게 했다.

7. 키케로의 주요 저작들

(1) 수사학과 정치에 관한 저작

기원전 1세기 로마의 저명한 연설가이자 철학자·정치가였던 키케로가 남긴 연설은 기록된 것만 88편에 이르고, 그중 52편이 오늘날까지 전해지고 있다. 그의 수사학과 정치에 관한 저작으로 『연설가론』(*De Oratore*, 기원전 55년), 『국가론』(*De Re Publica*, 51년), 『법률론』(*De Legibus*) 등이 유명하다.

『연설가론』은 당대의 유명한 대중연설가들이 만나 대화를 나누는 형식을 통해 이상적인 대중연설가의 자질과 역할을 탐구하며, 단순히 수사학적 기법을 설명하는 데서 그치지 않고 철학적 원칙들을 제시한다. 그는 정치적으로 중요한 결정을 앞두고 여론을 움직일 수 있는 대중연설의 힘이 철학적 원칙을 갖추지 못한 자에게 주어졌을 때, 국가가 위험에 처할 수 있다고 믿었다. 그에게 이상적인 대중연설가는 수사학적 기법에 정통할 뿐만 아니라 법률, 역사, 윤리 원칙에 대한 깊

〈아르피눔의 별장에서 친구 아티쿠스와 동생 퀸투스와 함께 있는 키케로〉(리처드 윌슨, 1771년경)

은 지식을 갖추고 있는 사람이었다.

『국가론』은 플라톤의 『국가』를 모방해 저술했으며, 제3차 포에니 전쟁의 영웅이자 스키피오 아이밀리아누스(소 아프리카누스)를 소크라테스 역할에 해당하는 인물로 설정하여 로마의 정치 체제와 이상적인 정부에 대해 논의한다. 대화에 참여하는 인물들로는 스키피오의 절친한 친구인 가이우스 라일리우스, 저명한 법률가이자 키케로가 젊은 시절에 가르침을 받았던 퀸투스 무키우스 스카이볼라 등이 있다. 이들은 로마의 왕정 시대로부터 시작된 다양한 정부 유형과 정치 체제의 발전 과정, 시민의 역할과 의무에 대해 이야기한다.

『법률론』은 플라톤의 대화편 『법률』을 모방해 저술했으며, 키케로 자신과 그의 동생 퀸투스, 그리고 두 사람의 친구 아티쿠스가 나누는 대화 형식으로 이루어져 있다. 이 저작에서 키케로는 사회 신분 계급들 간의 조화와 관련된 자연법을 탐구한다. 특히 그라쿠스 형제의 개혁 추진 이전의 시대를 이상적인 로마로 제시하며, 이를 사회적 조화가 이루어진 시기로 묘사한다. 그는 기존의 사회 질서를 파괴하지 않고도 새로운 혁신적 재건을 통해 그 시대로 돌아갈 것을 제안한다.

(2) 철학에 관한 저작

키케로는 카이사르의 내전이 진행되는 동안에는 정치 활동에서 물러나 은둔 생활을 하며 철학적 저작을 다수 집필했다. 대표적인 저작들로는 『아카데미아학파』(*Academica*, 기원전 45년), 『최고선악론』(*De Finibus Bonorum et Malorum*, 기원전 45년), 『우정론』(*Laelius de Amicitia*, 기원전 44년), 『의무론』(*De Officiis*, 기원전 44년) 등이 있다.

『아카데미아학파』는 회의주의적 아카데미아학파의 철학적 논쟁과 논의를 다룬 저작으로, 철학사에서 중요한 위치에 있다. 초판에서는 두 권이었다가 증보판에서 네 권으로 늘어났다. 250여 년에 걸쳐 펼쳐진 복잡한 철학적 논쟁을 담고 있다. 전반부에서는 스토아학파의 창시자인 제논, 크리시포스, 디오게네스, 안티파테르가 참여하고, 아카데미아학파에서는 회의주의적 아카데미아학파의 창시자인 아르케실라오스와 카르네아데스가 참여하여 논쟁을 벌인다. 후반부에서는 아카데미아학파 내부의 대립이 중심을 이룬다. 회의주의적 입장을 지지한 필론과, 이에 반대하며 플라톤 본연의 교설로 돌아가 소요학파와 스토아학파의 사상을 결합하려 한 안티오코스가 서로 논쟁을 벌인다.

『최고선악론』은 대화 형식을 통해 에피쿠로스학파, 스토아학파, 그리고 중기 플라톤학파를 개척한 안티오코스의 철학을 탐구한다. 이 저작에서는 먼저 키케로와 젊은 에피쿠로스학파 철학자 루키우스 토르쿠아투스가 등장하여, 고통의 부재를 최고선으로 여기는 에피쿠로스학파의 쾌락론에 대해 대화를 나눈다. 다음으로는 키케로와 스토아 철학의 추종자 마르쿠스 포르키우스 카토가 미덕을 최고선으로 간주하는 스토아학파의 가르침을 다룬다. 마지막으로, 키케로는 여러 친구들과 함께 아카데미아학파의 철학자 안티오코스가 제시한 행복론을 탐구하며, 미덕뿐만 아니라 외적인 좋은 것들도 최고선에 포함된다고 주장한다.

『우정론』은 기원전 129년, 스키피오 아이밀리아누스(소 아프리카누스)의 사망을 배경으로 한다. 소 아프리카누스의 절친한 친구 가이우스 라일리우스와 그의 사위들인 가이우스 판니우스, 퀸투스 무키우스 스카이볼라가 우정의 본질에 대해 대화하는 내용을 담고 있다. 소 아프리카누스와 라일리우스 간의 우정은 당대에 유명했다.

키케로는 카이사르, 폼페이우스, 옥타비아누스 그리고 자신의 아들 마르쿠스를 비롯한 공적 및 사적인 인물들과 폭넓게 서신을 주고받았다. 현재까지 전해지는 서신은 37권이지만, 고대에는 35권이 더 존재했던 것으로 알려져 있다. 주요 서신으로는 『아티쿠스에게 보낸 서신』(기원전 68-43년), 『브루투스에게 보낸 서신』(43년), 『지인들에게 보낸 서신』(62-43년), 『동생 퀸투스에게 보낸 서신』(60-54년) 등이 있다.

8. 『의무론』

(1) 저작 배경

기원전 44년 10월과 11월 사이, 62세의 키케로는 4주 동안 『의무론』을 집필했다. 이 시기는 독재관 카이사르가 기원전 44년 3월 15일에 암살된 후, 혁명 세력의 저지와 공화정의 복원을 위해 다시 정치활동을 재개한 시점이었다. 따라서 『의무론』은 여러 철학 학파의 가르침을 토대로 도덕적 의무에 대해 논의하지만, 실제로는 자신의 정치적 소신을 설명하는 데 중점을 둔 정치철학적 저작이라고 할 수 있다. 이 책에서 키케로는 카이사르의 시도가 왜 도덕적으로 부적절하고 사악한지, 그리고 공화정이 왜 지속되어야 하는지를 로마와 그리스의 역사적 사례를 들어 설명한다. 키케로는 아테네에서 소요학파 철학자 크라티포스에게 철학을 배우고 있는 아들 마르쿠스 키케로에게 보내는 서신 형식으로 집필했지만, 실제로는 이 책이 널리 읽히기를 바랐다. 이 책은 그의 사후에 출간되었다.

비록 키케로는 자신을 아카데미아학파 소속으로 밝히고 있지만, 그는 당시 활동 중인 소요학파와 스토아학파의 영향도 많이 받았다. 그는 『의무론』을 집필하면서 스토아 철학자 파나이티오스(기원전 약 185-110년)의 동일한 제목의 저작을 많이 참조했다. 파나이티오스는 아테네에서 디오게네스와 안티파테르에게 배우고, 이후 로마로 이주하여 오랫동안 스토아 철학을 가르쳤으며, 기원전 129년에 다시 아테네로 돌아가 스토아학파의 마지막 학장이 되었다. 파나이티오스는 『의무론』을 3부로 구상했지만, 세 번째 부분을 완성하지 않았다. 그래서 키

〈토론하는 키케로〉(테오도르 마탐, 1661년)

케로는 자신의 『의무론』에서 많은 사례를 들며 제1권와 제2권의 핵심적인 내용을 파나이티오스의 『의무론』에서 가져온 반면, 제3권은 독자적으로 집필했다.

(2) 구성과 내용

이 저작에서 키케로는 '의무'(officium, '오피키움')를 세 부분으로 나누어 논의한다. 제1권에서는 '도덕적 올바름'(honestum, '호네스툼')을 다루고, 제2권에서는 '유익함'(utilitas, '우틸리타스')을 다루며, 제3권에서는 이 두 가지가 상충하는 상황을 다룬다.

제1권에서 키케로는 서론(1-10단락)을 통해 모든 의무가 도덕적 올바름에서 비롯된다고 주장한다. 도덕적 올바름을 지혜(진리), 정의, 용기, 적절함('데코룸')으로 나눈 후, 이 네 부분이 의무의 원천임을 설명한다. 지혜는 철학적 지혜와 실천적 지혜로 나뉜다. 철학적 지혜는 진리와 선을 추구하며 극소수의 철학자들만이 실천할 수 있는 '완전한 지혜'를 말한다. 실천적 지혜는 완전하지는 않지만 어느 정도의 진리와 선을 추구하며 대다수 사람이 실천할 수 있는 '평균적이고 일반적인 지혜'다. 이 책에서는 후자를 다룬다(11-17단락). 이후 철학적 지혜에서 비롯된 미덕들을 간략히 언급한 다음(18-19단락), 정의(20-60단락), 용기(61-92단락), 적절함(93-151단락)에서 비롯된 미덕들을 각각 자세히 논한다. 마지막으로 미덕들 간의 충돌과 비교의 필요성을 제기하며 제1권을 마친다(152-161단락).

제2권에서는 키케로 자신이 정치 활동 대신 철학 저작을 집필하게 된 이유를 서론(1-10단락)에서 설명한 후, 유익함을 주는 두 가지 것으로 무생물(물건)과 생물(짐승과 노예)에 대해 말한다(11-20단락). 특히 명성과 영예를 얻기 위해서는 사람들에게 호의를 베풀고 후한 나눔을 실천하는 것이 중요하다고 강조한다(21-89단락).

제3권에서는 서론에서 파나이티오스가 도덕적 올바름과 유익함의 상충에 관한 제3부를 쓰지 않은 이유를 논의한다. 이 상충의 문제는 철학적 삶보다는 현실적이고 실제적인 삶에서 발생하기 때문에, 앞에서 구분한 미덕의 네 가지 원천 중에서 정의, 용기, 적절함과 관련해 논의해야 한다고 지적한다(1-19단락). 이어서 정의와 유익함(40-95단락), 용기와 유익함(95-115단락), 적절함과 유익함(116-120단락)의 상충을 차례로 다룬다. 그런 다음 마지막으로 아들 마르쿠스에게 급한 일로 아테네에 갈 수 없음을 알리며 작별 인사를 전한다(121단락).

9. 텍스트

이 책은 라틴어 원전 번역 대본으로 Samuel Walter Miller, *ON DUTIES*, Cicero XXI, Loeb Classical Library 30 (Harvard University Press, 1913)를 사용했다. 번역과 주석을 위해서는 다음의 자료를 참조했다. Samuel Walter Miller, *ON DUTIES*, Cicero XXI, Loeb Classical Library 30 (Harvard University Press, 1913), P. G. Walsh, *On Obligations*, Oxford World's Classics (Oxford University Press, 2000), Benjamin Patrick Newton, *On Duties* (Cornell University Press, 2016).

이 책에서는 본문에 1, 2, 3… 등의 번호를 붙여 각 장을 표시했다. 예를 들어, 제1권에서 2로 표기된 것은 제1권 제2장을 뜻한다. 난외주의 번호는 각 권의 단락을 나타낸다.

기본적으로 고유명사는 라틴어 원문의 표기를 그대로 따랐으나, 그리스어 고유명사를 음역한 것으로 판단되는 경우에는 원래의 그리스어 발음에 근접하게 표기했다.

〈연구실의 키케로〉(한스 바이디츠, 1533년)

키케로의 무덤으로 불리는 유적(이탈리아 포르미아 소재)

키케로 연보

기원전

106년	라티움 지방의 아르피눔, 기사 계급 가문에서 출생
90-88년	동맹시 전쟁에 참전, 폼페이우스 스트라보와 술라 휘하에서 종군
87년	로마로 피신해온 아카데미아학파 학장 필론에게 수학
83년경	법률가 활동 시작
81년	현존하는 최초의 연설 『퀸크티오를 변호함』 발표
80년	친부 살해 혐의로 기소된 로스키우스 변호
79년	테렌티아와 정략 결혼
78년	딸 툴리아 출생
79-77년	아테네에서 중기 아카데미아학파를 창설한 안티오코스에게 수학
	소아시아에서 저명한 대중연설가들과 교류 및 연구
	로도스에서 그리스 수사학자 아폴로니우스 몰론에게 수련
75년	서부 시칠리아에서 재무관 재직
69년	조영관 당선
66년	정무관 당선
63년	집정관 당선
	카틸리나 역모 적발, 다섯 명의 주모자 처형
60년	카이사르에게 제1차 삼두정치 참여 제안을 받았으나 거절
58년	카틸리나 역모 주모자들의 처형 관련 죄목으로 로마에서 추방
57년	로마로 귀환
55년	『연설가론』 발표

51년	테렌티아와 이혼
	킬리키아 속주에서 집정관 대리로 봉직
	『국가론』 발표
49년	속주에서 로마로 귀환
	카이사르 군대의 로마 진격
	아들 마르쿠스와 함께 폼페이우스군에 합류
48년	아들 마르쿠스의 아테네 유학
46년	피후견인 소녀 푸블릴리아와 결혼
45년	딸 툴리아의 병사
	『아카데미아학파』, 『최고선악론』 발표
44년	카이사르가 암살된 후 정계 복귀, 벌족파 이끎
	『우정론』, 『의무론』 발표
43년	로마 남부 카이에타에서 안토니우스의 자객에게 살해됨

옮긴이 **박문재**

서울대학교 법과대학 법학과와 장로회신학대학교 신학대학원 및 동 대학원을 졸업했고, 독일 보쿰 대학교에서 수학했다. 고전어 연구 기관인 비블리카 아카데미아에서 고대 그리스어와 라틴어 원전들을 공부했다. 대학 시절에는 역사와 철학을 두루 공부했으며, 전문 번역가로서 30년 이상 인문학과 신학 도서를 번역해왔다.

역서로는 『프로테스탄트 윤리와 자본주의 정신』(막스 베버), 『자유론』(존 스튜어트 밀), 『실낙원』(존 밀턴) 등이 있고, 라틴어 원전을 번역한 책으로는 『고백록』(아우구스티누스), 『철학의 위안』(보에티우스), 『유토피아』(토머스 모어) 등이 있다. 그리스어 원전에서 옮긴 아우렐리우스의 『명상록』과 『소크라테스의 변명·크리톤·파이돈·향연』, 『아리스토텔레스 수사학』, 『아리스토텔레스 시학』, 『플라톤 국가』, 『이솝우화 전집』 등은 매끄러운 번역으로 독자들의 호평을 받고 있다.

현대지성 클래식 61

키케로 의무론

1판 1쇄 발행 2025년 2월 11일

지은이 마르쿠스 툴리우스 키케로
옮긴이 박문재
발행인 박명곤 **CEO** 박지성 **CFO** 김영은
기획편집1팀 채대광, 이승미, 김윤아, 백환희, 이상지
기획편집2팀 박일귀, 이은빈, 강민형, 이지은, 박고은
디자인팀 구경표, 유채민, 윤신혜, 임지선
마케팅팀 임우열, 김은지, 전상미, 이호, 최고은

펴낸곳 (주)현대지성
출판등록 제406-2014-000124호
전화 070-7791-2136 **팩스** 0303-3444-2136
주소 서울시 강서구 마곡중앙6로 40, 장흥빌딩 10층
홈페이지 www.hdjisung.com **이메일** support@hdjisung.com
제작처 영신사

"Curious and Creative people make Inspiring Contents"
현대지성은 여러분의 의견 하나하나를 소중히 받고 있습니다.
원고 투고, 오탈자 제보, 제휴 제안은 support@hdjisung.com으로 보내 주세요.

현대지성 홈페이지

이 책을 만든 사람들

편집 김애정·채대광 **표지 디자인** 유채민 **내지 디자인** 박애영

"인류의 지혜에서 내일의 길을 찾다"

현대지성 클래식

31 공리주의
존 스튜어트 밀 | 이종인 옮김 | 216쪽

32 이솝 우화 전집
이솝 | 아서 래컴 그림 | 박문재 옮김 | 440쪽

33 유토피아
토머스 모어 | 박문재 옮김 | 296쪽

34 사람은 무엇으로 사는가
레프 톨스토이 | 홍대화 옮김 | 240쪽

35 아리스토텔레스 시학
아리스토텔레스 | 박문재 옮김 | 136쪽

36 자기 신뢰
랄프 왈도 에머슨 | 이종인 옮김 | 216쪽

37 프랑켄슈타인
메리 셸리 | 오수원 옮김 | 320쪽

38 군주론
마키아벨리 | 김운찬 옮김 | 256쪽

39 군중심리
귀스타브 르 봉 | 강주헌 옮김 | 296쪽

40 길가메시 서사시
앤드류 조지 편역 | 공경희 옮김 | 416쪽

41 월든·시민 불복종
헨리 데이비드 소로 | 허버트 웬델 글리슨 사진
이종인 옮김 | 536쪽

42 니코마코스 윤리학
아리스토텔레스 | 박문재 옮김 | 456쪽

43 벤저민 프랭클린 자서전
벤저민 프랭클린 | 강주헌 옮김 | 312쪽

44 모비 딕
허먼 멜빌 | 레이먼드 비숍 그림 | 이종인 옮김 | 744쪽

45 우신예찬
에라스무스 | 박문재 옮김 | 320쪽

46 사람을 얻는 지혜
발타자르 그라시안 | 김유경 옮김 | 368쪽

47 에피쿠로스 쾌락
에피쿠로스 | 박문재 옮김 | 208쪽

48 이방인
알베르 카뮈 | 윤예지 그림 | 유기환 옮김 | 208쪽

49 이반 일리치의 죽음
레프 톨스토이 | 윤우섭 옮김 | 224쪽

50 플라톤 국가
플라톤 | 박문재 옮김 | 552쪽

51 키루스의 교육
크세노폰 | 박문재 옮김 | 432쪽

52 반항인
알베르 카뮈 | 유기환 옮김 | 472쪽

53 국부론
애덤 스미스 | 이종인 옮김 | 1,120쪽

54 파우스트
요한 볼프강 폰 괴테 | 외젠 들라크루아 외 그림
안인희 옮김 | 704쪽

55 금오신화
김시습 | 한동훈 그림 | 김풍기 옮김 | 232쪽

56 지킬 박사와 하이드 씨
로버트 루이스 스티븐슨 | 에드먼드 조지프 설리번 외 그림 |
서창렬 옮김 | 272쪽

57 직업으로서의 정치·직업으로서의 학문
막스 베버 | 박문재 옮김 | 248쪽

58 아리스토텔레스 정치학
아리스토텔레스 | 박문재 옮김 | 528쪽

59 위대한 개츠비
F. 스콧 피츠제럴드 | 장명진 그림 | 이종인 옮김 | 304쪽

60 국화와 칼
루스 베네딕트 | 왕은철 옮김 | 408쪽

61 키케로 의무론
마르쿠스 툴리우스 키케로 | 박문재 옮김 | 312쪽

현대지성 클래식 살펴보기